반전의 한국사

반전의 한국사

동아시아를 뒤흔든 냉전과 열전의 순간들

안정준 지음

웅진 지식하우스

들어가며

이 책을 쓰게 된 계기와 관련해 옛 그림에 등장하는 한 직업인을 소개할까 한다. 옆의 그림은 12세기 전반, 중국 북송(北宋) 때 장택단(張擇端)이 청명절(淸明節, 이십사절기의 하나로, 4월 5일 무렵) 풍경을 그린 〈청명상하도淸明上河圖〉의 일부이다. 가로 길이만 약 5.3미터에 이르는 이 큰 그림 속에는 당시 북송 수도인 변경(지금의 카이펑)의 번화한 시가와 군중의 모습이 사실적으로 묘사되어 있어 다양한 계층의 생활상을 엿볼 수 있다.

그림에서 수염이 긴 한 남자가 사람들에게 둘러싸인 모습이 특히 눈에 띈다. 여러 사람의 주목을 받는 이 남자의 직업은 바로 '책을 읽어주는 이야기꾼'이다. 입담 좋은 이야기꾼들은 이렇게 사람이 많이 모이는 시장이나 길거리에서 다양한 고전이나 역사 고사를 들려주었다.

북송 시기에는 생산력이 증가하면서 백성의 생활수준이 전반적으로 향상되었고, 인쇄술이 발달해 책값이 저렴해졌다. 그러나 여전히 글을 읽거나 쓸 줄 모르는 문맹이 많았고, 지금처럼 이야기책이 흔하지도 않았다. 생업에 종사하며 바쁘게 살아가는 사람들에게는 다양한 정보를 쉽게 설명해주고 그들의 지식욕을 채워줄 수 있는 매개자가 필요했다. 이러한 대중의 수요를 간파한 이야기꾼들이 인기 있는 고전이나 역사서 속의 이야기들을 극적이며 긴박

감 넘치는 목소리로 전달한 것이다.

　조선 후기에도 도시를 중심으로 사람의 왕래가 많은 곳에 자리를 잡고 소설책 등을 읽어주고 돈을 받던 사람들이 있었다. 일명 전기수(傳奇叟)라고 불린 이들은 이야기를 전하는 솜씨가 뛰어나서 주위에 많은 사람이 모여들었다. 전기수들이 결정적인 부분에서 이야기를 뚝 끊으면 사람들은 '아오' 하고 탄성을 지르며 그다음 대목을 듣고 싶어서 앞다투어 돈을 던졌다.

　최근 방송이나 유튜브 등 온라인 콘텐츠에서도 '책 읽어주는 사람', 즉 이야기꾼들이 다양하게 활동한다. 새롭고 전문화된 지식과 정보의 양이 점점 느는데, 그 내용을 체계적으로 정리해 잘 풀어주는 사람들, 아이들도 쉽고 재미있게 따라갈 수 있도록 안내하는 사람들은 우리 시대에도 인기가 많다.

　역사학 분야에서도 많은 지식이 쏟아진다. 게다가 한국사를 바라보는 시각도 시대의 변화에 따라 세계사 또는 동아시아적 관점을 통한 넓은 조망이 요구되며, 매년 그와 관련된 논문과 저서들이 출간된다. 그러나 학계의 변화 흐름은 대중에게 별반 영향을 주지 못하는 것 같다. 역사에 대한 사회적 수요가 많은데 왜 연구자들과 대중 사이의 장벽은 오히려 점점 높아지는 것처럼 느껴질까. 아마도 가장 큰 원인은 지식을 쥐고 있는 다수의 연구자가 대중의 수요에 부응하려는 시도를 하지 않기 때문이 아닐까 한다.

　저기 〈청명상하도〉에 그려진 이야기꾼을 보면서, 역사 분야에서도 지식과 이야기를 가진 전문가들이 대중에게 적극 다가가야 한다는 생각이 든다. 역사를 비롯한 인문학이 쓸모없는 학문이라는 세간의 오해를 불식하는 한편, 헛된 권위 의식을 버리고 직접 유능한 '전달자'가 되려는 노력이 필요한 시점이 아닌가 하는 생각이다.

그렇다면 역사 지식은 어떻게 전달해야 할까. 보통 학교에서 배우는 역사 교과서는 시대별, 지역별, 주제별로 분류되어 건조한 문장으로 채워져 있다. 예컨대 전근대사의 경우 크게 국가의 형성과 발전, 종교·문화의 전래, 주요 전쟁과 멸망으로 이어지는 과정들이 순차적으로 나열되어 있다. 이는 역사적으로 중요한 내용이지만, 지나치게 거시적이고 포괄적이어서 현실 사회를 바라보는 데 직접적인 도움을 주는지는 의문이다. 또한 시험 등을 준비하면서 주요 사건의 연도와 발생 순서를 도표화하고 문제를 풀기 위한 맥락에만 치중하다 보면, 역사학이 제시하고자 하는 개개인의 삶이나 사회구조적 문제에 대한 논의는 온데간데없고, 암기 노트 속의 의미 없는 숫자와 명칭들만 남곤 한다.

역사란 결국 인간을 다룬 학문이다. TV 드라마가 재미있고 친숙하게 느껴지는 이유는 바로 제각각의 성격을 지닌 다양한 캐릭터의 어우러짐 속에서 사건들이 흥미진진하게 전개되기 때문이다. 역사 사건 역시 특정한 시간과 공간 속에서 인간들의 상호작용으로 만들어진 결과물이다.

그래서 「1부 오 나라 손권과 고구려의 비극적 로맨스」와 「4부 고구려 장수왕, 북연 왕 풍홍을 살해하다」는 분열된 중국과 한반도 국가들 간의 치열한 외교전 속에서 좌충우돌했던 여러 인간의 모습을 함께 그려냈다. 의리·영광·명예를 지키기 위한 이야기, 폭력·야망·탐욕으로 점철된 이야기, 그저 생존을 위해 발버둥치는 이야기, 그 가운데서도 존엄을 잃지 않으려는 고귀하고 감동적인 이야기들이 하나의 그물처럼 연결될 때 비로소 인간사로서의 역사가 제대로 드러날 수 있기 때문이다.

한편 이 책은 우리 사회에 여전히 남아 있는 시대착오적인 국수주의 역사 인식을 비판하려는 의도를 담고 있다. 일제강점기가 끝난 뒤로 70여 년이 흘렀지만, 우리 사회에는 획일적인 민족주의 정서가 강하게 잔존해 있다. 그러나 역사학에는 본래 국적(國籍)이 따로 없다. 오히려 맹목적인 국가주의 내지 '상대와 우리'를 강하게 구분하려는 그릇된 역사 인식이 현재 동아시아 역사 분쟁의 원인이라는 점을 유의할 필요가 있다. 지금 시점에서 우리에게 필요한 것은 각종 가치관·이데올로기를 객관적으로 바라보는 시각, 즉 비판적 성찰의 능력을 키우는 일이다.

「2부 백제 사신의 뻔뻔한 거짓말」과 「3부 한반도에 있는 중국인 무덤의 비밀」, 「5부 영원한 이방인, 고선지의 두 얼굴」은 우리가 그동안 배운 한반도 중심의 일국사적 관점이 아닌, 동아시아라는 넓은 역사·지리적 배경을 토대로 한국사를 바라볼 수 있는 주제들이다. 많이 부족한 글이지만 최근까지도 이어지는 우리 사회의 역사 인식과 한·중·일 간 역사 분쟁의 배경과 본질이 무엇인지 이해하고, 이에 대한 균형 잡힌 시각을 갖는 데 조금이나마 도움이 되었으면 한다.

마지막으로 이 책은 최근의 연구 경향과 학자들의 인식을 좀 더 쉽고 흥미롭게 전달하려는 시도로 만들었다. 먼저 역사에 관심 있는 사람들의 순수한 지적 호기심을 채워줄 새로운 지식과 해석을 소개하는 데 충실했다. 그러면서도 모든 역사적 사건을 이야기식 문체로 풀어 써서 독자들이 긴 사건의 흐름을 따라가는 것이 어렵지 않도록 했으며, 더 나아가 역사가 주는 문학적 재미를 함께 제공하려고 했다. 특히 「6부 발해 왕실의 형제 싸움, 동아시아 대전으로 번지다」와 「7부 고려의 진짜 주인은 누구인가」는 이런 의도를 최대한 살리려 한 글들이다.

이 책이 나오는 데까지는 많은 분들의 도움이 있었다. 특히 어려운 환경 속에서 팟캐스트 방송을 꾸준히 운영하며 역사학의 대중화에 힘써온 '만인만색 역사공작단'의 여러 선생님들께 감사드린다. 또한 게으른 작가를 일부러 찾아와서 단행본 기획을 제안하고 원고의 방향을 일일이 제시해주신 웅진씽크빅 신동해 단행본사업본부장과 이민경 편집자께도 감사의 말씀을 드린다.

- 사료 기록을 직접 인용할 때는 특유의 수사적 어구와 표현들을 다듬어서 최대한 읽기 편하게 제시했다.
- 본문 중 인물 간 대화는 대부분 사료를 근거로 제시한 것이며, 일부는 저자의 상상력을 가미해 재구성했다.

차례

들어가며   5

1부   오나라 손권과 고구려의 비극적 로맨스

3세기 무렵 고구려가 오나라 손권 때문에 '꽝' 하고 망할 뻔했다? 위, 오, 공손씨, 고구려 간 생존을 향한 암투와 전략적 선택이 의도치 않게 요동 지역을 비극으로 몰고 가는 과정을 추적한다.

1장   손권은 왜 요동에 손을 내밀었나   15
2장   고구려와 오나라의 운명적 만남   25
3장   산산조각 난 손권의 꿈   32

2부   백제 사신의 뻔뻔한 거짓말

예나 지금이나 세상에 착한 외교는 없다! 자국의 이익을 위해 백제 사신이 신라를 배신하고 거짓말을 했던 것이 어떻게 사료로 남아 전해지는지 살펴보면서 당시 살벌했던 동아시아의 외교 현장을 느껴본다.

1장   국제 사기꾼 전성시대   43
2장   백제 사신은 왜 거짓말을 했을까   53
에필로그   사료는 어떻게 거짓말을 하는가   66

3부   한반도에 있는 중국인 무덤의 비밀

대대한민국은 단일민족국가일까? 역사를 보면 오히려 화북 지역과 한반도의 국가들은 외부에서 들어오는 이주민들을 서로 유치하려고 경쟁했다. 그중 한 망명객에 얽힌 치열했던 생존의 기록을 소개한다.

1장   고구려로 망명한 사람들   75
2장   고구려의 이주민 유치 작전   90

4부 　고구려 장수왕, 북연 왕 풍홍을 살해하다

　　　화북 지역에 수많은 왕조가 난립한 5세기, 고구려로 망명한 뒤 북연의 재기를
　　　노리던 야심가 풍홍과 전략가 장수왕의 한판 승부가 펼쳐진다.

　　　1장　　야심가 풍홍의 등장　　　　　　　　　　　　101
　　　2장　　고구려, 북연 왕을 손에 넣다　　　　　　　110
　　　3장　　장수왕의 결단력, 파국을 막다　　　　　　124
　　　에필로그　　풍홍의 '망령', 한성 백제를 멸망시키다　　135

5부 　영원한 이방인, 고선지의 두 얼굴

　　　고구려 유민 출신 당나라 장수로 실크로드에서 한민족의 기개를 떨친 고선지.
　　　과연 이러한 평가는 어디까지 진실일까? 경계인으로서 인간적이면서도 탐욕
　　　스러웠던 그의 이중적인 생애와 만난다.

　　　1장　　영원한 이방인의 굴레　　　　　　　　　　145
　　　2장　　슈퍼스타의 탄생 그리고 몰락　　　　　　157
　　　3장　　제국의 쇠락과 운명을 함께하다　　　　　174
　　　에필로그　　당나라를 발칵 뒤집은 고구려 노비의 독살 미수 사건　　186

6부 발해 왕실의 형제 싸움, 동아시아 대전으로 번지다

발해가 당나라 등주를 선제공격한 대형 사건의 본질은? 당시 발해 무왕이 세계 최강 대국 당에 도전해 결국 전쟁까지 벌인 진짜 이유는 따로 있었다.

1장	터져버린 형제 간의 불화	193
2장	복수심이 낳은 동아시아 대전	205

7부 고려의 진짜 주인은 누구인가

국가의 자주성을 끝까지 고수하는 것만이 올바른 외교정책일까? 한국사의 '암흑기'라는 편견 속에 있는 원 간섭기, 그 시기에 벌어졌던 고려 왕실의 파격적인 외교 행보와 더불어 극적으로 난국을 헤쳐나간 사연을 공개한다.

1장	홍복원, 질긴 인연의 시작	223
2장	홍차구, 진짜 괴물의 탄생	239
3장	홍씨 일가와 고려 왕실이 맞붙다	256
4장	고려 왕실의 대반격	275

참고 문헌	289
도판 출처	291

1부

오나라 손권과 고구려의
비극적 로맨스

●

　　우리가 보는 드라마와 영화는 선과 악의 구도가 분명한 편이다. 매력적인 주인공이 나타나 사건을 해결하고 해피엔드로 끝나기도 한다. 하지만 현실 세계는 그렇게 선과 악이 분명하지도, 기승전결이 완벽하지도 않다. 그저 그런 인간들이 서로 지지고 볶고 지내다가 의도치 않은 사건으로 사이가 갈라지거나 싸움이 일어나는 일이 비일비재하다. 아무리 뛰어난 지략을 가진 사람이라도 복잡한 구도 속에서 벌어지는 여러 갈등과 사건을 예측하기 힘든 것이 인간사다.

　　역사에서도 마찬가지다. 강력한 카리스마와 뛰어난 능력을 가진 리더라도 한순간의 실수로 어처구니없는 결말을 맞는 일이 부지기수다. 큰 판을 읽고 복잡한 패를 다룰 줄 아는 능력이야말로 리더에게 꼭 필요한 것이라고 역사는 반복적으로 말한다.

　　고구려(高句麗)가 아직 약소국이었던 3세기 무렵, 강국이었던 중국 위(魏)에 멸망할 뻔한 사건이 있었다. 거대한 세력의 의중을 제대로 읽고 외교적으로 현명한 처신을 하는 것이 필요한 시기였고, 나름대로 최선의 선택을 했지만 좋은 결과로 이어지지는 못했다. 이때 고구려가 겪은 국가적 위기는 외부에 원인이 있었다. 이 사건은 당시 동아시아의 국제 관계라는 관점에서 보면 미묘한 힘의 긴장 관계와 각국의 서로 다른 욕망을 치밀하게 고려하지 못한 오(吳) 황제 손권(孫權)의 '웃픈' 로맨스에서 비롯되었다. 위, 오, 공손씨(公孫氏), 고구려 간 생존을 향한 암투와 계산된 전략적 선택이 결국 요동 지역을 비극으로 몰고 간 것이다.

1장

손권은 왜 요동에 손을 내밀었나

중원의 패자 위와 절박했던 남쪽의 오

　소설 『삼국지연의三國志演義』를 읽지 않았더라도 조조(曹操), 유비(劉備), 손권의 이름을 모르는 사람은 거의 없을 것이다. 후한 말 이래 중원을 두고 수많은 영웅이 다투었지만, 황하 연안에서 일어난 군웅들은 대부분 한(漢) 황제의 권위를 등에 업은 조조에게 평정되었다. 조조는 최대의 라이벌인 원소(袁紹)를 무너뜨리면서 205년에 황하 유역의 넓은 지역을 장악했고, 곧이어 천하 통일을 완수하기 위해 장강(양쯔강) 유역에 있던 손권 세력에게 칼날을 겨눴다. 208년 조조는 의기양양하게 수군을 이끌고 강남 정벌에 나섰으나, 장강 하류 유역의 적벽(赤壁)에서 손권과 유비

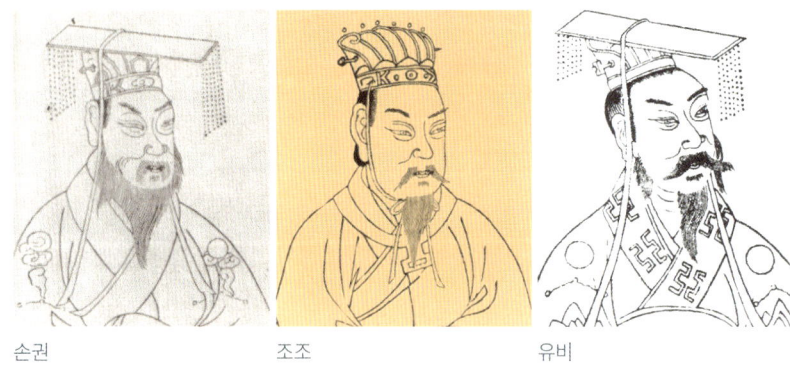

손권　　　　　　　조조　　　　　　　유비

연합군에 처참하게 격파되었다.

　이후 지금의 쓰촨성 지역을 중심으로 한 서남쪽에서는 유비가 험고한 자연지형을 울타리 삼아 촉한(蜀漢, 촉)의 기반을 닦았으며, 장강을 중심으로 펼쳐진 동남부 지역은 손권의 오나라가 굳건하게 자리 잡았다. 그렇게 천하의 자웅을 겨루는 위·촉·오 삼국이 정립되는데, 흔히 이 시기를 천하가 삼분(三分)되었다고 일컫기도 한다. 그러나 엄밀하게 말하자면 균등하게 '삼분'된 것은 아니었다.

　이 시기까지도 중국의 중심부는 황하 중·하류를 중심으로 한 화북 지역이었다. 이 지역은 문명의 발상지로 일찍이 개발과 치수(治水)가 진행되어 넓은 농경지가 확보되었고, 그에 따른 풍부한 생산력으로 다수의 한속 수민이 거수하는 성지·경제·사회의 중심부로 자리 잡은 지 오래였다.

　반면에 오나라가 있던 장강 유역은 지금은 중국에서 경제적 비중이 매우 높은 인구 밀집 지역이지만, 삼국 시기까지만 해도 농경 기반이 제

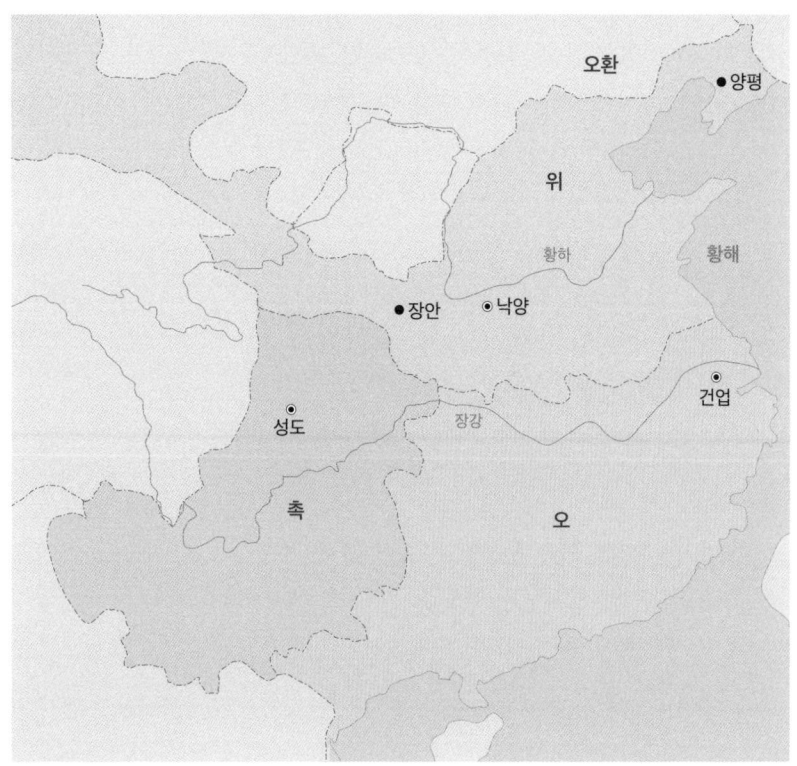

위·촉·오 삼국 시대

대로 갖추어지지 않았다. 게다가 이전부터 살던 많은 소수민족이 오나라 정권을 거부하던 상황이었다. 즉 오나라의 남부 영토 가운데 상당 부분은 사실상 미개척 상태였다.

인구와 생산력의 차이는 곧 국력과 군사력의 차이로 이어졌다. 당시 중국 전체 인구와 생산력을 비교해보면 위나라가 60퍼센트 이상을 장악했으며, 나머지 40퍼센트를 오와 촉이 나눠 가졌다. 오나라가 강력한 수군과 험고한 지형, 그리고 촉나라와 연합을 통해 위나라에 근근이 대항하고 있었지만 여전히 위나라의 군사력은 압도적이었다.

손권은 촉나라와의 연대만으로는 위나라의 공격을 막아내기 어렵다는 사실을 잘 알고 있었다. 어떻게든 위나라의 군사력을 분산시킬 수 있는 전략을 짜내지 않으면 안 되는 상황이었던 것이다. 손권의 이러한 절박함은 오나라가 아주 의외의 국가와 적극적인 연대를 꾀하는 주된 원인이 된다. 놀랍게도, 그중에는 고구려가 있었다.

요동의 힘을 빌려 역적 조조를 치자

후한(後漢) 말인 184년에 황건적의 난이 일어나면서 중원 지역은 큰 혼란에 휩싸였다. 이때 요동군 출신 공손탁(公孫度, 공손도라고도 함.)이 요동 태수로 임명되었다. 그는 후한 조정이 멀리 떨어진 변경에 신경 쓸 수 없는 상황을 간파하고 요동 지역에서 세력을 키웠다. 그리고 군대를 동원해 인근 요서 지역과 한반도 서북부까지 세력을 구축했다.

그런데 220년에 후한이 멸망한 뒤 조조의 아들 조비(曹丕)가 세운 위나라가 화북 지역에 들어섰다. 위나라가 주변 세력들을 하나하나 정리하고, 급기야 동쪽 요동 길목의 군벌 세력까지 모두 제거하자 공손씨 세력은 긴장하기 시작했다. 위나라 주변 정세가 진정된 이상 그 칼날이 요동 지역을 향하는 것은 시간 문제였기 때문이다. 바로 그러한 불안감이 엄습하던 즈음인 229년, 생각지도 못한 곳에서 누군가 공손씨 세력에게 손을 내밀었다. 남쪽의 오나라 손권이 바닷길을 통해 사신을 보낸 것이다. 그것도 숙적 위나라를 배후에서 함께 공략하자는 군사 협력을 제안하면서 말이다.

당시 요동에는 공손탁의 손자인 공손연(公孫淵)이 집권하고 있었다. 그는 오나라 손권의 적극적인 동맹 제안에 대해 몹시 고심했을 것 같다. 만약 이 제안이 성공한다면 오나라와 힘을 합쳐서 위나라를 위협할 수 있는 좋은 기회가 될 것이다. 그러나 이 동맹이 위나라에 알려질 경우, 위나라가 전력을 기울여 요동을 정벌하는 최악의 결과로 이어질 수도 있다. 공손씨 세력은 일단 판단을 보류한 채 오나라에 사신을 보내 담비

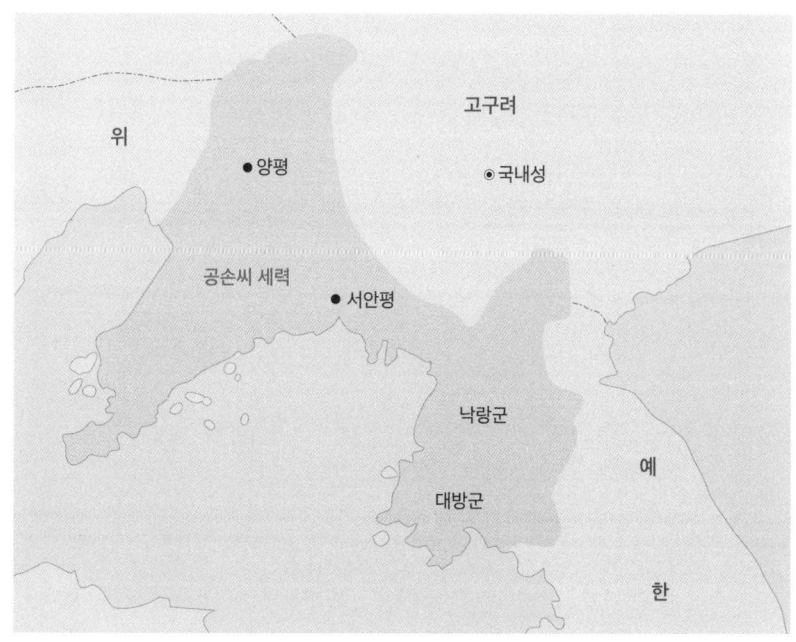

공손씨와 주변 세력도

가죽과 말을 바치면서 신하임을 자처했다. 그리고 오나라 수도 건업(지금의 난징)의 동정과 군대, 무기 상황 등을 살피며 동맹을 맺을 경우의 허(虛)와 실(實)을 면밀히 따졌다.

그러나 이러한 애매한 분위기를 제대로 간파하지 못한 손권은 공손연이 보낸 사신이 오나라에 오자 크게 기뻐했다. 급기야 그는 공손연과의 군사동맹을 기정사실화하고 대규모의 사절단을 요동으로 보내기로 했다. 사절단을 태울 배에는 공손연에게 줄 진귀한 보물도 가득 실었다.

사실 오나라 입장에서 공손씨와 동맹을 맺는 것은 큰 도박이었다. 당시 선박 기술로는 깊은 바다를 항해하기 어려워서 사절단을 태운 배는 위나라 영토에서 멀지 않은 얕은 바다로 이동할 수밖에 없었다. 실로 목숨을 건 아슬아슬한 사행 길이었다. 바로 전해인 232년 9월에는 요동에 다녀오던 오나라 사신단이 탄 배가 풍랑을 만나 위나라 해안에 표류했고, 책임자가 위나라 장수에게 붙잡혀 죽임을 당한 일도 있었다.

이보다 더 근본적인 불안 요소는 공손연의 의중이었다. 당시 오나라 신하 대부분은 공손연이 믿고 연대할 만한 인물이 아니라고 생각했다. 오나라의 기반을 닦은 손책(孫策, 손권의 형) 시절부터 참모 역할을 한 장소(張昭)는 손권에게 다음과 같은 '돌직구'를 날리기도 했다.

장소 공손연은 위나라를 배반하고서 그들에게 토벌당할까 봐 두려워 우리에게 구원을 요청한 것뿐이지, 진심으로 우리를 섬길 뜻은 없습니다. 만약 공손연이 돌연 마음을 바꿔서 위나라에 충성심을 보이려고 한다면 (우리가 보낸) 두 명의 사신은 돌아오지 못할 것입니다. 그렇게 되면 천하 인민들의 비웃음을 받게 될 것입니다.

장소의 지적대로 공손연의 변심이 걱정이었다. 만약 그가 갑자기 오나라에 비협조적이거나 배반하고 위나라에 붙을 경우 멀리 떨어져 있는 오나라로서는 딱히 응징할 방법이 없었다. 게다가 요동의 일개 군벌에 불과한 공손씨 세력에게 너무 과도한 기대를 거는 것은 아닐까. 이러한 이유들로 오나라 대신들은 공손씨에게 사절단을 보내는 일에 결사반대를 외쳤으며, 설령 사절단을 보내더라도 규모를 크게 줄여야 한다고 거듭 간언했다.

그럼에도 손권은 막무가내였다. 장소의 간언을 들은 손권은 감정을 주체하지 못하고 한손으로 칼을 만지며 죽음을 운운하는 등 더 이상의 발언을 막았다. 이처럼 손권이 고집스럽게 추진한 대로 꾸려진 대규모 사절단은 드디어 여러 척의 배를 나눠 타고 요동으로 출항했다. 하지만 손권의 확신 속에 해피엔드를 꿈꾸며 항구를 떠난 사절단 앞에는 크나큰 비극이 기다리고 있었다.

공손연, 손권을 배신하다

233년, 오나라 사신단이 긴 항해 끝에 요동반도에 상륙했다. 그 규모로 말할 것 같으면 관인(官人)이 400여 명이었고, 그들을 호위하는 군사만 1만여 명이었다. 마중을 나온 공손연 측 사절은 오나라 군대를 해안가에 머무르게 하고, 400여 명의 사신 일행만 공손연이 있는 양평 지역(지금의 랴오닝성 랴오양시)으로 모시고 가겠다고 했다. 오나라 사절인 장미(張彌)와 허안(許晏)은 어딘가 꺼림칙한 느낌이 들었지만 병력을 해안가에 두고 길을 나섰다.

한편 고향 땅에서 만 리나 떨어진 낯선 해안가에 머물게 된 오나라 장병들은 숙영지를 만들고 대기하고 있었다. 그러나 사흘이 지나고, 일주일이 지나도 지휘부로부터 아무런 기별이 없었다. 그러던 어느 날 밤, 갑자기 한 무리의 군사가 오나라 군영을 기습 공격했다. 오군은 황급히 진용을 갖춰 대응했지만 상당한 피해를 입고 말았다. 게다가 적군은 점점 더 많이 몰려왔다. 결국 오군은 바닷가에 정박해 있던 자신들의 배에 올라 허겁지겁 요동반도를 떠날 수밖에 없었다.

알고 보니 오군을 덮친 괴한들은 공손연이 보낸 군사들이었다. 그리고 공손연을 만나러 갔던 장미와 허안은 양평에 도착하자마자 포박되어 곧바로 참수되었다. 공손연은 이들의 잘린 목을 잘 포장해 위나라 조정에 보냈다. 아마 다음과 같은 사유서를 선물 카드처럼 보내지 않았을까.

> 남쪽 장강의 역도가 찾아와 참람스럽게 저희 측에 위나라를 공격할 것을 제안해오므로, 이들의 목을 베어 조정에 보냅니다.

사실 공손연은 위와 오 양국의 군사적 긴장 관계와 충돌 상황을 지켜보자는 입장이었다. 양국의 대립이 격화될수록 요동 지역이 위나라의 관심에서 멀어질 수 있었기 때문이다. 즉 겉으로는 오나라에 공동의 적인 위나라를 치자고 하여 싸움을 부추기면서 내심 요동 지역의 안위를 위해 위나라 공략은 적극적으로 의도하지 않았던 셈이다. 안타깝게도 손권은 이러한 사정을 제대로 간파하지 못했다.

순진한 손권의 적극적인 구애가 부담스러웠던 공손연은 일단 오나라에 신하의 예를 갖추는 한편, 사절단을 파견해 오나라의 역량을 살피게 했다. 사절단이 살펴본 바로는 '오나라는 미약하여 위나라에 대적하기 어렵다'였다. 사절단의 보고를 들은 공손연은 위나라 측과의 친선을 도모하기로 마음을 바꿨고, 오나라 사절단 대표들의 목을 베어 위나라 조정에 보낸 것이다.

우두머리를 잃은 오나라 사절단 400여 명은 여러 지역으로 뿔뿔이 흩어져 감옥에 갇혔다. 그런데 관리가 소홀했던 지역에서 탈출한 사람들이 있었으니, 바로 진단(秦旦), 장군(張羣), 두덕(杜德), 황강(黃彊)이 그 주인공이었다. 이 네 사람은 정신없이 달려서 쫓아오는 공손연의 군사들을 따돌리는 데 겨우 성공했다.

그러나 그 이후가 문제였다. 어디로 갈 것인가? 주변 지리도 전혀 모르는 데다 곳곳에 어떤 세력이 포진해 있는지 정보도 없었다. 네 사람은 추격자들을 완전히 따돌리기 위해 일단 동쪽으로 계속 이동했다. 이때 장군은 무릎에 종기가 생겨서 두덕이 부축하여 함께 갔으나 결국 일행을 따라가지 못하게 됐다. 이에 장군과 두덕은 낙오해 산속에 숨었고, 진단과 황강은 동쪽으로 계속 이동했다.

진단과 황강은 해어진 옷차림에 엉망인 몰골로 들판과 산속에서 과일, 나물 등을 채집해 먹으며 밤중에 몰래 이동했다. 몰골은 말 그대로 만리타국을 떠도는 거지꼴이었던 진단과 황강은 드디어 공손씨 세력의 동쪽 경계에 다다랐다. 국경의 건너편에 이르자 중국의 성곽과는 사뭇 다른 형태인, 견고한 돌로 들여쌓은 성채 하나가 모습을 드러냈다.

진단과 황강이 황급히 달려가서 문을 열어달라고 소리를 질렀다. 잠시 후, 성문이 열리고 관리들이 나타났다. 그들은 머리에 새 깃털로 장식한 모자를 쓰고, 붉은 바탕에 알록달록한 무늬가 새겨진 긴 두루마기를 입고 있었는데, 진단과 황강은 한 번도 본 적이 없는 희한한 행색이었다. 이렇게 오나라 사절단은 얼떨결에 공손씨 세력의 동쪽에 인접한 나라, 고구려에 닿았다.

〈당염립본왕회도唐閻立本王會圖〉에 그려진 고구려 사신 모습

2장

고구려와 오나라의
운명적 만남

손권, 고구려에 반하다

거지꼴을 한 채 아무런 징표도 지니지 않았을 진단과 황강이 고구려인들에게 어떻게 오나라 사절임을 입증했는지는 분명한 기록이 없다. 아마도 중국어를 유창하게 구사하며 그들의 신분과 학식을 한자로 표현하지 않았을까. 마침 진단과 황강은 운도 좋았다. 당시 고구려는 동천왕(東川王, 재위 227~248년) 때였는데, 공손씨 세력과 우호적인 관계가 아니었던 것 같다. 진단 등은 살아남기 위해, 그리고 요동에 파견된 사절단으로서 임무를 지속하기 위해 고구려인들에게 다음과 같이 발언했을 것이다.

진단와 황강   우리는 오나라 황제께서 고구려에 보낸 사신입니다. 황제께서 고구려 왕에게 내린 조서와 많은 사여품(賜與品)을 가져왔으나 저 천하의 도적놈 공손연이 사절단을 습격하여 책임자를 죽이고 물건을 다 빼앗아갔습니다. 그래서 우리 두 사람만 이렇게 겨우 도망쳐 이곳에 온 것입니다. 고구려 국왕께 우리 황제의 조령을 전하게 해주십시오.

고구려인들이 이들의 말을 전적으로 신뢰했는지는 분명하지 않다. 사실 오나라에서 고구려로 오려고 했다면 굳이 공손씨의 영역인 요동반도에 정박할 필요가 없었다. 압록강이 서해로 빠져나가는 길목인 서안평(지금의 단둥시 일대)에 정박하면 바로 고구려 땅이었기 때문이다. 실제로 이후에 오나라의 사신이 고구려에 올 때면 매번 서안평 일대에 정박했다. 아마도 고구려는 오나라 사람들의 원래 목적지가 공손씨 세력이었고, 그들과의 교섭이 계획대로 진행되지 않아 어쩔 수 없이 고구려에 오게 됐다는 사실을 눈치 챘을 것이다.

하지만 고구려 입장에서 그들의 입국 배경 자체는 그다지 중요하지 않았다. 이들을 극진히 대접해서 오나라와 공식적인 외교 관계를 트는 계기로 삼는다면 고구려로서도 굳이 손해 볼 일이 아니었다. 3세기 전반 고구려는 아직까지 세력이 약소한 상태였고, 거대 제국인 위나라와 이웃 공손씨 세력의 눈치를 보며 지내고 있었다. 이때 남쪽의 강국 오나라와 정식으로 우호 관계를 맺는다면 향후 대외 전략을 펴는 데 있어 유리한 카드가 될지도 모를 일이었다.

이렇게 치밀하게 계산기를 두들겨본 동천왕은 진단과 황강을 조정으로 맞아들였다. 그리고 오나라 손권의 교섭 의사를 받아들이기로 결정하고, 중도에 헤어졌던 장군과 두덕도 찾아오게 했다. 동천왕은 이렇게 다시 모인 오나라 4인방을 극진히 대접하고 배까지 마련해주었다. 그리고 고구려 관리 25명도 같이 태워서 오나라로 보냈다. 손권에게 보내는 표문, 담비 가죽 1,000장, 멧닭 가죽 10장 등의 선물도 챙겨 보냈다.

진단, 장군, 두덕, 황강은 천신만고 끝에 다시 오나라 땅을 밟았다. 4인방이 마침내 손권 앞에 서서 귀환을 보고하게 된 순간, 이들은 복받치는 감정을 억누르며 하염없이 눈물을 흘렸다. 오나라에서 함께 출발했던 400여 명의 동료들을 모두 잃은 채 구사일생으로 생존해서 귀환한 심정은 어떠했을까. 『삼국지三國志』에는 다음과 같은 짤막한 기록이 남아 있다.

> (진단 등은) 슬프기도 하고 기쁘기도 하여 스스로 (감정을) 주체할 수가 없었다.

한편, 요동의 공손씨 세력과의 교섭을 독단적으로 밀어붙였다가 아무런 소득도 거두지 못한 손권의 정치적 책임은 매우 뼈아픈 것이었다. 조정에서 좌불안석이었음은 물론이고, 침소에서도 제대로 밤잠을 이루지 못했을 터다. 그런데 갑자기 진단 등 4인방이 돌아왔다. 그것도 동북방의 고구려라는 신흥 세력의 관원들을 대동한 채로 말이다.

이렇게 아주 우연하게 찾아온 고구려라는 세력은 '순정남' 손권에게 매우 큰 인상을 주었던 것 같다. 물론 당시 고구려는 요동의 대표 세력이 아니었고, 이웃한 공손씨 세력을 힘으로 누를 만한 역량도 갖추지 못했다. 그러나 손권의 입장에서는 철천지원수가 된 공손씨 세력을 바로 옆에서 견제할 수 있는 고구려와 우호 관계를 갖는 것이 나름 의미 있는 일이라고 판단했었나 보다. 게다가 언젠가 고구려가 급성장해서 동쪽의 위나라를 견제할 수 있는 전략적 파트너가 될지도 모른다고 여겼던 것 같다. 이에 손권은 고구려와의 친선 관계를 더욱 돈독히 하려고 고구려 사절단이 다녀간 바로 이듬해에 대규모 사절단을 꾸려 보내기로 한다.

그렇다면 손권이 이처럼 계속해서 동북방의 공손씨나 고구려 세력에 지속적인 '구애'를 했던 것은 과연 올바른 선택이었을까? 지금 시점에서 냉정하게 판단하자면 오나라가 막대한 위험과 경제적 손실을 무릅쓰고 추진했던 동북방 세력과의 전략적 연대는 설사 장기간의 우호적인 관계를 이끌어냈다고 할지라도, 그다지 큰 실익을 얻기는 힘들었을 것이다. 당시 위나라는 화북 지역의 대국이었다. 요동의 공손씨 세력과 고구려는 위나라를 실질적으로 견제해줄 만한 국력이 안 되었을 뿐 아니라 오나라와 유기적인 군사 협력을 도모하기엔 너무 먼 지역에 있었다.

특히 두 세력 모두 자국의 안위를 최우선으로 두고 위나라의 눈치를 볼 수밖에 없었다. 공손씨보다도 약체였던 고구려가 과연 오나라 손권과의 약조를 굳건하게 지킨다는 보장이 있었을까. 고구려 동천왕은 나름대로의 손익을 따져본 뒤 손권과 외교 관계를 맺고자 한 것이었으나, 이러한 계약은 주변 정세의 변동에 따라 언제든 깨질 수도 있었다.

무엇보다도 위나라가 '매의 눈'으로 요동 지역 상황을 기민하게 응시하고 있었다. 이전에는 위나라에 큰 위협이 되지 않는다고 여겼던 요동 지역이었다. 그런데 얼마 전부터 동쪽 바다에서 오나라의 배가 요동을 왕래하는 모습이 자주 목격되었고, 233년에는 아예 군사 1만여 명을 실은 선단이 공손씨 세력을 향해 가는 것이 목격됐다는 첩보도 들어온 상태였다. 과연 이 모든 상황을 파악하고 있는 위나라가 손 놓고 보고만 있을까? 요동 세력들을 향한 손권의 맹목적 믿음은 이런 복잡한 상황에 대한 고려가 결여되어 있었다.

희한하게 끝나버린 첫 사행

234년, 오나라에서 사굉(謝宏)과 진순(陳恂)을 단장으로 한 사절단이 고구려로 출발했다. 이들이 탄 배에는 동천왕에게 선물할 비단옷과 세공품, 각종 보배들이 가득 실려 있었다. 오나라 사절단은 교섭을 통해 고구려와의 우호 관계를 확고하게 하는 동시에, 오나라에 부족한 군마(軍馬)를 들여오려는 목적도 있었다. 고구려에 좋은 말이 많다는 소문이 있었기 때문이다.

이들은 긴 항해 끝에 일단 압록강 북안의 서안평에 정박했다. 곧이어 고구려 사람들이 사절단을 마중 나왔는데, 이때 사굉과 진순 등은 요동반도에서의 비극을 밟지 않기 위해 매우 신중하게 행동했다. 우선 사굉과 진순은 오나라 배가 정박한 서안평에 머물며 하위직인 진봉(陳奉) 등을 먼저 보내 고구려 왕을 만나게 했다.

진봉은 고구려인들의 안내를 받아 수도인 국내성(지금의 지린성 지안시)

에 무사히 도착했다. 주변에 별다른 특이사항이 없음을 확인한 진봉은 안심하고 공식적인 외교 업무를 준비했다. 그런데 이때 진봉은 아주 충격적인 첩보를 접하게 된다. 위나라의 유주자사가 고구려 동천왕에게 연락을 해서 오나라 사신이 고구려에 오면 붙잡아 죽여서 공을 세우라고 했다는 것이다.

진봉이 누구로부터 어떻게 이러한 첩보를 얻었는지는 분명하지 않다. 다만 고구려는 위나라로부터 이러한 은밀한 요구를 받았음에도 오나라에 그 내용을 알리지는 않았던 것 같다. 고구려와 위나라 사이에 내밀한 연락이 있었던 사실을 알게 된 진봉은 소스라치게 놀랄 수밖에 없었다. 바로 1년 전 공손연이 준 충격이 채 가시지 않았기 때문이었다. 게다가 오나라 입장에서 보면 고구려는 공손씨 세력만도 못한 북방의 일개 오랑캐 족속일 뿐이었으며, 이전까지 교섭도 제대로 해본 적 없는 야만인들이었다. 그런 자들이 위나라와 몰래 밀담을 주고받았다고 하니, 공포에 휩싸일 수밖에 없었다.

이에 진봉은 고구려와의 교섭을 진행하기도 전에 국내성을 빠져나와 서안평에 있는 자기 진영으로 황급히 도망쳤다. 그리고 사굉 등의 책임자에게 자신이 들은 첩보를 고해 바쳤다. 사실 고구려는 양단책의 일환으로 위나라와의 통로를 열어놓고 있었지만, 오나라 사절단을 당장 해칠 생각도 없던 듯하다. 그런데 진봉 등이 위와의 교섭 사실을 눈치 채고 황급히 돌아가자, 동천왕은 관리 수십 명을 황급히 서안평으로 보내 사절단을 면담하고 해명하도록 했다.

사굉은 진봉의 보고를 듣고 매우 분노하며 자신들의 안위가 크게 위태롭다고 인식했는지 동천왕이 보낸 관리 수십 명을 밧줄로 묶고는 인질로 삼아서 고구려와 대치했다. 우호적이었던 양국 관계가 갑자기 칼을 빼들고 서로를 노려보는 대립 상황으로 뒤바뀐 것이다. 이 과정에서 사굉 등은 신변 안전 보장뿐만 아니라 오나라에 가져갈 군마를 내놓으라고 요구했다.

난데없이 인질극이 벌어졌다는 소식이 고구려 조정에 전해지자 동천왕은 사람을 보내 사죄하는 형태를 취하면서 말 수백 필을 내주며 달랬다. 이에 사굉은 곧 인질들을 풀어주었다. 하지만 직접 국내성에 갈 엄두가 나지 않았는지 손권의 국서와 사여품 등을 동천왕에게 전달해줄 것을 고구려인들에게 요구했다. 아무리 일이 틀어졌다지만 사굉의 이러한 조치는 방문한 국가의 통치자에 대한 예우가 아니었다.

하지만 오나라 사절단은 서둘러 고구려 말들을 배에 싣고 돌아가려고만 했다. 그런데 여기서 또 어이없는 일이 벌어졌다. 오나라 배가 작아서 말 수백 필 가운데 고작 80필밖에 실을 수가 없었던 것이다. 어쩔 수 없이 사절단은 나머지 말을 항구에 내버려둔 채 허둥지둥 오나라로 출항했다. 서안평의 항구에는 갈 곳을 잃고 배회하는 말들과 멀어져가는 오나라 선단을 멍하니 바라보는 고구려 사람들만 덩그러니 남겨졌다. 손권이 야심차게 추진했던 첫 번째 고구려 방문 외교는 이처럼 희한한 해프닝 속에 막을 내렸다.

3장

산산조각 난
손권의 꿈

양다리 외교, 예정된 파국

고구려인들이 오나라 사절단의 무례함을 어떻게 받아들였는지에 대한 구체적인 기록은 없다. 다만 남의 나라에 와서 국왕을 접견하지 않고 왕이 보낸 관리들을 잡아 인질극을 벌였으니, 이 교섭이 원만하게 이루어졌다고 여길 사람은 거의 없을 것이다.

그런데 '순진한' 손권의 생각은 또 달랐다. 사굉 등이 돌아온 지 2년 뒤인 236년 2월, 손권은 또다시 호위(胡衛)를 대표로 한 사절단을 고구려에 보냈다. 이쯤 되면 정말 손권의 외교 감각이 의심스러울 수밖에 없다. 물론 사굉이 고구려 사행에서 벌어진 일들을 손권에게 정확하게 보고하지 않았을 수도 있다. 하지만 설령 그랬다 하더라도 손권의 외교적 무능과 신료들과의 소통 문제가 사라지는 것은 아니다. 설상가상 불안은 현실이 되었다. 호위가 이끄는 오나라 사절단이 고구려 땅에 발을 내딛은 순간, 그들을 맞이한 것은 관리들이 아닌 갑옷과 투구를 갖춰 입은 굳은 표정의 병사들이었다.

> 동천왕 10(236)년 2월에 오나라 왕 손권이 사신 호위를 보내 화친하기를 청하였다. 왕은 그 사신을 잡아두었다가, 7월에 목을 베어 머리를 위나라에 보냈다. - 『삼국사기三國史記』 고구려본기(高句麗本紀)

손권의 '맹목적 사랑'은 또다시 큰 비극을 불러왔다. 이때 고구려가 오나라 사신의 목을 베고 위나라와의 친선으로 방향 전환을 하게 된 배경은 무엇일까? 234년 사굉 등이 자행한 무례에 대한 일종의 보복이었을 가능성도 있다. 그러나 그 외에 반드시 고려해야 할 점이 있다.

234년경을 기점으로 동아시아의 정세는 서서히 변화하고 있었다. 다섯 차례에 걸친 북벌전을 통해 위나라를 끊임없이 위협했던 촉의 승상 제갈량이 234년 사망했다. 이후 촉나라는 더 이상 대대적인 북벌을 진행하지 못했고, 오나라도 단독으로는 북방 정벌을 추진하기는 어려운 상황이었다. 그러자 남쪽의 위협에 한숨 돌린 위나라가 서서히 동북방의 요동 지역으로 눈길을 돌리기 시작했다. 위나라가 고구려 동천왕에게 오나라 사절단을 잡아 죽이라고 요구했던 것 역시 고구려 측의 의사를 미리 타진해보고 그 향배를 주목하려는 의도였다.

이러한 상황은 고구려에게도 큰 압박으로 다가왔다. 게다가 234년에 오나라의 자랑인 수군이 위나라에 크게 패하면서 천하의 정세는 급격히 위나라 쪽으로 기울어지기 시작했다. 기록에서 보듯 고구려가 오나라 사신을 바로 죽이지 않고 몇 개월이나 붙잡아두었던 것은 그만큼 주변 정세가 한치 앞을 예견하기 힘들 정도로 변하고 있어서 신중을 기하는 모습이었다고도 볼 수 있다.

결국 동천왕은 강국인 위나라 쪽으로 붙는 것이 불가피하며, 오나라의 보복이 현실적으로 어렵다는 것 등을 확인하고서 오나라 사절의 목을 베어 위나라에 갖다 바쳤다. 과거 공손연이 했던 것과 다를 게 없는 방식이었다. 이에 대한 오나라의 반응은 기록에 보이지 않는다. 다만 이후 오나라는 요동이나 동북방 세력들과의 외교교섭을 다시는 시도하지 않았다.

곧이어 닥친 요동의 비극

이쯤 되면 요동과의 '순애보'를 그린 손권은 '바보'가 되고, 자신의 이해득실을 철저하게 챙긴 공손씨 세력과 동천왕은 '승리자'가 되는 이야기처럼 보인다. 그러나 요동의 두 세력 역시 행복한 결말을 맺진 못했다.

조비를 이어 황제에 오른 명제(明帝)는 237년에 요동 지역을 차지하기 위한 본격적인 작업에 착수했다. 일단 위나라에서 요동으로 가는 길목의 여러 이민족을 회유하거나 협박해 공손씨에게 협조하지 못하게 했다. 여기에 큰 위협을 느낀 공손씨 세력은 위나라에 상서(上書, 신하가 임금에게 올리는 글)를 올리며 용서를 빌었지만, 아무런 소용이 없었다.

자신들을 도와줄 세력이 없다는 것을 깨달은 공손연이 최후로 도움을 요청한 곳은 다름 아닌 손권이었다. 사람이 뻔뻔하면 못하는 짓이 없으니, 공손연은 갑작스레 오나라에 사절단을 보내어 손권의 바짓가랑이를 붙잡고 울고불고 애원하며 원군을 요청했다. 그렇게 처절하게 배신당했던 손권은 도움을 달라며 매달리는 '돌아온 탕아'를 과연 어떻게 대우했을까. 이전에 당한 것처럼 사신들을 잡아서 참수해야 정당한 교환 아닐까. 하지만 놀랍게도 손권은 이들을 처벌하라는 주변의 의견을 물리치고 사신들을 정중히 대접했다. 그만큼 손권도 당시 정세를 위중하게 받아들이고 있었다. 특히 요동이 위나라에 완전히 넘어가는 상황을 우려했고, 이에 대한 공동 대응이 필요하다고 느꼈던 것 같다.

만약 이때 손권이 요동에 원군을 파견해 함께 위나라 대군을 막아냈다면, 손권의 '순애보'는 드라마처럼 극적으로 완결되었을 것이다. 그러나 당시 오나라는 소수민족들의 잦은 반란 등으로 매우 어려운 상황이었다. 게다가 손권이 또다시 독단적으로 요동에서 전쟁을 추진하기에는 내부의 반발이 너무도 컸다. 즉 원군 파견은 현실적으로 불가능했다.

238년, 이제 위나라의 군사행동만 남았다. 명제는 촉나라 제갈량의 북벌군을 막아냈던 필승 카드인 사마의(司馬懿)를 호출했다. 익히 알려진 것처럼 사마의 자신도 탁월한 용병술을 가진 명장이었지만, 그가 이끄는 4만여 명의 병력 역시 최강의 정예부대였다. 닭 잡는데 소 잡는 칼 쓰는 것 아니냐며 조정 내에서 논란이 있었지만, '이참에 요동의 불안 요소를 확실하게 제거하겠다'는 명제의 의지가 더 강력했다.

명제는 먼저 사마의를 조정으로 불러서 요동 출정을 요청하며 공손연을 공략할 방도에 대해 물었다.

명제 이 일이 그대를 수고시킬 만한 일은 아니지만, 내가 반드시 이기고자 하여 그대를 번거롭게 불렀다. 사마의 그대가 헤아리기에 공손연이 과연 어떤 계책으로 나올 것 같은가?

사마의 공손연의 입장에서 본다면 수도인 양평성을 버리고 미리 달아나는 것이 제일 좋은 계책일 것입니다. 그리고 요수(遼水, 지금의 랴오허강)에 의지해 위나라 대군에 맞서는 것이 그보다 못한 차선책(次計)입니다. 또한 만약 양평성에 앉아서 지키려고만 한다면 위군에게 사로잡히게 될 것입니다. (중략) 오직 현명한 자만이 능히 자신과 상대방을 깊이 헤아려 소중한 것들을 포기할 수 있습니다. 공손연은 그럴 만한 자가 못됩니다. 그는 필시 먼저 요수에서 위나라 대군에 맞선 뒤, 물러나 양평성을 지키는 계책을 취할 것입니다. 이는 중책과 하책에 해당합니다.

즉 사마의는 공손연이 수도를 버리고 멀리 도망가야 살 수 있는데, 그렇게 과단성 있는 인물이 아닐 거라고 본 것이다. 이윽고 명제의 명을 받은 사마의가 주력부대를 이끌고 요동으로 출정했다. 그는 공손씨의 정예부대가 집결해 있던 요하의 요수현을 우회해 양평을 곧바로 포위했다. 이 작전은 적중했다. 238년 8월, 공손연은 아들과 함께 위군에 붙잡혀 목이 잘렸다. 결국 모든 것이 사마의의 예언대로 진행되었다. 공손씨 세력은 공손탁이 기반을 닦은 지 50여 년 만에 이렇게 허무하게 무너지고 말았다.

손권의 저주가 고구려에 미치다

한편, 고구려는 위나라의 요구에 따라 병력 1,000여 명을 보내 공손씨 세력을 정벌하는 데 적극 협력했다. 그러나 위나라는 요동뿐만 아니라 한반도 북부 일대까지 지배하려는 야욕을 드러냈다. 급기야 244년에 유주 자사 관구검(毌丘儉)이 대대적으로 고구려를 침공했고, 동천왕은 결국 크게 패해 동해안 지역(두만강 이북)까지 도망쳐야만 했다. 이때 고구려는 수도 국내성이 함락되고 수많은 백성이 죽거나 포로로 끌려가는 대참사를 겪었다. 광개토왕과 장수왕 시대 훨씬 전인 240년대에 정말 '꽝' 하고 망할 뻔했던 아찔한 순간이었다.

돌이켜 생각해보면 공손연과 동천왕의 처신은 손권에 비해 약삭빠르고 이기적인 것처럼 보인다. 혹자는 두 세력 모두 의리를 저버렸다가 결국 천벌을 받았다고 단순히 웃어넘길지도 모르겠다. 그러나 당시 동아시아의 거대 제국인 위나라와 이웃하고 있던 요동의 작은 세력들은 생존을 위해 치열한 눈치놀음을 전개할 수밖에 없었다. 따라서 공손연과 동천왕의 행위를 꼭 도덕적 잣대로 평가하기는 어려운 측면이 있다.

게다가 재밌는 것은 손권이 적극적으로 요동과 교섭을 시도하고 해상 왕래를 했던 것이 결과적으로 이를 지켜보던 위나라를 크게 자극했다

관구검기공비(毌丘儉紀功碑)는 고구려를 침공한 유주자사 관구검의 전공(戰功)을 새긴 비석이다. 비석은 1906년 당시 만주 집안현 판석령에서 발견되었으며, 일부가 떨어져나가 비문 내용을 완전히 알 수는 없다.

는 사실이다. 원래 공손씨 세력은 위나라를 되도록 자극하지 않고 조용히 지내는 것, 즉 '현상 유지'가 목표였다. 그런데 눈치 없는 손권이 군사 연합을 제안하고 나선 것이다. 게다가 공손연에게 매몰찬 거절을 당했음에도 손권은 그 옆 동네의 고구려와 또다시 연대를 추진하려 했다.

이러한 오나라의 적극적인 연대 시도 때문에 위나라는 요동이라는 지역이 전략적으로 큰 위협이 될 수 있다는 사실을 인지하게 되었다. 결국 238년경을 전후해 위나라가 대대적인 요동 원정에 나선 데는 동북방으로부터의 위협을 사전에 뿌리 뽑겠다는 뚜렷한 목적이 있었다. 만약 공손연이나 동천왕이 손권과 적극 협력해 군사 행동을 했다면, 멸망을 더 빨리 재촉했을지도 모를 일이다.

결과적으로 손권의 무모한 '로맨스'는 스스로에게도 잔인한 배신의 칼날로 돌아와 꽂혔을 뿐만 아니라, 상대편인 공손씨와 고구려를 멸망 내지 괴멸 수준으로 몰아가고 말았다. 한마디로 손권은 의도치 않게 모든 것들을 파멸시켜버린 '파괴왕'이 된 것이다. 그러니 이 가슴 아픈 비극적 로맨스에 억지로 선악(善惡) 구도나 인과응보를 그리지는 말자. 단지 이러한 역사적 사건들을 냉정하게 되짚어보면서 현재 동아시아 각국 정상들의 웃음 뒤에 숨겨진 치열한 이해타산과 그 밑바닥의 욕망이 무엇인지 이해하는 안목이 더해지면 그만이다.

2부

백제 사신의 뻔뻔한 거짓말

현대 외교 분쟁은 결국 자국의 이익을 최우선으로 내세우는 여러 국가 간의 힘겨루기이다. 이러한 다툼은 단순히 일대일 구도로만 전개되는 것이 아니라, 때로는 강대국이 이해관계를 같이하는 여러 국가를 포섭해 세력을 키우는 형태로도 나타난다. 국력이 약하고 주변 정세에 어두운 약소국들이 회유와 계략에 말려들어 큰 손해를 보는 경우들도 심심치 않게 발생한다. 오늘날 대한민국이 중국과 미국 두 강대국의 패권 다툼 속에서 종종 난처한 상황에 처하는 경우들을 보면서, 상대국들의 요구를 들어주는 동시에 자국의 이익을 함께 지켜나간다는 것이 결코 쉽지 않다는 점을 다시금 되새기게 된다.

이러한 복잡다단한 외교 문제와 관련하여 고대에 백제와 신라 사신이 중국 왕조에 들어가면서 벌어졌던 희한한 해프닝을 소개하고자 한다. 고대의 국제 관계는 겉보기에는 '조공-책봉' 외교라는 틀과 상하의 예법 규정 속에 매우 고리타분하게 진행되었던 것처럼 보이지만, 실상은 전혀 그렇지 않았다. 오히려 지금에 못지않게 각 나라 사이에 치열한 정보전과 신경전이 벌어졌고, 그 가운데서 한몫 단단히 챙긴 나라와 그렇지 못한 나라 간의 명암이 크게 엇갈리는 살벌한 현장이기도 했다. 심지어 상대국의 외교적 허점을 이용하여 뒤통수를 치고 이익을 챙겨 달아나는 '사기꾼'들이 극성을 부리는 일도 허다했다. 이렇듯 치열한 동아시아 무대 위에서 벌인 외교적 행보와 성취를 통해 고대 한반도의 삼국이 가졌던 국가적 역량과 발전 수준을 가늠할 수 있다.

이번 이야기에서는 6세기 당시 국제 외교에서 큰 파장을 낳았던 사건들을 중심으로 백제와 신라의 외교적 역량과 상황 대처 능력을 살펴보려고 한다. 그리고 그 과정에서 현재 전하는 역사 기록이라는 것이 당시 국가들의 전략과 인간들의 욕망으로 어떻게 왜곡되는지도 함께 다뤄보겠다.

1장

국제 사기꾼
전성시대

제나라를 찾아온 도인, 혜심

490년, 중국 남조 제(齊)나라 도읍에 승려 복장을 한 채 긴 수염을 늘어뜨린, 범상치 않은 풍모의 도인(道人)이 나타났다. 그는 마치 도성 문 앞에서 볼 일이 있는 것처럼 계속 서성거렸는데, 문을 지키던 병사들은 그를 예사롭지 않게 보고 조정의 관리들에게 안내했다. 관리들은 병사들이 데려온 도인의 말투와 행색을 보고 그가 중국인이 아님을 직감했다.

당시 제나라에는 외국 사신들이 종종 찾아왔으므로 낯선 행색의 인물이 나타나는 것은 결코 드문 일이 아니었다. 그러나 외교사절로 왔다고 보기에는 가지고 온 물품들도 보잘것없었고, 행색도 그다지 화려하지 않았다. 다만 차분한 언행과 함께 눈동자가 반짝반짝 빛나고 있어 어딘가 예사롭지 않은 느낌을 줬다.

한 관리가 도인에게 물었다.

관리   그대는 누구이며, 무슨 일로 이곳까지 왔는가?

그러자 도인은 온화한 표정으로 관리들을 바라보며 이렇게 답했다.

도인   이름은 혜심(慧心)이라 하고, 동쪽 멀리에 있는 부상국(扶桑國)에서 왔습니다.

'부상국'이라는 말에 관리들은 고개를 갸우뚱했다. 한번도 들어본 적이 없는 나라 이름이었기 때문이다. 게다가 '부상(扶桑)'이라면, 옛날 중국 고대의 전설들을 모아 기록한 『산해경(山海經)』이라는 책에 등장하는 신이한 나무의 이름이 아닌가. 전하는 바에 따르면, 부상은 위아래로 가지가 10개 있는 커다란 나무인데, 각각의 가지에 태양이 열매처럼 달려 있다는 그야말로 전설상의 존재였다. 고개를 갸우뚱하던 관리들은 눈을 가늘게 뜨고 혜심이라는 자를 요리조리 살펴보았지만, 그는 마치 모든 것에 달관한 듯한 표정으로 미동도 하지 않고 서 있을 뿐이었다. 다시 한 관리가 의심의 눈초리를 보내며 물었다.

중국 산동성 무씨(武氏) 집안 사당 석실에 그려진 화상석(畵象石)의 하나이다. 화상석은 사당, 궁전 등의 벽면에 신선, 동물 따위를 장식으로 새긴 돌을 이른다. 그림 오른쪽에 그려진 활을 든 사람은 중국 고대의 전설적 영웅인 예(羿)인데, 부상나무에서 태양 10개가 한꺼번에 떠올라 초목이 타 죽게 되었을 때 화살을 쏘아 9개를 떨어뜨렸다고 한다.

관리   그대가 온 나라 이름이 부상국이라고 했는데, 아무런 이유도 없이 나라 이름을 부상이라고 짓진 않았을 터, 나라 안에 혹시 부상나무라도 자라는가?

관리가 질문을 던지자 혜심이 갑자기 눈을 떴다. 그가 맑은 눈동자로 관리를 지긋이 바라보며 대답했다.

혜심   그렇습니다. 우리 부상국의 땅에는 부상나무가 아주 많지요. 그래서 외국에서도 우리나라 이름을 부상국이라고 한 것입니다. 부상나무 잎은 중국의 오동나무 잎과 같고, 나뭇잎이 처음 나올 때는 마치 식감이 죽순과 같아서 우리나라 사람들은 이것을 즐겨 먹습니다. 나무 열매는 배처럼 생겼는데 붉은색을 띠지요. 사람들은 그 껍질을 자아서 옷을 만들거나 솜을 만들기도 합니다. 참 쓸모가 많은 나무지요.

혹시나 하고 질문을 던졌던 관리는 혜심이 부상나무를 상세히 설명하자 크게 당황했다. 혜심의 말대로라면 정말 부상나무라는 것이 세상에 실존하는 것이 된다. '10개의 가지에 각각 태양이 달려 있다'는 식의 허무맹랑한 옛 전승은 믿을 수 없지만, 혜심이 설명한 나무의 실물과 특징, 다양하게 활용하는 모습들은 상당히 구체적이고 그럴듯한 것이었기에 관리들은 어안이 벙벙한 채로 가만히 듣고만 있었다. 관리들의 놀라움과 의구심 섞인 표정들이 계속되던 찰나, 혜심은 더욱 놀라운 증언을 쏟아냈다.

혜심 제나라에 와 보니 소와 말을 많이 키우는 것 같습니다. 우리도 가축을 많이 키웁니다. 다만 우리는 주로 사슴을 키우지요.
관리 사슴을 집에서 키운단 말인가? 그걸 키워서 어떻게 쓰는가?
혜심 우리나라 사슴은 중국 사슴과 생김새가 다릅니다. 중국에서 키우는 소와 비슷하지요. 우리 사슴은 덩치가 크고 힘이 좋아서 수레를 끌 때도 이용합니다. 게다가 젖이 잘 나와서 사람들이 사슴 젖을 짜서 먹기도 합니다.

바다 건너 부상국에서 왔다는 혜심의 증언은 중국 관리들에게 놀라움의 연속이었다. 제나라 밖의 사정에 어두웠던 관리들은 황제에게 조공을 바치러 이역만리에서 왔다는 혜심을 무조건 내치기 어려웠다. 결국 그들은 미지의 나라 부상국에서 온 혜심을 정식 조공 사절로 받아들이기로 했다. 훗날 5~6세기 중국 주변국 상황을 서술한 『양서梁書』 제이전(諸夷傳)을 쓴 사관(史官)은 다음과 같은 기록을 남긴다.

> 부상국은 지금까지 한번도 들어본 적이 없는 나라이다. 웬 도인(道人)이 그 나라에서 왔다고 하는데, 그의 말을 들어보니 대체로 사리에 합당하고 그럴듯하기에 여기 기록하게 되었다.

제나라 관리들과 혜심의 문답으로 『양서』 제이전에는 '부상국'이라는 나라가 정식으로 실리게 되었다. 내용에 별다른 문제가 없었다면 후대 역사가들은 499년경에 제나라 동쪽에 부상국이라는 나라가 존재했음을 그대로 인정했을 것이다. 그러나 혜심이 전한 부상국에 대한 증언들을 하나하나 뜯어보면 어딘가 의심스러운 내용들이 보인다.

혜심   우리나라의 귀한 사람 중 1인자를 '대대로(大對盧)'라고 하며, 2인자는 '소대로(小對盧)'라고 합니다.

혜심은 부상국에서 지위가 높은 자 중에 1인자를 '대대로'라고 부른다고 했다. 대대로는 당시 만주와 한반도 일대에 걸쳐 있던 고구려의 최고

위 관등 명칭이다. 한자까지 똑같은 이 '대대로'라는 칭호가 부상국이라는 나라에서도 최고 지위에 붙이는 존칭이었다는 사실은 단순히 우연의 일치일까.

아마도 혜심의 입에서 '대대로'라는 호칭이 나온 것은 그가 부상국을 설명하는 과정에서 저지른 실수라고 추정된다. 아마 중국 관리들이 혜심에게 부상국의 이모저모에 대해 여러 질문을 쏟아내자 혜심이 부상국의 정치 상황을 답변하는 과정에서 어디선가 들은 외국의 관등 명칭까지 인용하게 되었을 것이다.

가장 결정적으로 의심되는 것은 부상국의 위치에 대한 설명이다.『양서』제이전에는 부상국이 대한국(大漢國)의 동쪽 2만여 리에 있다고 전한다. 이는 왜국(倭國, 지금의 일본)에서 동쪽으로 3만 2000여 리 떨어진 지점이다. 3만 2000여 리면 대략 1만 2500킬로미터에 이르는데, 현재 일본에서 출발해 미국의 캘리포니아 해안에 닿고도 남는 거리이다. 이게 사실이라면 혜심은 6세기 당시 북아메리카 대륙 어딘가에서 배를 타고 태평양을 건너서 중국으로 온 것이 된다. 한마디로 사기다. 부상국은 도인 '혜심'이라고 자처한 사기꾼이 만들어낸 가공의 나라였던 것이다.

당시 중국인들은 왜국의 동쪽 바다 멀리까지 항해해본 적이 없었다. 왜국의 동쪽 바다에 무엇이 존재하는지 정확히 아는 사람도 없었을 것이다. 막연한 전설상의 영역이었던 그곳은 가지마다 태양이 열린다는 부상나무가 자라고, 눈이 세 개에 가슴에 구멍이 뻥 뚫린 괴수와 같은 인간들이 살며, 여인들만 모여 사는 여인국이 존재한다고 전해지는 미지의 상상 세계였다. 혜심은 중국인들의 동방에 대한 무지와 환상을 철저히 이용하여 화려한 언변으로 새로운 나라를 창조해낸 것이다.

그러고 보니 5~6세기 남조 주변의 조공국에 대해 적은 『양서』 제이전에는 부상국 이외에도 몇몇 이상한 나라들이 등장한다.

> 문신국(文身國)은 왜국의 동북쪽 7,000여 리에 있다. 사람들 몸에 무늬가 있는데 마치 짐승과 같고, 그 이마에 무늬가 있는데 무늬가 곧으면 존귀한 사람이고, 무늬가 작고 굽었으면 천한 사람이다. (중략) 그곳 풍습에서는 집을 빙 둘러 한 길이나 되는 구덩이를 파는데, 그곳에 수은을 채워 넣어서 비가 내리면 빗물이 수은 위로 흐른다. 죽을죄를 지은 사람이 있으면 맹수와 함께 가두어 잡아먹히게 하는데, 처벌이 잘못된 경우에는 맹수가 피하며 먹지 않는다. 하룻밤을 무사히 지내면 풀어준다고 한다. (중략) 남쪽에는 흑치국(黑齒國)과 나국(裸國)이 있다. 왜로부터 4,000여 리 떨어져 있으며, 배로 가면 1년 만에 도달할 수 있다. 그 서남쪽으로 만 리쯤 가면 바다 사람(海人)이 사는데, 몸은 검고 눈은 희며 벌거벗고 있어서 추하다. 그 고기가 맛있어서 사람들이 활로 쏴서 잡아먹기도 한다.

이처럼 『양서』 제이전에는 문신국이니 흑치국이니 하는 나라들이 일본 동쪽 해상에 있으며 기괴한 풍습이 있다고 전한다. 이들은 아마도 혜심과 같이 조공 사절을 빙자한 사기꾼들이 꾸민 허구의 나라였을 가능성이 매우 높다. 그렇다면 왜 중국 남조에서는 엉뚱한 나라의 사절을 자처하며 찾아온 사기꾼들이 극성을 부렸을까? 혜심은 왜 제나라를 속이고 조공 사절을 자처했던 것일까? 그 내막을 알려면 당시 동아시아의 대략적인 국제 정세를 이해할 필요가 있다.

목숨을 걸고 황제를 속여라

중국에서는 2세기 후반에 후한이 멸망한 이후 위·촉·오 삼국 시대와 서진 등을 거쳐 천하가 남북으로 양분된 남북조 시대(420~589년)가 열렸다. 황하 중하류를 중심으로 하는 화북 왕조인 북조(北朝)와 장강을 중심으로 하는 강남 왕조인 남조(南朝)로 크게 양분된 것이다. 이처럼 남북으로 분열된 두 왕조는 서로 군사적으로 대치하며 견제하느라 주변 나라들로 군대를 보내거나 이들을 강제로 굴복시킬 여력이 없었.

혜심이 찾아왔던 499년 당시에 화북에는 북위, 강남에는 제나라(얼마 뒤 양나라로 교체)가 대치하고 있었다. 천하에 황제가 둘이었기 때문에 어떤 나라는 북조에 사신을 보내 조공을 바쳤고, 어떤 나라는 남조로 갔다. 심지어 북조와 남조 모두에 사신을 파견하는 나라도 있었다.

북조와 남조의 나라들은 국제적 위상을 높이기 위해 되도록이면 주변국들이 많이 찾아오기를 바랐다. 특히 국력이 북조에 비해 약했던 남조에는 찾아오는 외교사절의 수가 적을 수밖에 없었다. 이에 더 많은 외교사절이 아쉬웠던 남조에서는 찾아오는 사절들에게 이전보다 훨씬 더 많은 선물을 안겨 주는 정책을 폈다. 즉 조공하러 온 사절들에게 그들이 가져오는 조공품의 몇 배나 되는 답례품을 내렸다.

상황이 이렇게 되자, 남조 제나라와 양나라 때에는 조공 또는 친교

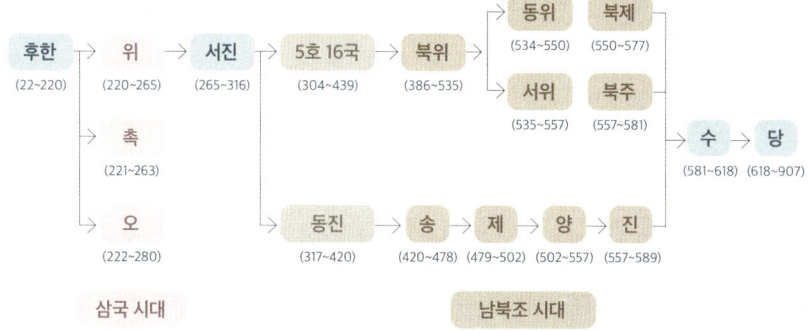

후한 시대부터 남북조 시대까지 중국 왕조 변천사

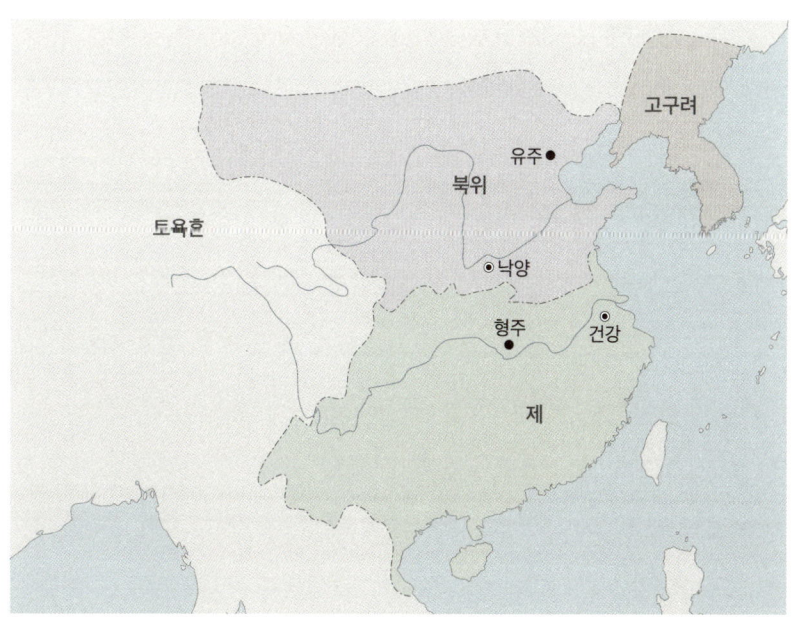

남북조 시대 북위와 제

사신을 가장해서 찾아오는 사람들이 생겨났다. 5세기 말에서 6세기 초반 당시 남조는 동아시아의 주변 지역으로 활발하게 교역을 하거나 군사 원정을 펼치던 상황이 아니었기 때문에 대외 정세에 몹시 어두운 편이었다. 이러한 상황을 간파한 일부 사람들이 교묘하게 가공의 나라를 만들어냈다. 그리고 마치 만리타국에서 힘들게 찾아온 조공 사절인 척해서 답례품을 챙겼다. 혜심과 같은 국제 사기꾼들이 극성을 부렸던 것이다.

물론 거짓말이 들통날 경우에는 죽음을 면하기 어려웠다. 그러나 만약 사신으로 인정을 받을 경우, 황제가 내리는 사여품의 가치는 엄청난 것이었다. 머리가 잘 돌아가는 모험가 입장에서는 충분히 목숨을 걸 만했다.

그런데 이러한 국제적 '사기'는 단순히 개인의 이익 추구로만 나타나지 않았다. 6세기 초 양나라가 정식 국가와 외교교섭을 하는 과정에서도 과장과 사기로 자국의 이익을 챙기려는 사신들이 존재했다. 사기 행각을 벌인 대표적인 주인공이 공교롭게도 양나라에 찾아왔던 백제 사신이었다.

2장

백제 사신은 왜
거짓말을 했을까

중국에서 발견된 백제 사신의 그림

국립중앙박물관 1층 '선사·고대관'에는 '백제실'이 있다. 이곳에 들어가면 옛날 그림 한 장을 볼 수 있다. 그림 속의 인물은 두 손을 앞으로 모은 채 진중한 표정으로 정면을 응시하고 있는데, 그가 착용한 모자와 겉옷, 가죽신의 모양·색상 등이 아주 생생하게 묘사되어 있다. 이 사신 그림의 왼쪽에는 먹으로 쓴 '백제국사(百濟國使, 백제국의 사신)'라는 제목과 함께 7줄 정도의 한문 글귀가 적혀 있다.

사실 이 그림이 실린 두루마리는 1960년 중국 남경(南京, 난징)에서 발견되었는데, 백제 사신을 비롯한 여러 나라 사신들 모습이 그려져 있다.

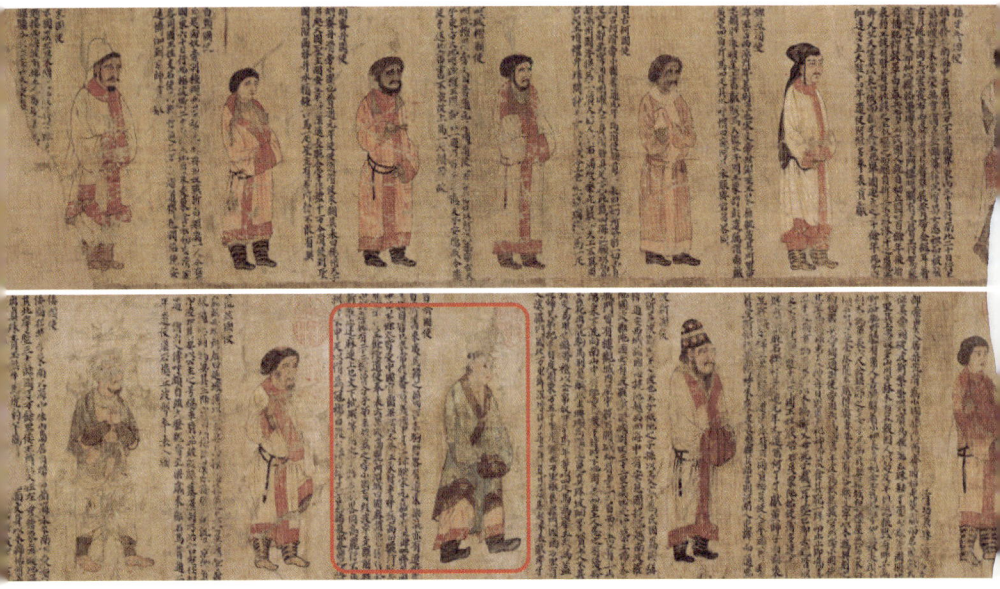

〈양직공도〉의 원본은 현재 남아 있지 않으며, 위 그림은 북송대에 제작된 모사본이다. 백제국사도(빨간색 테두리)를 비롯해 12개국의 사신 그림과 기록이 남아 있다.

이 그림의 정식 명칭은 〈양직공도梁職貢圖〉로, 6세기 전반 양나라에서 제작되었다. 양나라를 세운 무제(武帝, 재위 502~549년)의 아들 소역(蕭繹)이 직접 그린 것이 저본이 되었다고 전한다. 안타깝게도 원본은 소실되었고 여러 버전의 모사본들이 남아 있는데, 자료에 따라 적게는 12개국, 많게는 33개국 사신들의 모습이 그림에 담겨 있다.

당시 소역은 형주를 다스리는 장관이었다. 형주는 수도인 건강(建康, 지금의 난징)으로 향하는 길목에 있어, 황제를 알현하러 가는 수많은 외국 사신이 거쳐 가는 곳이었다.

사신들의 국적은 다양했다. 인도나 동남아시아 지역에서 온 사신은

〈양직공도〉의 또 다른 모사본으로 〈당염립본왕회도〉가 알려져 있다. 위 그림들은 그중 일부로, (왼쪽부터) 중천국(인도 동북부), 우전국(타클라마칸사막 남서쪽), 파사국(이란 지역)의 사신을 묘사한 것이다.

피부가 까맣고 머리카락이 곱슬곱슬했으며, 날씨가 더운 지역이라 맨살을 드러낸 경우가 많았다. 반면 중국 북방과 서방의 유목 지역에서 온 사신들은 비교적 복장을 잘 갖추었는데, 특히 구자국이나 우전국은 중국과 중앙아시아의 교역로에 있어서인지 복장이 화려한 편이었다. 또 지금의 이란과 아프가니스탄 등 중앙아시아 지역에서 찾아온 사신의 경우 머리털과 수염이 길고 눈매가 부리부리한 게 특징적이었다.

한편 한반도 지역에서 온 신라와 고구려 사신은 현재 한국인과 외모가 거의 비슷하며, 복장도 중국 문화의 영향을 받아 저고리, 바지, 가죽신의 형태로 비교적 정형화되어 있다. 이 그림들은 6세기 한반도의 의복

〈당염립본왕회도〉에 실린 백제, 고구려, 신라 사신의 모습이다. 참고로 〈당염립본왕회도〉에는 북송모본에 없는 12개국이 더해져 24개국의 사신 모습이 그려져 있다.

생활을 알려주는 매우 귀중한 자료이다.

만약 각국 사신의 얼굴 생김새와 다채로운 복장을 누군가에게 전달하려고 할 경우, 글로 써서 묘사하는 것보다 그림이 훨씬 더 효과적일 것이다. 이에 소역은 사신들이 착용한 모자와 의복, 얼굴 형태와 피부색, 머리 모양까지 하나도 빠트리지 않도록 세심하게 주의를 기울였다.

그리고 각국 사신도의 옆에는 사신들이 전한 그 나라의 이모저모를 짧은 글도 기록했다. 당시 양나라는 대외 활동을 석극적으로 펼지지 않았기 때문에 주변 지역에 대한 정보가 별로 많지 않았다. 따라서 찾아온 사신들이 알려준 정보에 많이 의존했을 것이다. 현재 사신도 옆에 몇 줄 기록된 제기(題記)라는 형태의 소개문은 이러한 과정을 통해 얻은 정보를 토대로 작성되었다.

소역은 사신들의 모습과 정보를 그대로 담음으로써 양나라를 정점으로 하는 중화 질서 속에서 많은 나라가 황제의 덕을 흠모하여 조공을 바치러 왔다는 사실을 효과적으로 알리고자 했을 것이다. 바로 그러한 이유로 521년 당시 양나라에 찾아온 백제와 신라 사신의 모습이 〈양직공도〉에 그대로 옮겨졌다. 얼핏 보면 한국 고대사를 공부하는 입장에서는 대단히 고마운 자료 같지만, 이 백제·신라 사신의 증언 속에는 학자들이 전혀 예상치 못했던 함정이 기다리고 있었다.

백제 사신의 이상한 발언들

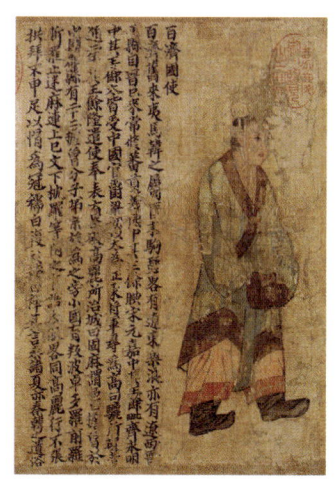

북송모본에 실린 백제 사신 그림과 제기

〈양직공도〉는 6세기 전반 당시 양나라에서 벌어졌던 생생한 외교 현장을 들여다볼 수 있는 자료이자, 고대 백제와 신라인의 외모와 외복을 알 수 있는 거의 유일한 사료라고 할 수 있다. 특히 백제 사신도 옆에 기록된 제기에는 백제 사신이 직접 양나라 조정에서 언급한 내용들이 반영되어 있다는 점에서 연구자들의 큰 주목을 받았다.

그런데 막상 이 백제국에 대한 제기를 읽어보면 매우 의문스러운 점들이 발견된다. 이전에 다른 역사서의 기록들을 토대로 연구한 실상과는 전혀 맞지 않는 내용들이다.

> (백제국의) 주변 소국으로는 반파(叛波)·탁(卓)·다라(多羅)·전라(前羅)·사라(斯羅)·지미(止迷)·마련(麻連)·상기문(上己文)·하침라(下枕羅) 등이 있는데, 그에 부용(附庸)되어 있다.

이 기록은 백제 사신의 발언을 그대로 옮긴 것으로 보인다. 즉 백제 사신이 "우리나라 주변에는 여러 소국들이 있는데, 모두 백제에 복종하고 있습니다"라고 전한 것이다. 여기 언급된 소국들은 대부분 현재 전라남도 지역을 비롯해 경상남도 서쪽에 있었던 가야의 여러 세력들을 지칭하고 있다. 이에 따르면 지금의 전라남도와 경상도 서쪽 일대가 모두 백제 영향력 아래 있었다는 말이 된다.

그런데 이 소국들 가운데 가장 눈에 띄는 것이 있다. 바로 '사라(斯羅)'이다. 사라는 신라의 옛 이름이다. 그렇다면 백제 사신이 양나라에 갔던 521년 당시에 신라도 백제에 정치적으로 종속되어 있었다는 말인가. 『삼국사기』 신라본기(新羅本紀)에 따르면 신라는 503년 10월부터 '신라'라는 국호를 공식적으로 사용했으며, 엄연한 독립국으로 백제나 다른 국가에 종속되었던 사실을 찾아볼 수 없다.

『양서』 신라전에는 521년에 신라가 양나라에 사신을 파견했다고 기록되어 있다. 또 〈양직공도〉에도 신라 사신의 모습이 그려져 있다. 즉 백제와 같은 시기에 신라도 양나라에 사신을 파견했던 것이다.

그렇다면 이때 신라 사신은 양나라에 자국의 국호가 '신라'이며 어엿한 독립국이라는 사실을 알리는 것이 가능하지 않았을까? 그럼에도 신라가 백제에 복속되어 있다는 식의 잘못된 정보가 전해진 원인은 무엇일까? 백제 사신의 일방적인 거짓말이었을까? 그러나 〈양직공도〉를 모사한 작품들 중 하나인 '청장경모본(淸張庚摹本)'의 사라국(斯羅國) 제기에 남아 있는 신라에 대한 기록들을 쭉 훑어보면, 신라의 이미지는 더 처참한 몰골로 나타난다.

> 사라국은 본래 동이(東夷) 진한(辰韓)의 소국이다. (중략) 혹은 한(韓)에 속하고 혹은 왜(倭)에 속하였다. (중략) 문자가 없어서 나무에 새겨 징표로 삼는다.

여기에도 신라에 대한 부정확한 정보가 다수 보인다. 여전히 신라를 옛날 국호인 사라로 호칭하고, 3세기 때 존재했던 삼한(三韓)의 하나인 진한의 소국으로 아주 야소한 세력처럼 설명하고 있다. 이 기록 속 신라는 6세기 전반에 이르러 현재의 경상남·북도 일대를 아우르며 백제와 어깨를 나란히 하는 독립 강국으로 보이지 않는다.

게다가 그 당시 신라의 문화적 상황에 대해서도 아직 문자가 없어서 나무에 단순한 기호를 새기는 등 원시적인 수준에 그친다고 서술했다. 하지만 신라의 금석문 자료는 이 기록이 거짓임을 말해준다. 특히 501년경과 503년에 만들어진 '포항 중성리 신라비'와 '포항 냉수리 신라비'에는 당시 신라 조정에서 지방 주민들을 대상으로 포고한 법령과 판결문이

포항 중성리 신라비(浦項中城里新羅碑)는 국보 제318호로, 2009년에 도로공사 현장에서 발견했다. 냉수리 신라비보다 2년 앞서 만들어진 이 비석은 당시 신라의 정치·경제 상황을 추정할 수 있는 중요한 자료이다.

새겨져 있다. 이를 통해 500년대에 이미 신라에서 한자로 문서를 작성하는 행정이 이루어지고 있었음을 알 수 있다.

이로써 양나라에서 파악한 신라의 정치·사회상에 대한 정보가 왜곡되어 있음이 더욱 확실해진다. 양나라는 신라를 매우 작고 쇠약한 나라, 문화적으로 후진적인 수준의 나라로 오해하고 있었다. 왜 이런 잘못된 정보가 양나라에 전달되었을까. 신라 사신은 양나라에 가서 도대체 무엇을 했던 걸까.

친절한 백제 사신의 두 얼굴

연구자들을 혼란에 빠트렸던 〈양직공도〉 백제국사 제기와 『양서』 신라전 기록에 대한 의문점들은 아래의 기록에서 그 실마리를 찾을 수 있다.

> (사라는) 독자적으로 사신을 파견할 수 없었다. (중략) (중국 측과) 대화할 때 백제 사신을 기다린 후에 통한다. - 〈양직공도〉 청장경모본의 사라국 제기

이 기록은 중국에 대한 신라의 외교 실상을 그대로 보여준다. 당시 동쪽에서 꾸준하게 세력을 키우던 신라는 중국 왕조와의 교류를 통해 국제 무대에 존재를 알리고, 선진 문물을 수용하려고 했다.

그러나 6세기 전반에 신라 영토는 한반도 중부의 동남쪽, 즉 경상남도와 경상북도에 치우쳐 있었다. 한반도에서 중국으로 향하는 서해의 항로는 백제가 장악하고 있었기 때문에 신라는 백제의 도움 없이 독자적으로 중국에 사신을 파견하는 것이 거의 불가능했다.

그보다 더 중요한 문제는 신라에 중국어를 할 수 있는 관리가 없었다는 점이다. 즉 신라의 사신이 중국에 도착한다고 해도 단독으로는 의사소통이 불가능한 상황이었다. 반면 백제는 이미 4세기 이전부터 중국과 교류가 잦았다. 따라서 오랜 교섭을 통한 경험이 풍부했고 양나라 말에 능숙한 사람들이 적지 않았다. 이들이 곧 백제의 대중국 교섭을 담당했던 것이다.

이에 신라가 양나라로 건너가서 외교 관계를 수립하는 방법은 중국과 직접 소통이 가능한 고구려 또는 백제에 도움을 요청하는 수밖에 없었는데, 6세기 전반에는 백제와 신라가 동맹 관계를 맺고 고구려의 공격에 군사적으로 대항하고 있던 형국이었다. 따라서 신라는 양나라와 외교 관계를 수립하기 위해서 백제의 도움을 기대할 수밖에 없었다.

521년, 신라는 동맹국인 백제에 양나라로 가는 배편에 자국 사신도 태워줄 것을 요청했다. 백제로서는 굳이 신라 사신을 데려갈 의무는 없었으나, 신라의 요청을 흔쾌히 수락했다. 여기까지는 백제가 신라와 양나라와의 교섭에 일종의 다리 역할을 한 것으로 보인다. 문제는 양나라에 도착한 이후였다.

양나라에 건너간 직후 백제 사신과 신라 사신의 지위는 엇갈렸다. 이미 양나라와 교섭을 하며 국력과 지위를 인정받은 백제의 사신은 우대를 받았다. 신라는 말 그대로 초행길이었고 공식석상에서도 비중 있는 나라들과는 멀리 떨어진 자리에 앉았을 것이다. 일은 백제의 의도대로 착착 흘러갔다.

양나라 조정은 백제 사신을 연찬의 좋은 자리에 앉히고 그동안의 한반도 남부 정세에 대해 물었다. 그러자 백제 사신은 양나라 황제의 근처에 있어서 유창한 중국어로 백제와 한반도 지역 정세, 신라에 대한 정보를 풀어놓았다.

사실 백제는 50여 년 전인 475년에 장수왕의 공격으로 첫 번째 수도였던 한성(지금의 서울)이 함락되었고, 개로왕과 왕족들 다수가 고구려군에게 몰살당하는 참화를 겪은 적이 있었다. 이로 인해 백제는 한강 유역을 떠나 웅진(지금의 공주) 지역으로 쫓기듯 내려와야만 했다. 백제의 국운이 크게 꺾였던 이 사건은 당시 중국 왕조에도 널리 알려졌다.

그러나 백제가 양나라로 사신을 파견했던 이때에는 웅진 천도 이후 어수선했던 국내외 정세가 안정을 되찾고 있었다. 무령왕(武寧王)은 20여 년을 재위하면서 대내적으로 왕권을 탄탄하게 다지고, 대외적으로는 한반도 중·남부 권역으로 차츰 영향력을 확대했다. 521년에 무령왕이 양나라에 사신을 파견했던 것은 백제가 다시 부강해졌으며 이전의 영향력을 되찾아가고 있다는 사실을 적극적으로 알리기 위함이었다.

양나라 조정에서 발언권을 얻은 백제 사신은 자국이 고구려를 여러 차례 무찔러 한반도 중남부에서 주도권을 되찾아 여러 나라를 예하에 거느리게 되었다고 진술했다. 그리고 마지막으로 백제의 소국인 '사라'의 사신을 함께 데려왔다고 말하면서, 꿔다 놓은 보릿자루처럼 있던 신라 사신을 손가락으로 가리켰다. 물론 그 자리에 있던 신라 사신은 백제 사신이 구사하는 중국어를 전혀 알아듣지 못했을 것이다.

양나라 황제는 '사라'라는 미지의 나라가 궁금했을 것이다. 그는 신라 사신을 가까이 오게 해서 사라의 상황과 풍속 등을 소개하도록 했다. 그러자 자기 차례에 신이 난 신라 사신은 열심히 준비해온 내용들을 풀어놓기 시작했다. 물론 그는 신라 말로 답변했으므로, 백제 사신의 통역을 거쳐서 양나라 측에 전달됐다.

사실 백제가 신라 사신에게 베푼 이 친절한 호의 이면에는 치밀한 외교적 계산이 숨어 있었다. 당시 양나라 조정은 한반도 중남부 지역의 상황을 전혀 알지 못했다. 그 지역의 정세를 유창한 중국어로 진술할 수 있는 것은 오직 백제 사신뿐이었다.

백제 사신은 자국의 위상을 양나라에 최대한 돋보이기 위해 함께 온 신라 사신을 철저하게 이용했다. 일단 백제 사신은 '사라', 즉 신라가 옛날 소국이었던 시절의 명칭을 현재 국호인 것처럼 전했다. 그리고 사라가 백제에 종속된 작은 속국이며, 문화 수준도 매우 낮아서 주민들이 문자를 사용하지 못해 나무판에 단순한 기호나 끄적거리는 수준의 저급한 의사소통을 하는 상황이라고 전했다. 결국 사라는 백제의 군사적 보호와 문화적 지도 아래에 있어야 하는 국가라는 얘기다. 그리고 양나라 관리는 옆에서 이 모든 거짓말들을 착실히 기록했다.

양나라 조정은 백제 사신의 입을 통해 나온 정보를 종합할 때 한반도 중남부의 주도권을 쥐고 있는 유일한 세력은 백제라고 믿을 수밖에 없었다. 양나라 황제 무제(武帝)는 백제 왕에게 그 국력에 걸맞은 높은 지위의 책봉호를 내리고 도자기를 비롯한 고급 물품들도 잔뜩 내주었다. 반면 평가 절하된 신라는 양나라로부터 아무런 정치적 지위를 얻지 못했다. 무제는 귀국하는 백제 사신에게 아마도 이렇게 말했을 것이다.

양 무제 그대 나라는 앞으로도 계속 우리 양나라에 충성을 다하시오. 그리고 예하의 사라와 다른 여러 소국을 잘 챙겨서 그곳에도 황제의 교화가 널리 미치도록 하시오.

520년경에 백제와 신라의 사절단은 같은 배를 타고 양나라로 갔지만, 각기 다른 결과를 안은 채 돌아왔다. 백제는 유리한 지리적 조건과 오랜 경험을 토대로 능수능란한 외교적 수완을 펼쳐 양나라로부터 국제적 지위와 많은 선진 물품들을 얻어냈다. 하지만 신라는 대중국 외교의 시작부터 백제의 계획에 말려 대외적 위신을 세우는 데 완전히 실패하고 말았다. 한반도의 정세를 왜곡하고 수많은 나라를 자기 발밑에 있는 존재로 만들어버린 백제 사신의 사기극은 가상의 나라인 부상국을 만들어 한몫 챙기고 달아난 도인 혜심의 그것보다 오히려 더 치밀하고 과감한 면이 있다.

이때 백제가 양나라 조정을 상대로 벌인 외교적 책략의 결과, 양나라가 후대에 남긴 한반도 중남부의 정세에 대한 기록, 즉 〈양직공도〉와 『양서』 신라전의 기록은 실상과 크게 다른 형태로 우리에게 전해지게 되었다. 왜곡과 과장이 가득한 이 기록들은 역설적이게도 6세기 전반 양나라에서 백제와 신라가 벌인 외교전의 실상을 엿볼 수 있게 한다. 마치 파편처럼 남아 있는 백제 사신의 그림과 그가 전한 간략한 정보는 당시 백제가 국제 외교를 통해 얻으려고 했던 것이 무엇이며, 그것이 구체적으로 어떻게 실현되었는지를 밝히는 매우 중요한 단서인 셈이다.

혹자는 양나라에서 벌인 백제의 외교를 매우 못마땅하게 생각할 수도 있다. 그러나 고대에서 현대에 이르기까지 외교란 이처럼 철저하게 자국의 이익을 추구하는 형태로 이루어지는 것이 일반적이다. 한반도에서 살아남기 위한 삼국의 치열한 경쟁은 중국 왕조를 대상으로 한 국제 외교에서도 진행되었다. 지금 시점에서 보아도 매우 흥미진진한, 그 속고 속이는 치열한 외교 전쟁의 양상은 당시 동아시아의 국제 관계라는 것이 오늘날만큼이나 중요했음을 생생하게 보여준다.

사료는
어떻게 거짓말을 하는가

5~6세기 당시 중국 남조 국가들이 전한 기록에 근거해 편찬된 『송서宋書』에는 백제에 대한 다음과 같은 기록이 있다.

백제국은 본래 고구려와 함께 요동의 동쪽 천여 리 밖에 있었다. 그 후 고구려가 요동을 차지하자, 백제는 요서를 차지했다. 백제가 다스리는 곳을 진평군(晉平郡) 진평현(晉平縣)이라고 하였다.

위 기록은 백제가 요하 서쪽의 요서 지역을 공략해서 차지했다고 하는 '요서 진출설'의 주요 근거다. 이 기록을 그대로 인정한다면 백제는 바다를 통해 요서 지역으로 군사 진출을 하여 한동안 그 지역을 영역으로 삼았던 것이 된다. 하지만 이를 역사적 사실로 인정해도 될지 여부에 대해서는 이미 조선 후기부터 현재에 이르기까지 많은 논란이 있었다.
보통 요서 진출을 긍정적으로 보는 연구자들의 의견이 다수 받아들여진 결과, 한때 중·고등학교 학생들이 배우는 한국사 교과서에는 67쪽과 같은 형태의 지도가 실리기도 했다. 그러나 반론도 만만치 않다. 백제의 요서 진출을 그대로 믿기에는 상당히 미심쩍은 정황들이 많기 때문이다. 가장 크게 문제가 되는 것은 백제가 요서를 차지했다는 기록이 오직 남조 왕조의 사료에서만 보인다는 점이다.

고등학교 한국사 교과서에 실렸던 백제의 요서 진출설을 표시한 지도의 한 예

요서 지역은 분명 남조가 아닌 북조와 직접 이해관계가 얽힌 지역이다. 당시 화북에 있던 북위 왕조가 백제에 요서 지역을 빼앗겼거나 백제와 국경을 맞대고 있는 상황이었다면 당연히 그와 관련된 내용을 기록으로 남겼을 것이지만, 현재 그러한 기록은 보이지 않는다.

왜 그럴까. 혹시 북위가 요서 지역의 상황에 크게 신경 쓰지 않았기 때문일까. 그렇다면 아래의 기록은 어떻게 이해해야 할까.

지난 경오년(490)에 험윤(獫狁, 북위)이 잘못을 뉘우치지 않고 군사를 일으켜 깊숙이 쳐들어왔습니다. 신(백제 동성왕)이 사법명 등을 파견하여 군사를 거느리고 역습하게 하여 밤에 번개처럼 기습하니 흉리(匈梨, 북위군)가 당황하여 마치 바닷물이 들끓듯 붕괴되었습니다. 이 기회를 타서 쫓아가 베니 시체가 들을 붉게 물들였습니다.

위 기록은 남조 제나라 측의 기록인 『남제서南齊書』에 보인다. 아마도 백제의 동성왕(東城王)이 남조 제나라 황제에게 올린 국서의 내용을 인용했을 것이다. 여기서는 북위가 직접 백제의 영역으로 쳐들어갔다고 전하고 있다. 그렇다면 북위가 백제가 차지하고 있던 요서 지역을 공격한 것일까, 아니면 한반도의 백제 영역을 공격한 것일까? 어느 쪽이 됐든 백제는 당시 최강 세력인 북위의 수십만 기병을 물리치고 대치하는 상황을 만든 것이 된다.

그런데 북위 측 기록인 『위서魏書』 등에는 이러한 사건이 전혀 보이지 않는다. 북위가 자국과 관련된 이런 대규모 전투에 관심이 없었을 리 없다. 패전 사실을 꼭꼭 감춰두고 싶어서 일부러 관련 자료들을 모두 폐기한 게 아니라면, 당시 백제가 남조 측에 전했던 북위와의 전투가 사실과 달랐던 것은 아닌지 의심할 만하다.

백제가 북위와 전투를 치렀다고 하면서 위용을 과시하는 국서를 남조 제나라에 올린 것은 동성왕 때의 일이다. 그런데 그로부터 불과 15년 전인 475년에 백제는 고구려의 공격으로 인해 수도 한성을 빼앗기고 개로왕과 왕족들이 다수 죽음을 당하는 참화를 겪었다. 남은 무리는 남쪽의 웅진(공주)로 내려가서 나라를 재건하려 했다.

그렇게 15년 정도가 지난 490년경 동성왕이 재위했을 때 백제의 국세는 한성 백제 시기보다 크게 악화된 상황이었고, 내부의 혼란으로 인해 국왕이 제명에 죽지 못하고 암살당하는 일들도 빈번하게 벌어지던 '위기의 시기'였다. 이런 시기에 백제가 중국 요서에까지 진출하면서 최대의 판도를 이룩했다는 기록은 얼마나 믿을 만한 것일까. 백제 동성왕의 이어지는 진술을 보면 의구심은 더욱 커진다.

지금 (북위군이 물러가고) 천하가 조용해진 것은 실로 사법명 등의 계략에 의한 것이니, 그 공훈을 따져 보면 표창해주어야 마땅합니다. 황제께서는 삼가 하늘과 같은 은혜를 베푸시어 특별히 높은 관작을 제수하여주시기 바랍니다.

결국 동성왕이 제나라에 올린 국서는 문맥상 북위와의 전쟁을 핑계로 자신의 신하들에게 중국 관작을 내려달라는 내용이라고 할 수 있다. 동아시아 최강의 북위 기병을 무찌르며 종횡무진 활약했다는 백제가 남조 황제에게 관료들의 관작을 좀 내려달라고 간곡히 부탁하는 모습은 어딘가 어색하게 느껴진다. 현재 많은 연구자들은 백제가 북위군을 물리쳤다고 하는 국서의 내용은 사실이 아니라고 본다.

그렇다면 『송서』 등에서 백제가 바다 밖의 요서 지역을 차지하고 있었다는 기록은 과연 얼마나 사실에 부합하는 것일까. 당시 국제 정세에 어두웠던 남조 측에서 뭔가 착각을 하고 위와 같이 기록했던 것은 아닐까, 아니면 사실과 다른 왜곡된 내용을 전해 듣고서 마치 그것이 진실인양 믿어버린 결과는 아닐까. 당시 동아시아 가국이 주고받은 국서들에는 좀처럼 믿기 어려운 기록이 마치 사실처럼 기재되어 있는 경우들이 적지 않다. 『송서』에 실린 다음 기록도 한번 보자.

고구려가 무도하여 우리를 집어삼키려 했고, 우리 변경의 백성을 노략질하여 죽이는 일을 멈추지 않았습니다. 이 때문에 매번 저희가 중국에 조공을 하러 가고 싶어도 일이 지체되어 좋은 바람을 놓치게 되었고, 비록 길을 나서도 막혀서 갈 수 없는 경우가 많았습니다. 저의 아버지이신 제(濟)도 저 원수 같은 고구려가 중국으로 가는 길을 막는 것에 분노하셨고, 군사 100만을 동원하여 장차 크게 전쟁을 일으키고자 하였습니다. 그러나 갑작스럽게 아버지와 형님이 돌아가시는 바람에 결국 뜻을 이루지 못하였습니다. 이제 제가 갑옷과 무기를 잘 갖추어 돌아가신 아버지와 형님의 뜻을 이루고자 합니다.

이 기록은 어느 국가의 왕이 478년에 중국의 남조(송)의 황제에게 보낸 표문(국서)이다. 과연 어느 국가의 왕이 보낸 것일까. 아마도 백제 혹은 신라라고 생각하는 사람들이 많을 것이다. 그러나 위 표문은 당시 왜국(倭國), 즉 현재의 일본 땅에 있었던 국가의 무(武: 應神天皇)라는 왕이 보낸 것이다. 여기서 바다 건너에 있던 왜의 국왕은 당장에라도 대군을 동원해 고구려를 침공하겠다고 다짐하고 있다. 도대체 왜국 왕이 저런 내용의 표문을 보낸 이유는 무엇일까.

과거 일본 연구자들 중 일부는 위 내용을 왜가 한반도 남부를 정복해 지배했고, 북쪽의 고구려와 자웅을 겨룰 정도였다고 하는 '임나일본부'설의 근거로 활용하기도 했다. 하지만 표문 내용을 뜯어보면 확실히 과장된 부분이 많다. 당시 고구려와 남북으로 대립하고 있던 세력은 왜가 아닌 백제였다. 따라서 바다 건너에 있던 왜가 백제와의 긴밀한 공조 없이 단독으로 고구려를 공격하는 것은 현실적으로 불가능했다. 실제로도 왜의 이러한 군사 원정은 이루어진 적이 없다. 즉 왜왕은 거짓을 통해 남조 황제에게 자신의 모습을 한껏 부풀렸다고 할 수 있다.

왜왕이 이런 허상성세를 부린 이유는 무엇일까? 남소 송나라의 왕제로부터 높은 평가를 받아서 자국의 국제적 지위를 높이는 동시에, 왜왕인 자신과 신하들에 대한 높은 책봉호를 받기 위한 목적이었다고 보아야 할 것이다. 위 표문에 보이는 과장된 언사와 허위 진술은 당시 동쪽에 치우쳐 있던 왜가 중국 왕조의 관심을 끄는 동시에 국제적 지위도 인정받기를 간절히 바랐던 데서 비롯된, '절박함'이 반영된 행동이라고 보는 연구자가 많다.

2016년과 2017년에 북한의 김정은이 미국을 향해 핵미사일 운운하며 당장 전쟁도 불사할 것처럼 호기롭게 위협 발언을 한 적이 있다. 그런데 미래의 누군가가 이러한 북한의 '허세'에 찬 발언들에만 주목해서, 북한이 태평양 건너의 최강대국인 미국과 전쟁을 벌일 만한 강한 나라였다고 판단한다면 어떨까.

역사의 연구는 단순히 사료를 있는 그대로 읽어내는 데서 그치지 않는다. 당시의 국제 정세와 다양한 외교적 행위의 이면을 살피지 않은 채 사료 내용만 그대로 믿는다면, 『송서』의 표문에서 보이는 왜 국왕의 허풍이나 과장도 임나일본부설의 근거로 활용될 수 있다. 우리가 고대 국제관계 속 진실을 규명하기 위해 백제의 요서 진출 관련 기록 또한 신중하게 접근해야 하는 이유가 바로 여기에 있다. (최근 개정된 일부 한국사 교과서에는 백제가 요서 지역으로 "군사적 진출" 혹은 "영역을 확장"했다는 내용을 "교류"했다고 수정하거나 아예 화살표를 삭제했다.)

3부

한반도에 있는
중국인 무덤의 비밀

여전히 많은 사람이 대한민국이 단일민족국가라는 잘못된 인식을 가지고 있다. 그러나 이미 고대부터 한반도와 만주를 중심으로 한 지역에는 한(韓)과 예맥, 그리고 한족(漢族) 등 다양한 계통의 주민이 살고 있었다. 또한 이 지역에는 본래 거주했던 여러 종족들 외에도 일찍이 중국 등 외부에서 많은 이주민이 유입되기도 했다.

그중에는 자기 나라에서 정치적인 문제를 일으켜 도망쳐 온 사람도 있었고, 계속된 전쟁과 자연재해에 지쳐 새롭게 농사지을 땅을 찾아 나선 난민도 있었다. 한반도에 있던 국가들은 이렇게 흘러들어온 많은 사람을 받아들였는데 몇몇 국가는 경쟁적으로 난민을 확보하려고 했다. 그렇게 많은 외국인이 고대부터 한반도 지역에 정착해 살게 되었다. 이처럼 한반도 구성원들의 면면은 본래 다양했지만, 동아시아 사람들의 생김새가 대체로 비슷한 데다 오랜 시간이 흐르면서 같은 말과 문화를 이루게 된 것이다.

한반도 이주민 문제는 한국사의 전개를 동아시아라는 넓은 범주 속에서 이해할 수 있는 매우 흥미로운 주제이다. 이주민들은 요동과 한반도 지역의 역사적 추이에 구체적으로 어떤 변화를 가져왔을까? 또 살아남기 위해 발버둥치는 와중에 그들은 어떤 흔적을 남겼을까?

여기서는 한 나이든 망명객에 얽힌 치열했던 생존의 기록을 소개한다. 지금으로 치면 거의 황혼의 나이에 목숨을 걸고 이곳저곳 국경을 넘나들었던 특이한 이력의 사내. 그를 통해 혼탁한 세상에서 홀로 살아남는다는 것, 이방인으로서 자신의 가치를 드러낸다는 것이 얼마나 고난스러운 일이었으며 또 구체적으로 어떤 형태로 전개되는지 들여다보고자 한다.

1장

고구려로 망명한 사람들

황해도에서 발견된 이상한 무덤

일제(日帝)에서 해방된 기쁨이 완전히 가시지 않았던 1949년 4월, 황해도 안악군 오국리에서 아주 독특한 형태의 무덤 하나가 발견됐다. 봉분 위에는 비석이 하나 있었는데, 조선 초기 관리인 하연(河演)에 대한 내용이 기재돼 있었다. 때문에 인근 주민들은 이 무덤을 '하 무덤'이라고 불렀다. 그러나 북한의 고고학자들이 무덤을 본격적으로 조사해 조선시대보다 훨씬 전에 만들어진 것임을 밝혀냈다.

안악군에서 발견된 세 번째 무덤이었기에 '안악 3호분'으로 명명된 이 무덤은 언덕의 한쪽 면을 파내어 석실(돌방)을 만들고 그 위에 흙을 덮은

형태였다. 직경이 30미터가 넘을 정도로 규모가 컸으며, 이전까지 한반도에서 발견된 적이 없었던 아주 독특한 구조였다.

 말굴난이 무덤 내부로 들어가 능불을 비수자, 사방 벽면에 그려신 화려한 벽화가 가장 먼저 눈에 들어왔다. 벽에는 무덤 주인공이 살았을 저택의 주변 정경과 더불어 그의 대외 활동과 관련한 그림들이 그려져 있었다. 특히 무덤의 회랑에는 큰 수레를 타고 행차하는 무덤 주인의 주변을 250여 명의 무장한 군인과 관리들이 나란히 행진하는 그림이 눈에

안악 3호분 내부 널방의 회랑에 있는 행렬도에는 우차(牛車)를 탄 주인공을 중심으로 시종, 악대와 곡예꾼, 호위하는 보병과 기병들이 그려져 있다.

띠었다. 이를 통해 무덤 주인이 생전에 상당한 정치·사회적 지위를 누렸던 인물임을 알 수 있었다.

 무덤의 서쪽 곁방에 들어가자 가운데에 온화한 얼굴로 손에 부채를 들고 화려한 복장을 한 인물이 그려져 있었다. 그가 바로 이 무덤의 주인공이었다. 문제는 무덤 주인의 정체가 무엇이며, 어떤 경위로 이곳에 묻혔는가이다. 보통 무덤 내부에는 묻힌 사람의 이름과 출신에 대한 기록이 있기 마련이다. 마침 주인공이 그려진 방의 입구 좌측에 검은 먹으

안악 3호분의 주인공을 그린 묘주도(墓主圖)를 복원한 것이다. 서쪽 곁방 정면 벽에 그려진 동수는 검은 모자를 쓰고 평상 위에 정좌한 모습이다.

묘주도 좌우 벽에는 호위 무관인 장하독이 마주보는 자세로 그려져 있다. 장하독의 그림 위에는 먹으로 쓴 글씨들이 남아 있는데, 무덤의 주인이 동수라는 근거가 된 기록은 좌측 호위 무관 그림 위에 있다.

로 쓴 글자 68자가 있었는데, 해석하면 다음과 같다.

永和十三年 十月戊子朔卄六日癸[丑] 使持節都督諸軍事 平東將軍護撫夷
校尉樂浪[相] 昌黎玄菟帶方太守都鄕侯 幽州遼東平郭都鄕敬上里壽字
▨安年六十九薨官

영화 13(357)년 초하룻날이 무자일인 10월 26일 계축(癸丑)에 사지절도독 제군사·평동장군·호무이교위·낙랑상이며, 창려·현도·대방 태수요 도향후를 지낸 유주 요동군 평곽현 도향 경상리 출신의 동수는 자(字)가 □안인데, 69세의 나이로 관작을 역임하다 죽었다.

비록 짧은 문장이지만, 이는 무덤 주인에 대한 몇 가지 중요한 사실을 알려준다. 고분에 묻힌 인물은 357년 10월 26일에 사망했다. 성은 동씨(冬氏)이고 이름은 수(壽)인데, 아마도 무탈하게 오래 살기를 기원하면서 붙인 이름 같다. 실제로 69세까지 살았으니, 당시 평균수명을 감안하면 상당히 장수한 편이다.

동수는 요동군 평곽현(지금의 랴오닝성 가이저우 일대) 출신으로, 중국 땅에서 태어나 활동했던 인물이다. 그의 무덤은 중국 전통에 따라 만들어졌으며, 관직 역시 중국의 정치제도에 기원을 두고 있다. 그런데 당시 요동군 평곽현 지역은 선비족인 모용씨(慕容氏) 세력이 세운 전연(前燕)의 영토였고, 무덤이 발견된 황해도 안악군 지역은 고구려의 영역이었다. 따라서 그는 요동에서 태어나 전연에서 활동하다가, 어느 시기에 고구려로 넘어와 살게 된 것으로 보인다. 그렇다면 그는 왜 고구려로 넘어오게 되었으며, 어쩌다 고구려의 남쪽 국경 인근인 황해도 지역에 묻힌 것일까?

여기에 대해서는 많은 단서가 남아 있진 않다. 다만 송나라 때 사마광이 펴낸 역사서 『자치통감資治通鑑』과 무덤에 남아 있는 몇몇 문자 자료들을 근거로 그가 고구려로 넘어오기 전의 행적과 넘어온 이후의 활동상을 추적해볼 수 있다. 이렇게 동수의 생애를 들여다보면 혼란스러웠던 4세기 중반 동아시아 역사에서 벌어졌던 요서와 요동 지역을 둘러싼 여러 세력들 간의 각축전, 특히 고구려와 모용씨 두 세력의 불꽃 튀는 경쟁이 고스란히 드러난다. 또한 정치적 격변에 휘말려 덧없이 죽거나 '이쪽'과 '저쪽'을 오가며 오직 살아남기 위해 안간힘을 썼던 여러 인물에 대한 다양한 역사적 추적도 가능하다.

이 글에서는 동수의 동선을 따라가며 한치 앞을 내다볼 수 없는 혼란한 세상 속에서 오직 살아남기 위해 동분서주했던 그의 비장한 '생존기'를 한번 들춰보고자 한다.

형제의 싸움에 휘말리다

시간의 단초는 동수가 사망하기 25년 전인 333년으로 거슬러 올라간다. 당시 고구려 서쪽에는 선비족인 모용씨 세력이 있었다. 모용씨는 요하 유역에서 일어나 요서와 요동의 중심지를 차지하고 힘을 키웠는데, 매번 서쪽의 후조(後趙)와 동쪽의 고구려로부터 군사적 도전을 받았다. 특히 압록강 중류 유역을 중심으로 성장한 고구려는 요동으로 진출하기

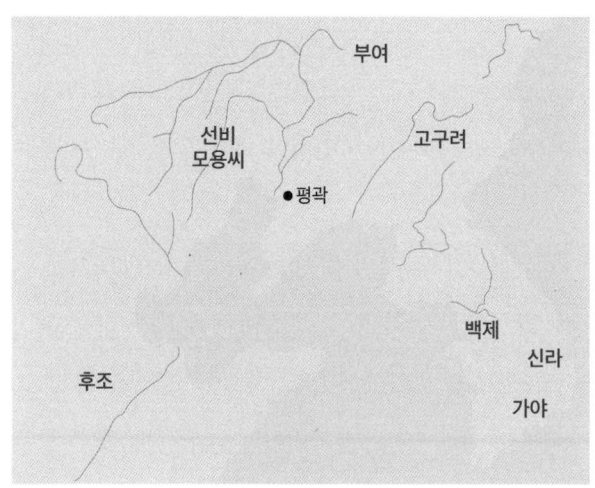

4세기 중엽 요서 지역

위해 모용씨 세력에 수차례 도전했으나, 그때마다 번번이 모용씨 군대가 강력한 저지선을 구축해 격퇴당하곤 했다. 이때 주로 활약했던 인물이 수장 모용외(慕容廆)의 아들인 모용인(慕容仁)이었다.

> 고구려가 요동을 침입하자 모용인이 그들과 싸워서 크게 격파했다. (고구려는) 이로부터 감히 모용인이 다스리는 경계를 침범하지 못했다.
> - 『자치통감』

모용인은 고구려군을 수차례 물리치면서 요동 지역에서 확고하게 세력을 다지는 데 큰 공을 세웠다. 이에 그는 인망을 얻었고 군부에서도 따르는 사람이 많았다. 요동군 출신이었던 동수도 처음에 모용인의 휘하에서 군사 관련 직무를 맡았다. 나중에 모용인이 동수의 고향인 평곽현에 부임하자, 자연히 그 지역에 살던 동수와 가까운 사람들도 모용인과 깊은 관계를 맺게 되었다. 이 때문에 동수 역시 다른 곳으로 부임지를 옮긴 뒤에도 옛 주군인 모용인과 유대 관계가 나름 각별한 편이었다.

그러던 중 모용씨 세력을 안정적으로 이끌던 모용외가 333년에 사망했다. 곧이어 셋째 아들 모용황(慕容皝)이 뒤를 이어 수장이 되었는데, 이 때문에 형제들 사이에 갈등이 빚어졌다. 특히 319년부터 요동군을 지키며 전공을 많이 세운 모용인도 형인 모용황의 등극을 탐탁지 않게 여겼다. 모용황 또한 모용인을 따르는 군사가 많아 이러한 상황을 상당히 경계하고 있었다.

모용인은 부친의 장례를 치르러 왕궁에 갔다가 자신과 같은 불만을 품은 동생 모용소(慕容昭)를 만났다. 모용소가 모용인에게 은밀히 말했다.

> **모용소** 우리 둘은 모두 아버지의 적자(嫡子)이니 정당한 몫이 있습니다. 형님(모용인)은 평소에 병사들에게 인심을 얻으셨고, 저는 딱히 누구에게도 의심 받을 만한 일을 한 적이 없으니, 다들 방심한 틈을 타 기회를 엿보다가 형(모용황)을 죽이는 것은 어렵지 않을 겁니다. 형님께서 재빨리 군대를 일으키셔서 오시면 저는 내부에서 (모용황을 죽여서) 호응하겠습니다. 일이 성공하면 저에게 요동 땅을 떼어 주십시오.

그렇게 두 사람은 거사를 치를 날짜까지 합의했고, 모용인은 군대를 데리러 본진이 있는 요동군 평곽현으로 길을 떠났다. 완벽해 보이는 계획이었지만, 주변의 입단속을 제대로 하지 못한 것이 화근이었다. 모용황을 죽이려던 계획은 누군가의 밀고로 들통이 나고 말았다. 모반 음모가 있음을 전해 들은 모용황은 그 즉시 모용소를 붙잡아서 처형했고, 요동에 있던 모용인을 치기 위해 토벌군을 출진시켰다.

이 원정은 동수에게 무척 난감한 일이었다. 이때 동수는 모용황의 휘하에 있었는데, 얄궂게도 모용인의 진지가 있던 요동군의 지리를 잘 알았기 때문이었는지 정벌군의 장수로 선발되었다. 그런데 그 당시 동수의 친족이나 지인 다수는 모용인의 휘하에 있었던 것 같다. 무엇보다도 모용인은 동수가 예전에 모시던 주군이었다. 모용황의 밑에서 일하고 있었지만 과거에 모용인을 모시면서 받았던 은덕이 여전히 기억에 강렬하게 남아 있었던 것이다. 이미 나이 57세에 접어든 노회한 정치인이었던 동수는 일단 상황을 지켜보기로 했다.

마침 전쟁이 모용인의 진영에 유리하게 전개되었다. 평곽현 서북쪽에 있는 문성(지금의 랴오닝성 잉커우 인근)에서 전투가 치열하게 벌어졌는데, 모용황이 보낸 장수가 모두 모용인 진영에 항복하고 말았다. 게다가 모용황의 세력권이던 요동성(지금의 랴오닝성)에서도 전세가 기운 것을 깨닫고는 항복을 함으로써 모용인은 요동 땅 전체를 모두 차지하게 되었다. 이에 동수는 더 이상 망설이지 않고 예전의 주군인 모용인을 찾아가 그 휘하로 들어갔다.

요동 전체를 장악한 모용인은 평주자사·요동공이라는 요동 지역의 지배권을 상징하는 관작을 스스로 칭하는 한편, 모용황이 외국으로 보낸 사신들을 억류하고 주변의 다른 선비 부족과 연합해 모용황 세력을 군사적으로 위협했다. 모용인은 이 기세를 틈타 조만간 서쪽으로 진군해 모용씨 세력의 수장이 될 꿈에 부풀었다. 이때까지만 해도 동수는 자신의 판단이 결코 잘못되지 않았다고 낙관했던 것 같다. 그러나 그가 안도하고 있을 때쯤 상황이 이상하게 꼬이기 시작했다.

후세의 평가이긴 하지만 모용황은 군사적 재능이 뛰어난 일세의 영웅이었다. 그는 직접 군대를 이끌고 모용인 세력을 정벌하러 나섰고, 불과 1년 뒤에 요동성을 공격해 빼앗는 데 성공했다. 3년 뒤인 336년 겨울에는 대군을 이끌고 꽁꽁 얼어붙은 바닷길과 요하 하구를 건넌 뒤에 주요 방어 기지들을 빙 돌아서 모용인이 머물던 평곽 지역을 기습했다.

처음에 모용인은 모용황의 군대가 소규모일 거라고 방심했는데, 모용황이 직접 대군을 이끌고 당도했음을 깨닫고는 허둥지둥 전군을 출동시켰다. 그런데 아직 진용이 제대로 갖춰지지 않은 상황에서 설상가상으로 모용인 휘하의 장수 모용군(慕容軍)이 미리 모용황 군대와 내통을 했는지 곧바로 적진에 투항해버리고 말았다. 이 장면을 본 모용인의 진영 전체가 갑자기 동요하기 시작했다. 모용황은 이 기회를 놓치지 않고 전군을 출동시켜서 모용인의 군대를 총공격했다.

결과는 너무나도 참담했다. 모용인의 진영이 완전히 붕괴되어 대부분이 적에게 붙잡히고 말았다. 모용황은 사신을 매반한 사람들을 선별해 잔인하게 처형한 뒤, 마지막으로 동생 모용인을 죽였다. 모용인의 휘하에 있었던 몇몇 신하들은 주군의 죽음을 뒤로 한 채 뿔뿔이 흩어져 달아났는데, 이들 가운데 동수도 있었다.

동수는 모용인을 정벌하는 군대를 이끌었다가 오히려 모용인에게 투항한 적이 있기 때문에 붙잡힐 경우 목숨을 보전하기가 어려웠다. 사방을 돌아보니 남쪽은 바다로 막혀 있었고, 북쪽의 부여국은 세력이 너무도 약화된 상태라 몸을 의탁하기가 마땅치 않았다. 그는 뒤도 돌아보지 않고 동쪽으로 계속해서 말을 달렸다. 모용씨 세력과 수년째 전쟁을 치르고 있던 고구려로 가는 것이 나름 최선의 방책이었다.

모용황의 군대는 동쪽으로 도망친 자들을 집요하게 추격했다. 추격자들은 도중에 장수 적해(翟楷)와 방감(龐鑒)을 붙잡아 죽이고 동수와의 거리를 점점 좁혔다. 환갑에 가까운 나이로 살기등등한 기병들의 추격을 뿌리치는 것은 쉬운 일이 아니었을 것이다. 그러나 패전을 일찍 예감하고 남들보다 한발 빠르게 달아났던 동수는 붙잡히지 않고 고구려의 국경에 닿는 데 성공했다.

살기 위해 고구려로 망명하다

동수가 망명해 왔을 때, 고구려에는 고국원왕(故國原王)이 재위하고 있었다. 선왕인 미천왕(美川王) 때부터 모용씨 세력과 여러 차례 전투를 벌였던 고구려에게 모용씨는 이미 원수나 다름없었고, 뒤를 이은 고국원왕 역시 모용황과 전쟁을 계속하고 있었다. 따라서 모용씨 휘하에서 군사 참모직을 지내고 내부 사정을 훤히 아는 동수의 활용 가치는 매우 높았다.

고구려 조정의 환대 속에 동수는 나름대로 자신의 능력을 십분 발휘하고자 했을 것이다. 특히 고구려는 모용황이 차지한 요동 지역으로 진출할 기회를 노리고 있었다. 그 지역 지리에 밝은 동수는 언젠가 고구려군을 앞세워 자신의 고향인 평곽현을 다시 밟을 날을 고대했는지도 모른다.

그런데 천운은 왜 매번 그를 비켜 가는 것일까. 또다시 상황이 이상하게 흘러가기 시작했다. 『삼국사기』 고구려본기에 동수가 고구려로 넘어온 해인 336년 봄 3월에 "큰 별이 서북쪽으로 흘러갔다"라는 기록이 있다. 어떤 징후인지는 단정하기 어렵지만, 이후 요서와 요동 지역에 있던 모용황 세력이 날로 강성해지더니 고구려를 점차 위압(威壓)할 정도에 이르렀다. 차근차근 세력을 키워온 모용황은 338년에 고구려의 신성 지역으로 쳐들어왔다. 모용황의 강력한 공세에 당황한 고국원왕은 화해의 맹약을 요청해서 겨우 군대를 돌려보냈고, 이듬해에는 세자를 모용황 측에 보내 조회할 정도로 점차 열세를 드러냈다.

급기야 342년 10월, 모용황이 5만 5000명에 이르는 대군을 이끌고 고구려를 침공했다. 세력을 급성장시킨 모용씨 세력은 중원 지역으로의 진출을 앞두고 있었는데, 이를 위해 가장 먼저 배후의 위협 요소인 고구려를 제압할 필요가 있었던 것이다. 이에 고구려도 고국원왕이 직접 5만이 넘는 군대를 이끌고 방어에 나섰다. 양국의 군주가 직접 나선 한판 승부가 벌어진 것이다.

뛰어난 전략가인 모용황은 요하를 건넌 뒤 참모진의 의견을 수용해 공격군을 둘로 나누었다. 그는 주력부대인 4만 명을 이끌고 지형이 험하고 좁은 남쪽 길을 통해 진격했고, 나머지 1만 5000명은 부하 장수에게 맡겨서 넓고 평탄한 북쪽 길로 공격하게 했다. 이를 전혀 예상하지 못한 고국원왕은 모용황의 주력이 평탄한 북쪽 길로 올 것이라고 오판해서 정예군 5만 명을 동생인 무(武)에게 맡겨 북쪽 길을 막게 하고, 자신은 소수의 군사만 이끌고 남쪽 길로 나아갔다. 결국 전쟁은 모용황이 원하는 대로 전개되었다.

고국원왕이 이끈 소수의 병력은 적의 대규모 부대에 크게 동요했다. 이를 기회로 모용황의 군대가 몰아치니 고구려군은 크게 패하여 이리저리 흩어져버리고 말았다. 모용황의 군대는 고구려 장수 아불화도가(阿佛和度加)를 잡아서 목을 베고, 달아난 고국원왕을 뒤쫓았다. 이들은 도중에 고구려의 여러 요새들을 손쉽게 격파한 뒤, 곧바로 고구려의 수도 국내성을 함락하는 데 성공했다.

국내성은 완전히 아수라장이 되었다. 모용황의 군대는 거침없이 나아가 고국원왕의 왕비와 모친인 주씨 부인을 사로잡았다. 그리고 달아난 고국원왕 측에 사람을 보내 속히 항복할 것을 종용했다. 그러나 고국원왕은 이를 거부했다. 승부가 모용황 쪽으로 완전히 기운 것은 사실이었지만, 북쪽 길을 방어하러 나선 고구려의 주력군이 여전히 건재했기 때문이다. 고국원왕의 동생인 무가 거느린 정예군 5만은 모용씨의 군대 1만 5000명을 섬멸하고 그 장수까지 목을 베는 대승을 거두었다.

전력을 그대로 보유한 고구려의 주력군이 국내성에 있던 모용황 군대의 뒤를 칠 경우 상황이 어떻게 반전될지 알 수 없기에 모용황도 더 이상 고국원왕을 추격하는 것은 어렵다고 보고 본국으로 퇴각을 결정했다. 이들은 돌아가기 전에 국내성 창고에 있던 보물을 모두 약탈한 뒤 궁궐에 불을 지르고, 남녀 5만여 명을 포로로 끌고 갔다. 또 훗날 있을지 모를 고구려의 보복을 사전에 차단하기 위해 고국원왕의 부친인 미천왕의 무덤에서 시신을 파내어 수레에 실어 갔다.

고국원왕이 철저히 파괴된 도성에 다시 돌아왔을 때는 이미 너무 많은 것을 잃은 뒤였다. 부왕인 미천왕의 시신을 비롯해 모친 주씨 부인과 왕비가 인질로 끌려간 상태에서 모용씨 세력과 계속 전쟁을 이어갈 수는 없었다. 고구려는 이듬해에 모용황에게 국왕의 동생을 사신으로 보내 신하를 칭하는 등 굴욕적인 외교를 감내해야만 했다.

고구려는 군사·외교적으로 모용씨 세력에게 밀리게 되자, 모용황을 배신하고 망명해 온 사람들에 대한 대우도 달리했다. 모용씨 세력에 대한 적극적인 공략이 불가능해진 상황에서 이들의 활용 가치가 없어진 것이다. 굳이 한 가지 남아 있다면, 모용씨 세력과의 변함없는 우호를 입증하는 징표로서 고구려로 도망쳐 온 배신자들을 도로 송환하는 일이었다. 이에 고구려는 349년에 정치적 망명객인 송황(宋晃)이라는 인물을 모용씨 세력에게 돌려보내기도 했다.

목숨을 의탁한 사람들에게 너무한 처사로 보이는가. 하지만 당시는 막강한 세력을 떨치던 국가도 한순간에 망해 지도상에서 사라지는 일이 비일비재한 시대였다. 실제로 망명객들을 상황에 따라 수난으로 이용하는 일들은 고구려뿐만 아니라 다른 나라에서도 종종 벌어졌다.

동수는 송황이 모용씨 세력에게 돌려보내졌다는 소식을 듣고 큰 충격에 빠졌다. 모용황에게서 모용인 밑으로, 또다시 적국인 고구려로 도망쳐 온 자신이 모용씨 세력에게 보내질 경우 과연 어떤 처벌이 기다리고 있을까. 이렇게 만리타국에서 '버리는 패'로 전락한 채 끌려가 비참한 최후를 맞을 수밖에 없는 걸까.

살아남기 위해 한평생 아슬아슬한 줄타기를 해왔던 그였다. 주위에서 기회주의자라는 욕을 들을지언정 꿋꿋하게 생존의 길을 모색했던 동수는 이제 또다시 고구려 조정의 눈치를 살피며 자신의 효용 가치를 입증해야만 하는 절박한 상황에 놓이게 되었다.

그렇게 막막한 심정으로 길거리를 배회하던 동수에게 지나가는 한 무리가 우연히 눈에 띄었다. 먼 길을 이동해온 듯 행색이 남루하고 보따리를 인 이들의 말투를 가만히 들어보니 중국에서 온 사람들이었다. 이들은 중원에서 벌어진 오랜 전쟁과 혼란을 피해 고구려로 흘러들어온 일종의 '난민'이었다. 개중에는 동수와 같은 요동 지역 출신도 적지 않았다.

이 중국 난민들의 존재, 그리고 요서와 요동, 고구려 지역의 상황을 가만히 떠올리던 동수는 드디어 자신에게 특화된 새로운 임무를 하나 떠올리게 되었다. 고구려가 요동 지역을 차지하기 어려워진 상황에서 환갑의 나이에 다다른 늙은 망명객이 자신 있게 내세울 수 있었던 새로운 역할이란 과연 무엇이었을까.

2장

고구려의 이주민 유치 작전

격변과 혼란의 동아시아

동수에 대한 역사서의 기록은 고구려로 망명한 이후 더 이상 보이지 않는다. 이제 다시 무덤 속에 남겨진 기록으로 시선을 옮겨보자.

영화 13(357)년 초하붓날이 무자일인 10월 26일 계축(癸丑)에 사지절도독제군사·평동장군·호무이교위·낙랑상이며, 창려·현도·대방 태수요 도향후를 지낸 유주 요동군 평곽현 도향 경상리 출신의 동수는 자(字)가 □안인데, 69세의 나이로 관작을 역임하다 죽었다.

동수가 고구려에 망명한 것은 336년이었고, 사망한 것은 69세가 되던 해인 357년이다. 무덤의 규모도 꽤 큰 편에 속하니, 나름대로 안정적인 지위로 많은 재산을 누리면서 여생을 보낸 것 같다.

그런데 그는 어쩌다가 고구려의 남쪽 영토인 황해도에 묻히게 되었을까? 만약 고구려의 허락으로 파견되었다면 담당했던 직무는 무엇이었을까? 이와 관련해서 무덤에 남겨진 기록에는 동수가 생전에 역임한 것으로 보이는 여러 관직들이 눈에 띈다. 대부분 중국식 관직이므로 예전에 모용씨 세력 아래에서 활동할 때 역임했던 것으로 볼 수도 있다.

그런데 이상하게도, 기록 중에는 동수가 모용씨 휘하에 있을 때 담당했던 직무와는 성격이 다른 것들이 여럿 눈에 띈다. 주로 군사 참모 역할을 담당했던 그의 경력을 고려한다면, '낙랑상'이니 창려·현도·대방군 지역의 태수직처럼 요동 또는 한반도 서북부에 해당하는 지역에 대한 관할 직책들은 어딘가 어색한 느낌이 드는 것이 사실이다. 어쩌면 이 관직들이 그가 고구려에서 담당했던 새로운 임무를 보여주는 것은 아닐까. 그 실상을 추적하려면 당시 동아시아의 시대상과 더불어 고구려에 중국계 이주민이 다수 넘어오고 있던 정황에 대한 이해가 필요하다.

전근대 시대의 중국 본토는 대개 회수(淮水, 화이허강)를 기준으로 남북으로 나뉜다. 특히 화북의 대평원은 매우 넓어서 같은 해에도 지역별로 사람들의 생활상이 달랐다. 즉 같은 해에도 어떤 지역은 황하의 범람으로 흉년이 들어 굶어 죽는 사람이 많았던 데 반해, 어떤 지역은 수해 없이 큰 풍년이 들기도 했다. 또 어떤 지역은 북방 오랑캐의 약탈로 피해를 입었지만, 다른 지역은 피해를 입지 않았다. 이러한 지역별 불균형을 상쇄하기 위해서는 넓은 지역 전체를 통일적으로 관장하는 중앙 권력이 필요하다. 예컨대 곡물 수송을 위한 대규모 교통로와 제방을 건설하고, 오랑캐를 방비하기 위한 많은 군사를 징발해야 하는데, 이를 위해서는 거대한 통일 제국이 안정적으로 유지되어야만 했다.

그런데 만약 통일 왕조가 붕괴되어 정치·사회적 혼란이 오래되면 어떻게 될까. 당연히 변경 이민족의 침입을 제대로 막지 못하고, 자연재해에도 적절하게 대응하지 못하게 된다. 그 결과 안정적으로 농사를 짓지 못하게 된 많은 주민이 고향을 떠나 더 나은 지역으로 이주하기 시작한다. 이러한 '유이민' 파동은 중원의 혼란 양상에 따라 그 발생과 이주가 수십 년간 지속되기도 했다.

동수가 고구려로 이주한 4세기는 중국에 서진(西晉)이라는 통일 왕조가 무너지고 화북 지방에 여러 이민족이 세운 16개 국가가 난립했을 정도로 정치적 혼란이 장기화된 시기였다. 그리고 이러한 혼란으로 고향에서 안심하고 농사를 지을 수 없게 된 화북 지역의 많은 백성이 이 지역 저 지역을 난민처럼 떠돌았는데, 그 숫자가 최소 수백만에 이르렀던 것으로 추정된다. 이들 중 상당수는 한족 왕조가 들어선 회수 이남의 강남 지역으로 내려가기도 했지만, 고향에서 멀지 않은 화북의 여러 이민족들이 세운 왕조로 들어가서 성착하는 경우도 많았다.

당시 화북 지방에 나라를 세웠던 선비(鮮卑)·갈(羯)·흉노(匈奴) 등의 이민족 지배층은 본래 초원 지대에서 유목 생활을 했다. 그러나 그들이 정복한 화북 지역은 광대한 농경지였으며, 대다수 주민 역시 농사를 짓던 한족이었다. 즉 화북 지역에 들어선 여러 왕조는 좋든 싫든 간에 농업

이 국가의 주요 기반 산업임을 인정하고 여기에 맞춰 국가의 통치 시스템을 구축하고 절대 다수인 농민을 안정시켜야만 했다.

또한 이 국가들은 주변 나라들과 장기간 세력 경쟁을 펼쳐야 했는데, 초반에 강력한 군사력으로 주변을 제압할 수 있을지 몰라도 결국 장기적으로 국가를 유지하기 위해서는 지속적으로 인구를 증가시키고 재정을 탄탄하게 갖춰야만 했다. 이는 근대 서유럽 국가들이 경제를 부흥시키고 이를 기반으로 군비경쟁을 이어갔던 양상과 크게 다를 바가 없다.

그런데 인구를 늘리고 농업 생산량을 높이려면 많은 농민이 필요했다. 오랜 전쟁으로 이미 많은 주민이 죽거나 고향을 등지고 떠나버린 농경지에 새로운 사람을 들이는 방법은 하나밖에 없었다. 바로 난민들을 받아들이는 일이었다. 실제로 화북 지역의 여러 왕조는 나라의 명운을 걸고 경쟁적으로 이주민들을 유치하기 위한 여러 정책을 펼쳤다.

치열한 이주민 유치 경쟁

당시 화북 지방의 동북부에서 요서-요동-고구려로 이어지는 공간은 인구의 유동이 이루어지는 통로이자 여러 국가가 공동의 이해관계를 두고 상호 경쟁을 벌이던 곳이었다. 4세기 중반에 요서·요동 지역을 중심으로 성장한 모용씨 세력과 고구려 역시 군사력만으로 자웅을 겨뤘던 것이 아니라, 장기적으로 많은 인구를 확보하고 이를 토대로 농업 생산량을 늘려 국력을 강화하려는 노력을 경주하고 있었다.

실제로 4세기부터 5세기 중반까지 유주·기주 등 화북 여러 지역에서 한족이 동북쪽으로 이주했는데, 모용씨 세력과 고구려도 이들을 끌어들이려는데 힘썼다. 이주민들 입장에서는 같은 조건이라면 동쪽에 한참 치우친 고구려보다는 가까운 모용씨의 영역으로 들어가는 편이 훨씬 더 나았을 것이다. 실제로 모용씨 세력은 많은 이주민을 유치했고 이를 기반으로 국력을 크게 신장시켰다.

모용씨와 경쟁하는 고구려는 이러한 상황을 두고만 볼 수 없었다. 이미 고구려는 군사력에서 열세여서 필사적으로 화북 이주민들을 유치하러 노력했다. 이것도 경쟁이 붙다 보니 아마 '모용씨 세력보다 더 살기 좋은 지역', '모용황이 그렇게 포악하다더라', '그 땅에 들어가면 십중팔구 죽어서 나온다' 같은 선정적인 비방을 퍼트리는 것도 마다하지 않았을 것이다.

그러나 모용씨 세력으로 가는 사람들은 계속 늘어만 갔다. 지리적으로 불리한 상황에서 농사지을 땅과 살 곳을 내주는 기본적인 조건만으로는 차별화가 어려웠다. 고구려가 더 많은 주민을 끌어들이기 위해서는 철저하게 소비자의 취향에 맞춘 판매 전략, 즉 화북 이주민이 원하는 또 다른 것이 무엇인지를 정확히 파악하여 훨씬 매력적인 조건을 제시할 필요가 있었다. 결국 고구려는 한 가지 돌파구를 찾아냈다.

당시 중국 이주민들은 고향을 떠나 유랑하더라도 자기 출신 지역 사람들과 함께 집단을 이루어서 다니는 경우가 많았다. 그리고 이주한 뒤에도 생활 습속과 문화적 친연성이 강한 공동체에서 떨어져 나오는 것을 극도로 꺼렸다. 이에 이주민들을 적극적으로 유치하고자 했던 몇몇

당시 고구려에서 중국 이주민들을 대상으로 이민 홍보 포스터를 만들었다면 이런 모습이 아니었을까.

나라는 주민들의 결합을 그대로 유지하고, 정착시킨 후에도 문화와 전통을 최대한 배려해주었다. 새로운 터전에 예전 고향 이름인 '○○군' 또는 '○○현'을 그대로 붙이게 하는 경우도 있었다.

본래 화북에 살던 한족 농민들이 고향을 떠나 아무런 기반이 없는 오랑캐 땅으로 넘어오게 될 때 가장 바랐던 것은 무엇일까? 그것은 새로운 터전에서 자기 고향 사람들과 단절되지 않은 채 이전의 전통과 문화를 유지하는 삶을 살아가는 것이었다. 그럼 고구려에서 이 중국 이주민들의 성향을 정확하게 간파하고 조언한 사람은 누구였을까? 아마도 동수와 같이 중국에서 넘어온 망명객이었을 것이다.

고구려의 유치 전략은 나름대로 먹혔다. 평안도와 황해도 일대에는 고구려 때 만든 중국식 무덤이 많이 발견되는데, 이 무덤들이 만들어진 시기는 많은 중국계 이주민이 고구려로 유입된 시기와도 일치한다. 즉 고구려에 들어온 중국계 주민이 평안도와 황해도 일대에 정착하게 된 것이다. 이곳에 남아 있는 많은 중국식 고분은 이런 중국 난민들에 대한 따뜻한 관심과 배려의 결과였다고 하겠다. 물론 그 이면에는 주변의 적대국으로 들어가는 난민을 막기 위한 나름의 셈법이 있었지만 말이다.

동수가 묻힌 황해도 지역의 안악 3호분이 만들어진 시기도 중국계 이주민들이 황해도·평안도 지역으로 옮겨진 시기와 겹친다. 동수도 이주민들과 함께 황해도 안악군 지역으로 보내졌던 것이다. 그렇다면 동수가 이주민들과 함께 지내면서 했던 역할은 무엇일까? 그러고 보니 동수가 지냈다는 관직들 가운데 창려 태수, 현도 태수처럼 모용씨 휘하에 있을 때의 경력과 무관한 것들이 있다. 그 태수직 앞에 붙은 창려·현도 같은 지역들은 당시 고구려와 인접한 요동·요서 지역에 해당하는데, 동수가 나름대로 사 연고를 두고 활동했던 곳이자 고구려로 넘어온 중국계 주민들의 출신 지역이기도 했다.

정리하자면, 동수는 요동과 요서 지역에 기반이 있던 사람으로, 그 지역 출신 이주민들에게 나름의 권위를 내세울 수 있었다. 고구려는 그리한 동수에게 그 지역 출신의 이주민들을 맡아서 관리하는 임무를 맡겼

안악 3호분 묘주도 인물 확대 사진

던 것 같다. 아마도 동수가 적극적으로 자신의 능력을 조정에 어필한 결과일 수도 있다. 그래서 동수는 창려 태수, 현도 태수 같은 중국식 지방 장관을 칭하면서 지역 이주민들의 대표자가 된 것이다.

현재 안악 3호분에는 동수의 초상화가 선명하게 남아 있다. 언뜻 칠순에 가까운 나이로 보기엔 상당히 젊어 보인다. 다른 한편으로 보면 붉은 입술에 띤 온화한 미소와 가느다랗고 그윽한 눈빛이 매력적이기까지 하다. 엄밀하게 말하면 화공의 스타일이라고 해야겠지만, 이 차분해 보이는 얼굴의 이면에는 혼탁한 세상 속에서 주군을 수차례 갈아치우면서 목숨을 부지했던, 그래서 누군가에겐 기회주의자로 낙인 찍혔을지도 모를 그의 드라마틱한 인생 역정이 숨어 있다.

동수를 죽음의 문턱까지 내몰았던 모용황은 348년 52세에 불의의 낙마(落馬) 사고로 사망했다. 동수는 그보다 9년을 더 살며 69세의 천수를 누렸으니, 이름인 '수(壽)'처럼 장수하는 운명을 이뤘다고도 하겠다.

마지막에 웃는 자가 진정한 승자라고 했던가. 무덤의 초상에는 그의 평온한 죽음을 상징하는 듯한 흐뭇한 미소가 남아 있다. 혹자는 박쥐 같은 놈이라고 손가락질할지 모르나, 누군가는 '생존'이라는 궁극의 꿈을 이뤄낸 대단한 망명객으로 평가하지 않을까.

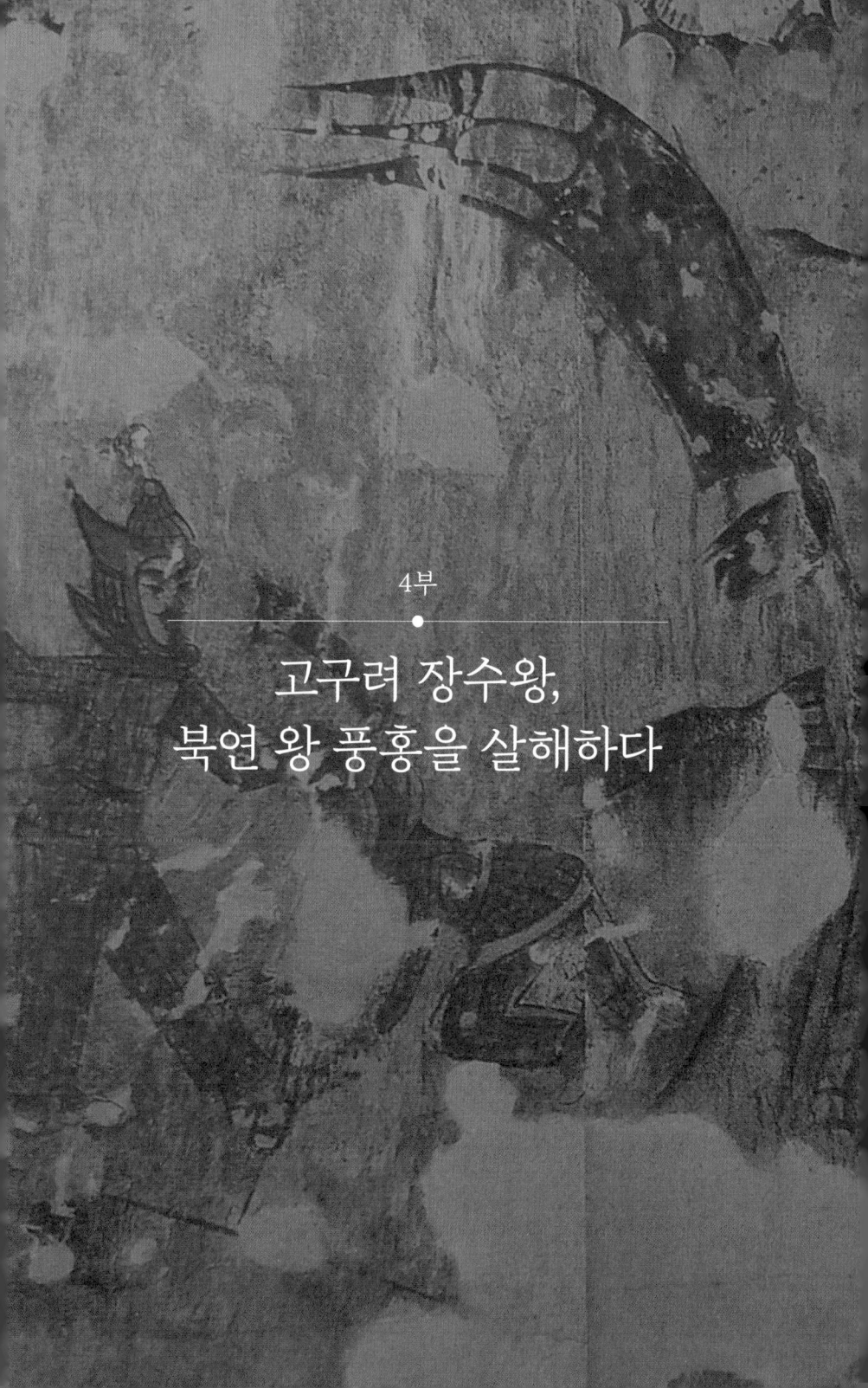

4부

고구려 장수왕, 북연 왕 풍홍을 살해하다

●

　이번에 다룰 이야기는 5세기 동아시아에서 일어난 거대한 국제분쟁 사건에 대한 것이다. 이 사건은 풍홍(馮弘)이라는 한 사내에게서 비롯되었다. 그가 생존했던 시기는 중국의 화북 지역이 이민족들의 각축장이 되었던 때로, 흉노·선비·저(氐) 등 여러 이민족이 각각의 왕조를 세워 흥망을 거듭했다. 수많은 왕조가 난립한 혼란 속에서 자신의 왕조와 왕실만은 어떻게든 유지해나가려는 권력자들의 노력은 필사적이었고, 그 예하에 놓인 대다수 주민의 삶은 더욱 피폐해졌다. 전란을 피하기 위해 고향을 버리고 떠도는 유랑민들이 거리마다 가득했고, 군인들에게 짓밟힌 여성과 굶어 죽은 아이들의 시체가 들판을 뒤덮었다.

　풍홍의 무서운 권력욕과 생존을 위한 집요한 근성은 바로 이러한 어두운 시대적 분위기 속에서 만들어졌다. 권력을 쥐고 살아남기 위해 무리한 행보를 계속했던 풍홍, 그의 '조력자'를 자처하면서도 뒤로는 계략을 꾸몄던 고구려의 장수왕(長壽王), 게다가 막판에 임무를 망친 장수 왕백구(王白駒)의 돌발적인 행동 등 이 사건에 얽힌 여러 가지 이야기는 역사의 흐름이 인간사의 복잡한 단면과 결코 분리될 수 없음을 보여주는 하나의 사례이기도 하다.

1장

야심가 풍홍의 등장

형을 죽이고 왕위에 오르다

풍홍은 원래 한족(漢族) 출신이었다. 형인 풍발(馮跋)이 요서 지역에 있던 후연(後燕)의 장수였는데, 당시 후연 황제인 모용희(慕容熙)가 포악하여 민심을 잃은 상태였다. 형제는 이때를 놓치지 않고 정변을 일으켜 성공했다. 풍홍이 처음 역사서에 모습을 드러낸 것이 바로 이때였다. 후연 모용씨 왕조를 끝장낸 풍씨 형제는 새로운 왕조인 북연(北燕)을 세우는데 일조했다. 그리고 409년에 풍발이 북연의 2대 천왕(天王)으로 등극하기에 이르렀다. 당시 형인 풍발의 절대적 신임을 받았던 풍홍도 조정의 일을 총괄하는 높은 관직에 올랐다.

그러나 풍홍은 형 못지않은 야심가였다. 당시는 통치자 대부분이 제명에 죽지 못하고 정변으로 희생되는 일이 비일비재했다. 형인 풍발이 천왕이고 그 아들 풍익(馮翼)이 이미 태자가 된 상태였지만, 풍홍 역시 천왕의 가까운 혈육으로 언젠가 가장 높은 용좌에 오를 날을 고대하고 있었다. 그의 간절한 바람이 하늘을 움직인 걸까. 과연 얼마 지나지 않아 천왕인 풍발이 병으로 자리에 눕고 말았다.

조정에 나오기 힘들어진 풍발은 태자 풍익에게 정무를 맡기려고 했다. 그런데 당시 풍발의 총애를 받던 송씨 부인이 자신의 아들을 후계자로 삼으려는 계략을 꾸몄다. 그녀는 궁궐을 장악하여 태자 풍익을 비롯해 대신들이 풍발과 연락을 못하도록 하고, 스스로 국정을 마음대로 쥐락펴락하고자 했다.

야심가인 풍홍에게 드디어 때가 왔다. 그는 송씨 부인과 간신들의 전횡을 바로잡겠다는 명분으로 직접 군사들을 무장시켜서 궁궐로 쳐들어갔다. 갑작스러운 침입에 소스라치게 놀란 송씨 부인은 급히 궁궐의 문을 닫게 했다. 이때 풍홍의 부하 한 명이 잽싸게 담장을 넘어 궁궐 안으로 들어갔다. 그리고 풍발이 산책하던 곳으로 달려가서 시중들던 여인 한 명을 활로 쏘아 죽였다. 가뜩이나 병약했던 풍발은 충격적인 광경을 목도하고는 너무 놀라 그 자리에 쓰러져 숨졌다. 어이없게도 쇼크사하고 만 것이다.

풍홍의 입장에서 천왕이 이렇게 손쉽게 사라진 것은 큰 행운이었으리라. 이후 상황은 계획보다 더 순조롭게 흘러갔다. 풍홍은 군대를 이끌고 궁궐로 들어가 송씨 부인 세력을 모두 제거했다. 그리고 스스로 천왕의 자리에 오른 뒤 다음과 같은 교서를 내렸다.

> 하늘에서 흉한 재앙이 내려와 천왕께서 임종하게 되었는데 태자는 곁에 있지 않고, 대신들도 문상하지 않고 숨어 있다. 내가 이를 지켜보니 사직이 위태롭다고 판단되어 천왕의 아우로서 친히 제위에 올랐다. 만약 국가를 안정시키기 위하여 대신으로서 궁궐의 문을 두드리고 순순히 들어와 항복하는 자가 있다면 그에게 벼슬을 2등급씩 올려주겠다.

궁궐에서 한바탕 난리가 났다는 소식에 신료 대부분은 집 대문을 걸어 잠그고 사태를 관망했다. 풍홍은 정변의 와중에도 용의주도하게 자신이 새로운 통치자가 되었다는 사실을 대내외에 알리는 한편, 풍발의 신하들에게 자신을 따르면 좋은 대우를 하겠다고 약속했다. 신하들 입장에서는 어차피 오랜 세월 동안 숱한 통치자들이 줄줄이 제명에 못 죽는 꼴을 봐온 마당에 풍홍의 정통성 문제 따위를 걸고넘어질 생각은 없었다. 북연 내의 장수외 관료 대부분이 풍홍에게 납작 엎드렸다. 풍발의 장남이자 태자인 풍익이 뒤늦게 풍홍의 속셈을 알아채고는 군사를 이끌고 저항해보았으나, 단단히 대비하고 있던 풍홍에게 속수무책으로 당하고 말았다. 풍홍은 그렇게 별다른 저항없이 북연 정권을 손아귀에 넣었다.

풍발은 슬하에 태자 풍익을 비롯해 무려 아들을 100여 명이나 두었다고 전한다. 아들만 100여 명이라니 참으로 놀라운 능력이 아닐 수 없지만, 당시는 권좌에서 끌어내려진 왕족들이 새로운 집정자에게 몰살당하는 일들이 무수히 벌어지던 엄혹한 시기였다. 풍발은 언젠가 자신에게도 닥칠 수 있는 비상시국에 대한 대비책으로 혈족을 최대한 많이 남기고자 했던 것 같다. 그러나 권력 앞에선 피를 나눈 혈육도 아무 소용이 없었다. 풍홍은 자신의 지위를 위협할 수 있는 조카 100여 명을 모조리 살해했다.

풍홍이 북연에서 천왕의 지위를 얻게 된 과정은 이토록 비정했다. 그가 나라를 이끌어간 방식 또한 정변 과정에서의 무도(無道)한 모습들을 빼다 박은 것이었다. 다만 풍홍이 무기로 삼았던 서슬 퍼런 권력의 칼은 국가 내부의 적을 제압하는 데는 매우 효과적이었으나, 국경 밖의 적에게는 별반 소용이 없었다. 바로 그것이 국내에서 탄탄대로를 달렸던 풍홍의 인생이 갑작스레 '꼬이기' 시작한 주된 이유였다.

북연, 안팎으로 무너지다

풍홍이 집권했을 무렵, 중국에서는 5호 16국 시대가 사실상 마무리되고 있었다. 선비족 일파인 탁발씨 세력이 386년에 북위(北魏)를 건국한 뒤 기병을 주축으로 한 막강한 군사력으로 화북 지역을 휩쓸고 다녔다. 430년경, 북연의 풍홍이 피비린내 나는 정쟁을 벌이느라 대외 방비에 신경을 쓰지 못했던 그 시기, 북위의 황제 태무제(太武帝)는 화북의 중심부를 대부분 장악하고 최후의 칼날을 북연을 향해 겨누었다.

432년부터 북위가 강력한 군사력을 바탕으로 북연을 점차 압박해오

430년대 동아시아

자, 오랜 내홍으로 지리멸렬해진 풍홍 정권은 큰 위기를 맞게 되었다. 사실 대비를 잘했더라도 북연은 이미 영토와 국력 면에서 북위의 상대가 되지 못했다. 화북 통일을 완수하려는 북위의 대대적인 침공은 점차 가시화되고 있었다. 북위 태무제는 북연에 사신을 파견하여 풍홍의 아들인 태자 풍왕인(馮王仁)을 인질로 보내라고 요구하는 한편, 북연의 유력한 인사들을 대상으로 귀순하면 좋은 대우를 해주겠노라 약속하기도 했다. 북연이 풍홍의 왕위 찬탈 등으로 혼란스러운 정국이라는 점을 교묘하게 이용하여 내부 균열을 꾀한 것이다. 이에 북연의 지배층 내부는 크게 동요했다.

사실 북연의 주축을 이루던 세력가들은 이미 오래전부터 요서 지역에 정착해 살면서 많은 토지와 백성을 거느리고 있었다. 그들은 애초에 근본을 알 수 없는 풍발, 풍홍 등의 무장 세력을 목숨 걸고 따를 생각이 없었다. 그저 왕위 다툼을 조용히 관망하면서 자신들의 지위와 부를 안정적으로 보전해줄 권력자에게 의탁하고 싶을 뿐이었다. 세력가들은

430년에 권력을 잡은 풍홍을 일단 따르긴 했지만, 천하의 형세가 북위 쪽으로 급격히 기울어지자 내심 북위에게 순순히 항복하는 편이 낫다고 생각하는 이들이 점점 늘어났다.

반면, 풍홍의 정변을 도운 휘하의 무장 세력은 반대파였다. 그들의 권력과 지위는 궁극적으로 천왕인 풍홍에게서 나왔다. 그러니 북위에 왕조가 넘어가 천왕인 풍홍이 몰락하면 곧바로 죽음을 당할지도 모를 일이었다. 다만 이들도 거대 제국으로 성장한 북위와 정면 승부를 하는 것은 무모하다는 점을 잘 알고 있었다. 이때 누군가가 기발한 아이디어를 제시했다. 바로 북위가 침공하면 북연의 주민을 이끌고 다른 곳으로 임시 이주해 갔다가 정세가 바뀌면 다시 요서로 돌아오는, 일종의 망명정부를 제안하고 나선 것이다.

그렇다면 도대체 어디로 가서 머물 것인가. 일단 북위의 세력이 미치지 않는 곳이어야 했다. 당시 북위의 가장 큰 적대 세력이었던 남쪽의 송(宋)으로 가는 방안이 거론되었으나, 너무 멀어서 많은 주민이 한꺼번에 이동하기 힘든 데다 다시 요서로 돌아올 수 있을지도 의문스러웠다. 또한 북쪽에 있는 유연(柔然)이라는 세력은 초원과 사막을 옮겨 다니며 목축을 하는 유목 세력으로, 주로 농사를 짓는 북연 주민들이 순순히 따라가지 않을 가능성이 높았다. 결국 남은 피난치는 단 한 곳, 동쪽에 인접한 고구려뿐이었다.

당시 고구려는 장수왕(재위 412~491년)이 통치하고 있었다. 부친인 광개토왕은 뛰어난 군사 활약을 통해 영토를 남쪽으로 한반도 중남부, 서쪽으로 요동 지역, 그리고 북쪽으로 부여 지역까지 크게 확대했으며, 인구도 동천왕 재위 때보다 무려 세 배 가까이 불렸다. 덕분에 고구려는 동북방에서 매우 안정된 형세를 구가하고 있었다.

북연은 건국 이후 요하를 경계로 영토를 맞대고 있던 고구려와 우호 관계를 유지하고 있었다. 다른 선택의 여지가 없었던 풍홍은 고구려에 사신을 보내, 향후 위급한 상황이 발생할 경우 북연의 주민들을 이끌고 의탁하겠다는 의사를 전달하려고 했다.

그런데 풍홍이 고구려 망명을 계획한다는 소문이 나라 안에 퍼지자, 기반을 버리고 떠날 생각이 없는 많은 유력자가 극렬히 반대하고 나섰다.

신하들 저 천하의 대국인 북위가 요서의 작은 모퉁이에 있는 우리 북연을 공격할 경우, 지금 군사력으로는 도저히 상대가 되지 않을 것입니다. 천왕께서는 고구려 망명을 생각하고 계신 듯한데, 본디 오랑캐인 그들을 우리가 어떻게 믿을 수 있단 말입니까. 만약 고구려가 처음에 우호적인 척하며 다가왔다가 나중에 갑자기 마음을 바꿀 경우에는 어떻게 하시겠습니까.

고구려가 정말 안전을 끝까지 보장해줄 것인가. 만약 대규모 주민과 함께 넘어갔다가 나중에 다시 돌아올 수 없게 되면 어떻게 할 것인가. 특히 고향에 저택과 토지, 노비 등을 많이 가진 세력가들은 차라리 북위에 항복하고 원래 기반을 보장받는 편이 더 낫다고 판단했을 것이다. 풍홍은 신료들이 점점 동요하는 것을 느꼈다. 저런 발언들을 계속 용인하다 보면 이탈하는 세력만 더욱 늘어갈 것이다. 신료들 가운데 유훈이 노골적으로 북위에 항복하자고 나섰다.

유훈 천왕께서는 태자를 인질로 보내라는 북위의 요구에 응하셔야 합니다. 계속 버티다가 북위의 대군이 쳐들어와 우리를 멸망시키려고 하면 어찌 하시겠습니까. 옛날 촉나라와 오나라도 모두 험한 지형을 이용해 버텼지만 결국 사마씨(司馬氏)가 세운 서진(西晉)에 멸망했습니다. 하물며 지금 북위는 옛날의 서진보다도 훨씬 강력한 데 비해 우리 북연은 과거에 남쪽에 있었던 오나라와 촉나라보다도 국력이 훨씬 약합니다. 승부는 불을 보듯 뻔합니다. 조속히 태자 풍왕인을 보내시어 대국인 북위의 명령에 따르십시오.

북위로 태자를 보내자는 것은 결국 항복하여 나라를 갖다 바치기 위한 사전 작업에 지나지 않았다. 더 이상 반대파의 발언들을 용인해서는 안 되겠다고 판단한 풍홍은 유훈의 말이 끝나기 무섭게 살기 어린 표정을 한 채 소리쳤다.

풍홍 낭상 저자의 목을 쳐서 궐 밖에 내걸어라!

풍홍의 명령에 도끼를 든 부월수(斧鉞手)가 나와서 모두가 보는 앞에 유훈을 꿇어 앉힌 뒤 곧바로 목을 내리쳤다. 백발의 머리가 땅바닥에 떨어져 힘없이 굴렀고, 목이 없어진 몸뚱이에서는 피가 솟구쳤다.

풍홍 다시는 내 앞에서 태자를 인질로 보내라는 말을 꺼내지 마라!

풍홍의 으름장은 효과적이었다. 한동안 풍홍 앞에서 그를 대놓고 비난하거나 반대하는 이들이 사라졌다. 다만 겉으로만 조용했을 뿐이다. 반대파들은 기가 질리긴 했지만, 고구려로의 망명을 선뜻 찬성하고 나서지도 않았다. 내부의 불만이 차곡차곡 쌓여가는 가운데, 풍홍은 어느새 반대파로부터 신변의 위협까지 느끼게 되었다. 이제 풍홍에게 남은 시간이 많지 않았다. 그는 반대파 대신들 몰래 고구려로 사람을 보내어 망명 의사를 계속 타진했다. 하지만 고구려가 과연 화북의 거대 제국으로 성장한 북위의 뜻을 거슬러가면서 풍홍 집단의 신변 안전과 망명정부 유지에 협력해줄지는 미지수였다. 결국 망명 작전의 성패는 도통 속내를 알 수 없는 고구려에 달려 있었다.

2장

고구려, 북연 왕을
손에 넣다

화룡성에서 마주친 맹수들

풍홍 외에도 고구려의 의향을 궁금해하는 사람이 또 있었다. 바로 북위의 황제인 태무제였다. 북위는 그때까지 요하 동쪽의 고구려라는 세력과 한 번도 공식적인 접촉을 한 적이 없었다. 하지만 고구려가 한반도와 요동 등지를 포괄한 넓은 영토와 많은 인민을 통치하며 만만찮은 군사력을 지녔다는 사실은 분명히 인지하고 있었다. 만약 북위가 대군을 요서로 출전시켜 북연군과 치열한 공방전을 벌일 경우, 고구려는 과연 어떻게 반응할 것인가. 태무제가 마음 한구석에 불안을 떨치지 못하고 있을 즈음, 갑자기 북위 조정에 뜻밖의 '손님'이 찾아왔다. 바로 고구려 장수왕이 보낸 사신들이었다.

435년 6월, 장수왕이 북위에 보낸 사신들은 태무제에게 신하의 예를 취하고, 가져온 많은 토산품을 바쳤다. 또한 태무제 앞에서 지극히 공손하게 처신하며 국휘(國諱), 즉 북위 황제의 조상들 계보와 이름자를 알려 달라고 간곡히 요청하기까지 했다. 당시 중국 왕조에서는 지존인 천자와 그 조상들의 이름자는 문서에 함부로 적지 않는 것이 관례였다. 고구려가 황제 일족의 이름을 알고 싶다고 요청한 것은 곧 북위를 상국으로 받들겠다는 정치적 의사를 밝힌 것으로 해석된다.

당연히 태무제는 크게 기뻐했다. 그는 고구려 사신에게 북위 황실의 계보와 이름자를 적어 주고, 곧바로 고구려로 사신을 파견해 장수왕을 '고구려 왕'으로 정식 책봉하는 절차도 밟게 했다. 이렇게 양국 간에 공식적으로 조공-책봉 관계가 수립되었다. 동북방의 강국인 고구려가 북위의 강대함을 인정하여 자발적으로 고개를 숙이고 들어온 이상, 이제 북위의 북연 정벌을 가로막을 장애물은 없었다.

이듬해인 436년, 드디어 북위의 대군이 북연을 완전히 끝장내기 위해 출정했다. 태무제는 고구려에 미리 출정 사실을 알렸다. '이번에 출정한 대군은 단지 북연의 풍홍을 잡으러 갈 뿐이며, 고구려의 영토를 침공할 생각은 없으니 안심하라'는 메시지를 담은 것이었다. 그러나 다른 한편으로는 '이제 우리가 북연을 치러 갈 것이니, 어느 누구도 감히 여기에 개입할 생각은 마라'는 엄중한 경고이기도 했다.

이렇게 단단히 채비를 마친 북위군은 출정한 지 얼마 지나지 않아 북연의 서쪽 국경을 뚫고 파죽지세로 진군했다. 무서운 기세의 북위군 앞에 북연군은 맥을 못 추고 무너지고 말았다. 백랑성을 비롯한 주요 군진들이 압도적 전력 앞에 제대로 싸워보지도 못한 채 백기를 들었다. 얼마 지나지 않아 북위군은 북연의 수도 화룡성만 남겨두게 되었다. 당시 북위군 사령관인 아청(娥淸)과 고필(高弼)은 화룡성으로 진격하면서 성안의 풍홍 일당을 어떻게 공략할지에 대한 계책을 세우는 데 여념이 없었다.

그런데 화룡성 앞에 급히 다다른 북위군의 눈앞에 도저히 믿기 힘든 광경이 펼쳐졌다. 자그마치 수만 명이나 되는 잘 무장된 군대가 화룡성 동편에 길게 진을 치고 창을 겨누고 있었다. 바로 갈로(葛盧)·맹광(孟光)이 이끄는 고구려군이었다. 북위군 수뇌부는 '작전 지침서'에 없는 뜻밖의 상황에 크게 당황할 수밖에 없었다. 북위 조정에서는 출정에 나서는 두 장수에게 되도록 고구려를 자극하지 말 것을 당부했을 가능성이 높다. 그런데 바로 그 고구려군이 북연의 영토, 그것도 북위의 최종 목표인 화룡성 맞은편에 와 있었던 것이다.

그렇게 북위군과 고구려군은 화룡성을 사이에 두고 대치하게 되었다. 북위군은 전력이 엇비슷한 고구려군을 만만하게 볼 수 없었다. 무엇보다도 주적인 풍홍의 북연군이 화룡성 안에서 대기하고 있던 상황에서 의중을 알 수 없는 고구려군을 먼저 자극할 수는 없는 노릇이었다. 고구

려와 풍홍 사이에 어떤 밀약이 오갔는지를 전혀 파악할 수 없었기 때문이다. 한편, 고구려군 역시 진을 치고 가만히 관망만 할 뿐, 북위군을 섣불리 자극하지 않았다. 이렇게 성문이 굳게 닫힌 화룡성을 가운데 두고 양쪽의 대병력이 서로를 향해 창을 겨눈 일촉즉발의 상황이 지속됐다.

숨 막힐 듯한 팽팽한 긴장을 깬 소란은 북위 측도, 고구려 측도 아닌, 바로 화룡성 내부에서 일어났다. 풍홍에 반대하는 세력들이 반란을 일으킨 것이다. 상서령(尙書令) 곽생(郭生)을 필두로 고구려 망명을 반대하는 많은 유력자가 풍홍의 처신에 불만을 품고 있었다. 성 밖에 고구려와 북위의 대군이 있는 상황에서 이들은 자칫 잘못하면 고구려 쪽으로 형세가 기울 것을 염려했던 것 같다. 반란의 주모자인 곽생은 성 내부에 있는 세력들을 규합하여 풍홍의 군대를 공격하기 시작했다.

반란군 세력은 제일 먼저 화룡성의 서쪽 문을 활짝 열어 북위군이 들어오도록 유도했다. 북위군이 반란군의 유도에 따라 신속히 성안으로 진입했다면 상황은 일찌감치 끝났을 것이다. 그러나 북위군 수뇌부는 갑자스레 성문이 열린 이유를 제대로 파악하지 못했다. 그들은 북연군의 복병이 있을 것을 염려해 성안으로 진입하지 못한 채, 그저 사태를 관망했다. 이렇게 북위군에게 온 천재일우의 기회가 눈앞에서 날아갔다.

한편, 성안에서 반란군과 싸우던 풍홍 세력 역시 북위군이 언제 들이닥칠지 모른다는 사실을 깨닫고는, 고구려군을 끌어들이려고 동쪽 성문을 열었다. 성문이 열리자 갈로와 맹광이 이끄는 고구려 기병들이 쏜살같이 안으로 들어갔다. 이윽고 성안에서 고구려군과 반란군 사이에 치열한 교전이 벌어졌다. 반란군은 고구려군을 도저히 감당할 수 없었다. 결국 반란군의 우두머리인 곽생은 고구려 병사가 쏜 화살에 맞아 전사했고, 반란군은 수적 열세에 몰린 끝에 성안에서 모두 비극적인 최후를 맞이했다. 그렇게 고구려군은 화룡성과 풍홍 세력을 모두 장악하는 데 성공했다.

자, 이제 화룡성을 어떻게 처리할 것인가. 북위의 입장에서 본다면 화북 통일의 일환으로 요서 지역을 차지하러 온 이상, 외부 세력이 화룡성을 빼앗은 상황을 도저히 용납하기 어려웠을 것이다. 따라서 고구려가 만약 화룡성을 차지하고 고구려 영토로 삼는다면 이는 곧 북위와의 전면전을 의미하게 된다. 하지만 고구려군 역시 애초에 방어가 쉽지 않은 화룡성 자체에는 큰 미련을 두지 않았다. 그들은 다만 망명을 요청한 풍홍과 그 백성을 확보해 본국으로 데려가는 임무를 수행할 뿐이었다.

지휘관인 갈로와 맹광은 군사들에게 어차피 북위군에게 내줘야 할 화룡성을 약탈하라고 지시했다. 화룡성은 오래전부터 전연-후연-북연으로 이어지는 여러 왕조들의 수도로 매우 번성했다. 풍홍 당시에도 주민 수십만 명이 거주하던 상태여서 수많은 저택과 사찰이 즐비했다. 또한 왕궁 내에는 갑옷과 무기, 금은보화가 가득했다. 약탈 명령을 받은 고구려 병사들은 여기저기 달려들어 재물들을 쓸어 담고 도시 전체를 철저히 파괴하기 시작했다.

고구려군은 그저 '봉사활동'을 하자고 큰 위험을 무릅쓴 채 화룡성에 온 것이 아니었다. 그들은 점령군처럼 화룡성의 화려한 대저택들에 들어가 미녀와 값비싼 물건들을 가져오거나 사찰에 들어가 금동으로 된 불상들을 끌어내리고, 석탑을 무너뜨려 거기 붙은 금은 장식과 옥구슬 하나까지 떼어내 자루에 담았다. 또한 궁궐 무기고를 열어 병사들의 해진 갑옷과 무기류까지 전부 새것으로 교체했다. 그리고 마지막으로 화룡성의 궁궐에 불을 질렀다. 이때 지른 불이 무려 열흘 동안이나 꺼지지 않았다고 한다.

당시 이를 곁에서 모두 지켜보았을 북연 왕 풍홍의 심경은 알기 어렵다. 언젠가 다시 돌아와 수도로 삼아야 할 곳이었으므로, 고구려군의 무지막지한 약탈을 중단시키고 싶은 마음이야 굴뚝같았을 것이다. 그러나 그는 고구려군을 제어할 힘이 없었던 데다, 그들의 도움이 절실한 처지였다. 풍홍과 북연 주민들은 궁궐과 가옥들이 무참히 파괴되는 모습을 속절없이 지켜볼 수밖에 없었다.

그러나 성 밖에서 화룡성이 활활 타오르는 모습을 풍홍보다 더 참담한 심경으로 바라보는 이들이 있었으니 바로 북위군 수뇌부였다. 이들의 임무는 풍홍을 사로잡고 많은 주민을 거느린 채 당당하게 북위의 수도로 개선하는 것이었다. 그러나 이제 곧 그들의 손에 떨어질 것은 숯덩이가 된 화룡성 궁궐과 아무도 살지 않는 빈 땅덩어리뿐이었다. 동쪽에서 굴러들어온 '무뢰배'의 만행에 화가 머리끝까지 치민 북위군은 화룡성을 빠져나간 고구려군 행렬을 맹렬히 추격하기 시작했다. 고구려군의 퇴각 작전에는 풍홍과 수십만에 이르는 북연 주민이 함께하고 있었는데, 그 행렬의 길이가 무려 80리(약 30킬로미터)에 달했다고 한다. 제대로 방비하지 않는다면 기동력이 뛰어난 북위 기병들의 좋은 먹잇감이 될 수도 있는 상황이었다.

이때 갈로와 맹광은 꾀를 내어 북연 주민을 무장시켰다. 궁궐에서 탈취한 갑옷을 부녀자들에게까지 입혀서 행렬의 정중앙에 배치했다. 일부러 군대의 형세를 크게 보이게 하는 동시에 내부에도 철저한 방비가 이루어지는 것처럼 위장한 것이다. 또 한편으로는 북연군과 고구려 보병으로 행렬의 주변을 둘러싸서 양옆을 지키게 한 뒤, 가장 취약한 맨 뒤에는 갈로와 맹광이 직접 정예 기병을 거느리고 북위군의 추격병들을 경계했다.

고구려군은 거대한 행렬이었지만 대오를 지킨 채 천천히 동쪽으로 이동했다. 북위군은 고구려군을 계속 추격하면서 호시탐탐 빈틈을 노렸으나, 엄중하게 방어 태세를 취한 고구려군을 쉽사리 공격할 수가 없었다. 게다가 북위군은 조정의 지침대로 고구려 측과 마찰을 빚지 말아야 하는지, 만약 고구려군을 공격할 경우 고구려에서 지원군이 오는 것은 아닌지 등 생각해야 할 것이 너무도 많았다.

융통성 없는 북위군 지휘부는 우왕좌왕하다가 고구려군이 요하를 건너는 순간까지도 끝내 공격을 실행에 옮기지 못하고 말았다. 중국 측 기록에 따르면, 북위군 사령관인 고필이 만취한 상태에서 예하 장수들의 공격 주장을 막았다고도 전한다. 그러나 수만 명의 고구려군을 눈앞에 둔 일촉즉발의 상황에서 정말로 북위군 지휘관이 한가하게 술이나 마시고 있었을까. 북위 조정에서 작전 실패의 책임을 고필 등 해당 지휘관에게 뒤집어씌우는 과정에서 과장된 기사가 만들어진 것은 아닐까. 아마도 고필이 고구려 공격을 말렸다는 것은 추격하는 북위군 내부에서도 고구려군을 공격히는 데 대한 찬반 의견이 분분했던 상황을 보여주는 것으로 보인다.

여하튼 퇴각 후 북위로 돌아간 아청과 고필은 극도로 분노한 태무제 앞에 끌려갔다. 고위 장군으로서 한때 북량 정벌전을 훌륭히 수행했으며, 북연 정벌전에서도 백랑성을 함락시키는 등 많은 공적을 세웠던 두 장수였다. 그러나 많은 공적으로도 화룡성에서의 대실패를 만회할 수는 없었다. 황제는 그들의 관직을 박탈한 뒤 문졸(門卒), 즉 창을 쥐고 성문을 지키는 하급 병사의 직무를 담당하게 했다. 지금으로 치면 별 2개 이상을 단 장군이 강등되어 부대 정문을 지키며 장교들이 지날 때마다 경례를 해야 하는 것이다. 이러한 치욕을 당한 탓일까. 아청은 시름시름 앓다가 얼마 후 자택에서 쓸쓸히 죽음을 맞이했다.

이 땅에서 권토중래는 불가능하다

풍홍은 그야말로 우여곡절 끝에 요하를 건너 고구려 땅에 무사히 도착했다. 북연이 처해 있었던 여러 가지 상황들을 감안할 때, 많은 주민을 이끌고 고구려 이주를 성사시킨 것은 결과적으로 대단한 성공이라고 해야 할 것이다. 그는 영토를 모두 잃었음에도 여전히 북연의 천왕이었으며, 명목상으로나마 국가의 '간판'을 유지했다. 다만 둥지를 벗어나 들판에 홀로 떨어진 이상, 늑대들이 우글거리는 숲속에서 어떻게 생존해야 할지는 또 다른 문제였다. 특히 풍홍의 목줄을 쥔 고구려는 '키다리 아저씨' 마냥 누군가를 몰래 후원하는 천사 같은 캐릭터가 아니었다.

고구려가 북위군을 따돌리고 풍홍과 수십만의 주민을 데리고 가자, 북위 태무제는 대노하여 즉각 장수왕에게 사신을 보내 북연 왕 풍홍을 조속히 송환할 것을 지시했다. 책봉국의 황제가 조공국의 신하에게 명령하는 형식이었다. 노기 어린 명령에 고구려가 어떻게 대응했을까. 장수왕은 북위 측의 요구에 아래와 같은 답서를 적어 보냈다.

> 마땅히 풍홍과 더불어 황제의 덕화(德化)를 받들겠습니다.

외교적으로 애써 예의를 갖춘 완곡한 말투지만 답변이 다소 모호하다는 생각도 든다. 이를 쉽게 풀이하면 먼저 "마땅히 풍홍과 더불어"라는 말은 곧 "나는 풍홍과 함께 있겠다", 다시 말해 풍홍을 보내지 않겠다는 선언이다. 이어서 "황제의 덕화를 받들겠다"라고 한 것은 "이전처럼 황제에 대한 예의를 갖출 테니 계속 친하게 지내자"라는 의미이다. 한마디로 고구려는 풍홍을 내줄 생각이 전혀 없었다. 이 당시 동아시아의 조공-책봉 외교는 사실상 형식에 불과했을 뿐, 천자국의 실질적인 규제를 동반한 것은 아니었던 셈이다.

분노한 태무제는 즉각 기병을 모아 고구려를 치려고 했으나 주위의 대신들이 나서서 뜯어말렸다. 당시 북위는 북연을 멸망시키는 등 군사 강국이긴 했으나, 아직까지 화북 지역을 장악한 지 오래되지 않은 시점이었다. 각지에서 항복해온 여러 부족의 수장들은 겉으로는 북위에 충성을 다하겠노라 맹세했지만, 향후 천하의 정세가 바뀔 경우 언제든 이탈할 위험이 남아 있었다. 즉 아직까지 이들은 북위의 통치하에 완전하게 녹아든 상태가 아니었다.

북위가 건국되기 이전에 이미 전진(前秦)이 화북의 5호 16국 시대를 일시적으로 종결시킨 적이 있었다. 뛰어난 정치를 펼쳤던 전진의 황제 부견(符堅)은 383년에 남쪽 장강 일대에 터전을 잡은 동진(東晉)을 통합해 천하통일을 이루겠다는 일념으로 무려 80만에 이르는 대군을 이끌고 원정에 나섰다. 그런데 비수(淝水)에 이르러 맨 앞에서 공격을 이끌던 부견의 선발대가 동진(東晉)의 군대와 싸우다가 크게 패해서 흩어지고 말았다. 당시 부견이 이끌고 온 80만 대군에는 예전에 항복한 부족 단위의 군사 집단이 많았다. 이들은 부견의 직속 부대가 붕괴되자, 더 이상 자신들을 제어할 존재가 없음을 깨닫고는 모두 뿔뿔이 흩어져 각지로 도망쳐버렸다. 화북의 안정화와 부족 간의 융합을 기다리지 않고 섣불리 대규모 군사원정을 일으켰던 전진은 결국 각지의 독립 세력들에게 허망하게 멸망하고 말았다. 화북 일대를 통합한 지 얼마 되지 않은 북위 태무제 입장에서도 과거 부견의 실패가 결코 남의 일 같지만은 않았을 것이다.

게다가 당시 북위를 둘러싼 국제 정세도 문제였다. 북위는 주변에 많은 적들을 두고 있었다. 동쪽의 고구려는 결코 만만치 않은 전력을 보유하고 있었는데, 만약 고구려와 전쟁이 장기화될 경우 주적인 남쪽의 송나라라든가 북쪽에서 호시탐탐 화북 일대를 노리던 유연, 그리고 서쪽에서 강력한 기병을 이끌던 토욕혼 등의 세력들이 사방에서 북위를 침공할 우려가 있었다. 즉 북위는 7세기에 통일 왕조였던 수·당 제국이 주변 세력들을 모두 굴복시키고 최종적으로 온 국력을 기울여 고구려 정

5세기 전반에 북위는 송, 토욕혼, 유연, 고구려 등에 둘러싸여 있었다.

벌을 추진했을 때와는 사뭇 다른 정세 속에 놓여 있었다. 결국 태무제의 고구려 공격 논의는 신하들의 만류로 중단되고 말았다.

모든 일이 고구려의 의도대로 흘러가고 있었다. 북위의 개입 가능성이 적어지면서 풍홍에 대한 처우는 전적으로 고구려의 손아귀에 놓이게 되었다. 그제서야 고구려는 본색을 드러냈다. 풍홍이 요하를 건너 고구려 땅인 평곽에 도착하자, 장수왕은 풍홍에게 사람을 보내 다음과 같은 위로의 말을 전했다.

> 용성왕(龍城王) 풍군(馮君)이 멀리까지 와서 노숙을 하니 군사와 말이 얼마나 피로하겠느냐.

풍홍은 난데없는 '용성왕'이라는 호칭에 정신이 번쩍 들었다. '용성'은 북연의 수도인 화룡성을 달리 이르는 말이다. 장수왕이 본래 북연의 천왕이었던 풍홍을 화룡성이라는 한정된 지역의 통치자로 부르면서 그 권위를 잔뜩 깎아내린 것이다. 이는 장수왕이 자신과 풍홍의 서열을 분명하게 정한 첫 번째 시도이기도 했다. 그러나 북연의 천왕이자 대외적으로는 황제를 칭했던 풍홍의 입장에서 이러한 모멸적인 칭호는 도저히 용납할 수가 없었다. 또한 북연이 불가피하게 도움을 받는 처지가 되긴 했지만, 여전히 고구려를 오랑캐라고 깔보고 무시하고 있던 터였다. 그런데 그 오랑캐 수장이 천왕이자 황제인 풍홍을 그저 '화룡성의 풍군'이라고 부르며 아랫사람처럼 하대한 것이다. 풍홍을 곁에서 섬기는 신하들은 물론 풍홍의 아들들도 장수왕의 모욕적인 '위로의 말'을 들으며 매우 분개할 수밖에 없었다.

풍홍은 장수왕의 교지를 읽는 고구려 사신을 무섭게 쏘아보며, "내가 연나라의 천왕이고, 황제이니라. 당장 가서 너희 왕에게 그리 전해라!"라고 호통을 쳤다. 그러나 고구려 사신은 그런 반응 정도는 예상했다는 듯 아랑곳하지 않고 교지를 끝까지 읽었다. 풍홍은 이 사신의 무덤덤한 반응을 지켜보며, 모든 것이 처음부터 고구려의 치밀한 계획이 아니었을까 하는 무서운 생각이 들었다.

풍홍이 처음 고구려에 망명을 요청했을 당시, 장수왕이 수만 명의 군사 지원을 비롯해 매우 적극적인 원조를 약속했던 것, 고구려군이 약탈과 방화로 도성인 화룡성을 사실상 재건이 불가능한 수준으로 철저히 파괴했던 것, 이 모든 일이 마치 처음부터 끝까지 일관된 계획 아래 진행

된 것 같다는 느낌을 지울 수 없었다. 풍홍 앞에 서 있던 고구려 사신의 얼굴에 번진 희미한 웃음은 마치 '불 타버린 화룡성으로 돌아가시겠습니까' 하는 빈정거림으로 다가왔다. 만약 풍홍이 돌아가려 한다면 새까맣게 타버린 화룡성 궁궐터에는 약이 바싹 오른 북위의 군단병들이 기다리고 있을 것이다.

풍홍의 불길한 예감은 곧바로 현실이 되었다. 얼마 뒤, 고구려는 풍홍과 주민들을 훨씬 통제하기 쉬운 요동반도의 북풍(北豊) 지역으로 이주시켰다. 풍홍 집단이 행여 국경을 넘어 다른 곳으로 도망칠 것을 우려한 조처였다. 그리고 풍홍이 북연 주민들을 대상으로 정치와 형벌을 본국에서처럼 하자, 고구려는 풍홍을 섬기는 사람들을 강제로 떼어내 격리시키고, 심지어 북연의 태자인 풍왕인을 인질로 삼아 수도인 평양성으로 끌고 갔다. 풍홍을 철저하게 고립시켜 망명정부 운영을 사실상 마비 상태에 빠트린 것이다.

애초에 고구려는 북연의 망명정부니 부흥 운동이니 하는 것을 용납할 생각이 없었다. 나라를 잃은 풍홍을 잘 대우해 봐야 고구려에 큰 실익이될 리도 없었다. 오히려 북위의 잠재적 위협 세력을 고구려가 키워주는 결과가 되어, 자칫 잘못하면 북위의 침략을 초래할 우려가 있었다. 고구려가 북위와의 군사적 충돌 위험을 감수하면서까지 풍홍과 주민들을 데려온 것은 아마도 요서 일대가 북위의 동방 진출을 위한 전초기지가 될 것을 우려했기 때문일 수도 있다. 그래서 북위로 흡수될 수 있는 다수의 거주민들을 데려옴으로써 요서 지역의 인구와 경제력을 기반으로 한 군사 작전의 수행 자체를 불가능하게 만든 것이다.

또 한편으로 생각해보면, 당시는 경작할 토지에 비해 노동력, 즉 인구가 절대적으로 부족한 시기였다. 고구려는 이미 5호 16국 시대부터 혼란스러운 화북 지역에서 넘어오는 많은 한족 이주민을 적극 유치하는 정책을 폈다. 이들은 대부분 고구려에서 세금과 부역을 담당하는 일반 주민으로 편입되었을 것이다. 북연의 수많은 주민들을 자국의 인민으로 흡수하는 것이 고구려가 최종적으로 노린 것일지도 모른다. 어느 쪽이 되었든, 고구려의 철저한 손익계산은 풍홍의 입장 따위를 염두에 두지 않았다. 아마도 '용성왕'이라는 상징적인 지위를 던져 주고 적당히 대우를 해준 뒤, '뒷방 늙은이'로 조용히 살다가 죽기를 바랐을 것이다.

그러나 조카를 100여 명이나 죽이고 악착같이 '지존'의 자리에 올랐던 풍홍은 이러한 비참한 타협을 도저히 받아들일 수 없었다. 그는 천왕이었고, 그 지위를 계속 유지하려면 마땅히 백성을 이끌고 요서 지역으로 귀환해야만 했다. 풍홍은 이대로 머물러 봐야 장수왕의 음험한 계략에 놀아날 뿐, 결코 '권토중래(捲土重來, 한 번 실패했지만 힘을 모아 다시 시작함을 비유하여 이르는 말)'의 꿈을 이룰 수 없음을 깨달았다. 그는 자신의 정치적 운명을 걸고 마지막 반격의 카드를 꺼내들었다.

3장

장수왕의 결단력,
파국을 막다

풍홍의 도박, 남조 송나라를 끌어들이다

풍홍은 부하들을 몰래 불러 미리 짜둔 계획을 지시하고는 배를 태워 남쪽으로 보냈다. 부하들이 서신을 들고 뱃길을 통해 도착한 곳은 바로 남조 송나라였다. 당시 송나라는 산동반도 일대를 장악하고 있어 바닷길을 통해 요동반도와 왕래하는 것이 크게 어렵지 않았다. 게다가 송나라는 정통 한족 왕조를 계승한 나라로 북위에 맞설 수 있는 가장 큰 적대 세력이었으며, 형식적으로나마 고구려를 조공국으로 거느린 천자국(天子國)이기도 했다.

풍홍은 송나라 태조(太祖)에 보낸 편지에 고구려 장수왕이 사신을 속이고 북연 망명정부의 존재를 인정하지 않는다고 원망했다. 그리고 마지막으로 이렇게 덧붙였다.

> 황제 폐하, 만약 저와 북연의 백성을 받아들여주신다면, 향후 저 북방의 오랑캐(북위)에 대항해 죽을힘을 다해 싸우겠습니다. 향후 북벌을 통해 천하 통일의 그날이 온다면 소인을 요서 지역의 작은 왕으로 봉해주시길 바랄 뿐입니다.

이러한 제안은 북위의 군사적 위세에 눌려 있던 송나라 태조에게 나름 매력적인 제안으로 다가왔을 것이다. 풍홍이 실제로 송나라를 도울 만한 군사적 능력을 갖추었는지 여부는 알 수 없다. 다만 송나라의 입장에서는 한때 북연의 천왕으로서 요서 일대에 나름의 영향력을 행사한 상징적 인물을 영입할 경우, 향후 북방으로 진출하는 과정에서 어느 정도 도움이 되리라고 판단했던 것 같다. 그를 어떻게 활용하든 간에 송나라의 입장에서는 별로 손해 볼 것이 없는 장사였다.

다만 문제는 고구려의 태도였다. 아무리 조공-책봉 관계를 맺은 사이였다고 하더라도 고구려가 순순히 송나라의 말을 들어줄지는 미지수였다. 풍홍을 내놓으라는 북위 황제의 협박에 가까운 요구도 단칼에 거절했던 고구려였다. 과연 장수왕이 어렵사리 확보한 풍홍과 북연 백성을 순순히 내놓을 것인가. 단순히 국서 한 통을 달랑 써서 보내는 것은 아무런 소용이 없을 것 같았다. 고구려 측에서 무시해버리면 그만이었다. 이에 송나라 태조는 일종의 무력시위를 통해 천자국의 위엄을 내

태조 문황제의 이름은 유의륭으로, 중국 남북조 시대 송나라의 3대 황제(재위 424~453년)이다. 나라를 태평성대로 이끌었지만 두 차례에 걸친 북위와의 전쟁에서는 패했다.

비치면서 고구려를 압박할 묘안을 짜냈다.

438년 3월, 송나라를 출발한 대선단(大船團)이 고구려 땅인 요동반도에 상륙했다. 갑작스러운 송나라 선단의 출현에 놀란 고구려인들 앞에 송나라 장수 왕백구(王白駒)와 7,000여 명의 군사가 하선하여 정렬했다. 왕백구는 송나라 황제가 장수왕에게 보내는 국서를 고구려 측에 건넸다.

고구려 왕은 속히 북연 왕 풍홍에게 노자(路資)를 마련해주어 송나라로 보내도록 하라.

고구려 조정은 난데없는 송나라군의 상륙과 풍홍을 내놓으라는 황제의 요구에 크게 당황했다. 풍홍의 은밀한 외교적 타개책에 허를 찔리고 만 것이다. 고구려 조정에서 송나라 황제의 국서를 받았을 때 이미 왕백구가 이끄는 송나라군은 풍홍과 그 일족, 그리고 북연 주민들이 머물고 있는 북풍 지역으로 이동하고 있었다. 고구려의 군사력을 감안할 때 7,000여 명의 송나라 군대를 저지하는 것 자체는 그리 어려운 일이 아니었다. 다만 송나라는 남쪽에서 북위를 견제하는 중요한 우방국이었다. 함부로 그들의 행동을 막아설 경우 자칫 잘못하면 무력 충돌이 일어나 동맹국인 송나라와 친교가 깨질 수도 있었다.

그러나 풍홍을 순순히 송나라에 보낼 수는 없었다. 북위 황제의 요구에도 끝끝내 내주지 않았던 풍홍을 북위의 가장 큰 적대 세력인 송나라에 넘긴다면, 지금까지 화를 눌러 참으며 관망하던 북위 측이 이를 어떻게 받아들일 것인가. 고구려 입장에서는 애써 데려온 풍홍을 남에게 넘겨주고, 도리어 북위의 군사적 침공을 걱정해야만 하는 우스운 꼴이 될 수도 있었다. 두 가지 상황 모두 장수왕으로서는 결코 받아들일 수 없었다.

그러나 송나라군이 점점 북풍에 근접하고 있던 상황에서, 고구려 역시 조만간 닥칠 최악의 상황만은 어떻게든 모면해야 했다. 또한 제멋대로 남쪽 송나라를 끌어들여 이 문제를 국제분쟁으로 확대시킨 풍홍의 원죄 역시 그냥 묵과할 수만은 없었다. 결국 장수왕은 아주 위험한 군사적 도발을 시도하기로 했다. 곧이어 특수 임무를 부여받은 고구려의 유격대가 북풍 지역을 향해 신속하게 출격에 나섰다.

북연 왕의 목을 쳐라

북풍에 있던 풍홍은 초조하게 송나라 군대가 오기를 기다리고 있었다. 송나라 군사들이 탄 선단이 요동반도에 안전하게 입항해 북상 중이며, 도중에 고구려의 관문을 별다른 저항 없이 통과하고 있다는 소식이 들려오자, 그는 자신의 '도박'이 거의 성공 직전에 와 있다고 생각했다. 고구려와 송나라 간의 군사동맹 관계를 교묘히 이용한 묘안이 제대로 먹힌 것이라고 여겼다. 다만 한 가지 찜찜했던 것은 고구려의 '침묵'이었다. 풍홍에게 긴급히 사신을 보내서 문책을 하거나, 송나라에 들어가면 이런저런 사항들을 지켜달라는 요구조차도 없었다.

고구려 측의 무반응에 심상찮은 낌새를 느낀 풍홍은 송나라 군대와 더 빨리 만나기 위해서 아들들을 비롯한 일족과 백성을 이끌고 서둘러 남하하기 시작했다. 행렬이 서서히 북풍을 빠져나가려던 그때, 결국 일이 터지고 말았다. 풍홍이 이끌던 행렬의 옆쪽에서 갑작스럽게 경무장 상태의 기병들이 출현하더니 창을 겨누며 달려든 것이다. 바로 고구려군이었다. 손수(孫漱)와 고구(高仇)가 이끄는 고구려의 유격대가 풍홍이 탄 수레를 향해 무섭게 달려왔다. 이를 본 풍홍과 그의 일족은 황급히 도망쳤다. 풍홍 수하의 병사들은 고구려군에 대항할 경우 더 큰 화를 당할 것을 알고는 일찌감치 저항을 포기했다.

달아나는 풍홍 일족을 발견한 고구려군에게 자비는 없었다. 고구려는 일을 이 지경으로 만든 풍홍을 용서할 수 없었다. 무엇보다도 요하 건너편에 진을 치고 있던 북위가 기민하게 모든 과정을 다 지켜보고 있었다. 풍홍이 살아서 송나라로 가는 일만은 어떻게든 막아야 했다. 이에 장수왕은 풍홍뿐 아니라 그 아들들까지 모두 살해할 것을 지시했다. 행여 풍씨의 자손이 송나라로 건너가서 풍홍을 계승해 북연의 상징적인 주인을 자처한다면 또 다른 문젯거리가 될 수 있었다. 따라서 아예 멸족을 시켜 뒷날에 있을 분쟁의 싹을 잘라버리고자 한 것이다.

고구려군은 부대를 나누어 한편으로는 풍홍을 뒤쫓고, 다른 한편으로는 풍홍의 아들들을 잡아들여 무참히 살해했다. 풍홍은 아들들이 죽어가는 광경을 그저 지켜볼 수밖에 없었다. 자신이 그동안 악착같이 지켜왔던, '천년 왕조의 꿈이 허무하게 무너지고 있었다. 풍홍이 마지막으로 고구려 기병의 칼을 받고 쓰러지던 순간, 그의 머릿속을 맴돌던 원망은 누구를 향하고 있었을까. 북연의 영토를 빼앗아 불가피한 망명을 택

통구 12호분의 고구려 기병과 적장 참수도

하게 만든 북위였을까, 아니면 자신에게 끝내 재기의 기회를 주지 않았던 매정한 고구려였을까. 사실 이 모든 비극의 단초를 제공한 것은 풍홍 자신의 끝 모를 권력욕이 아니었을까.

북풍에서의 학살극은 풍홍 일가가 몰살당하면서 모두 종료되었다. 풍홍과 함께 아들 10여 명의 목은 모두 고구려군이 가져갔다. 그렇게 고구려군이 임무를 성공적으로 마치고 막 살육의 현장을 떠나려던 찰나, 풍홍이 그렇게도 기다렸던 송나라 군대가 북풍에 당도했다. 송군의 지휘관인 왕백구의 눈에 처음 들어온 것은 말 그대로 핏빛 아수라장 속에 널브러져 있는 풍홍 일족의 시신과 고구려군이었다. 고구려 측의 발 빠른 대처로 상황이 이미 끝나버리고 만 것이다.

송군은 하릴없이 발걸음을 돌려야만 했다. 그것이 양국 관계를 그나마 보전하고, 별다른 외교 문제를 야기하지 않을 수 있는 유일한 해법이었다. 그런데 당시 지휘관이었던 왕백구는 이러한 상식적 타협을 도저히 수용할 수 없었던 것 같다. 그는 그 자리에서 좀처럼 이해하기 힘든 돌발 행동을 벌이고 말았다.

왕백구 전군, 속히 집결해서 저 고구려 놈들을 죄다 잡아들여라!

한마디로 정신 나간 짓이었다. 북풍 지역은 고구려 영토였고, 송나라는 바다 건너 있었다. 본국의 지원이 없는 상황에서 고작 7,000여 명의 병력만으로는 형식적인 무력시위는 가능할지 몰라도, 실질적인 군사행동을 벌이는 건 무모한 행위였다. 아마도 왕백구가 이렇게 행동한 것은 누군가의 방해로 임무를 완수하지 못한 데 대한 충격과 분노를 제대로 억제하지 못했기 때문이었을 것이다.

왕백구의 명령을 받은 송군은 현장에 있던 고구려 군사들을 덮쳤다. 고구려군은 풍홍 일족을 제거하기 위해 긴급히 파견된 소수 유격 부대였기 때문에 대병력인 송나라 군대의 상대가 될 수 없었다. 고구려군은 송나라 군대에 포위되어 격파되었고, 급기야 이 과정에서 고구려군의 지휘관이었던 고구가 죽고, 손수는 사로잡혔다.

만약 왕백구가 이렇게 일을 벌인 뒤에 요동반도를 통해 재빨리 본국으로 빠져나갔더라면, 나름 객쩍게 부린 혈기로 비쳤을지도 모른다. 하지만 북풍 지역은 요동반도에서도 상당히 내륙으로 들어간 지점에 있었고, 군사 7,000여 명을 신속하게 송나라로 이동시키기란 불가능한 일이었다.

고구려 조정에서는 이 소식을 접하고 긴급하게 대규모 군단을 파견했다. 송군은 결국 고구려 대군에게 포위되었다. 그리고 일을 크게 벌인 왕백구는 고구려군에 사로잡혀 장수왕 앞에 끌려왔다. 어느 누구도 예측하지 못했던 희한한 해프닝이었다.

장수왕은 이 사태를 되짚어보며, 풍홍의 죽음과 왕백구의 신변 문제를 어떻게 처리할지 심각하게 고민했다. 처음에 풍홍을 불가피하게 제거하기로 결정했을 때는 송나라 조정과의 외교적 마찰을 어느 정도 각오했던 터였다. 그러나 왕백구의 돌출적인 행동은 오히려 고구려 입장에서 이 사태를 유리하게 풀어갈 수 있는 돌파구를 제공해준 셈이 되었다. 관련 논의를 마친 고구려 조정은 곧 왕백구와 함께 사신을 송나라에 보냈다.

한편 송나라 조정은 이제나저제나 왕백구가 풍홍을 데리고 올 것을 기다리고 있었다. 그런데 얼마 뒤 산동반도로 선단이 다가왔는데 기다리던 자국 선단이 아닌, 고구려 배들이었다. 곧이어 항구에 닻을 내린 배에서 고구려인들과 더불어 포승줄에 묶인 수척한 한 장수가 모습을 드러냈다. 바로 송군 지휘관 왕백구였다.

졸지에 벌어진 광경에 어안이 벙벙해 있던 송나라 조정에서는 일단 사신 일행을 맞았다. 고구려 사신들은 황궁에 도착하자마자, 격앙된 목소리로 강력히 항의하고 나섰다.

고구려 사신 죄인 왕백구가 고구려에 군대를 몰고 와서 함부로 우리 장수를 죽였습니다. 이에 우리도 부득이 군대를 내어 죄인을 잡아온 것입니다. 양국의 우호를 심히 저해한 이자의 죄를 속히 처벌해주십시오!

고구려 사신들과 함께 돌아온 송군에게 자초지종을 들은 태조는 깊은 고민에 빠졌다. 풍홍은 이미 죽어버렸고, 마땅히 고구려에 사태의 책임을 물어 사과 내지 배상을 받아야 했지만, 왕백구가 또 고구려 장수를 죽임으로써 송의 입장도 꽤나 난처해졌다. 상황이 이러한데, 굳이 고구려와 일의 시시비비를 다투어 분쟁을 키워봐야 상호 간에 무슨 실익이 생기는 것도 아니었다. 이런저런 사정들을 모두 파악한 태조는 포승줄에 묶인 왕백구를 향해 눈을 부릅뜨고 호통을 쳤다.

송 태조 왕백구, 너는 짐이 부여한 임무를 망각해 북연 왕 풍홍을 호위해서 데려오는 데 실패했다. 게다가 멀리 떨어진 나라의 땅에서 제멋대로 군대를 풀어 사람을 죽였으니 그 죄악이 얼마나 막대한가. 저놈을 당장 옥에 가두도록 하라!

난데없는 황제의 호통에 놀라 눈만 껌벅이던 왕백구가 병사들에게 연행되어 감옥에 갇혔다. 이는 마치 계약이 제대로 체결되지 않자 최종 책임자인 팀장이 협상 테이블에 함께 있던 부하 직원을 마구 혼내며, "너 때문에 일을 다 망쳤다!"고 모든 책임을 뒤집어씌우는 상황과 다를 바 없었다. 결국 송나라 조정은 고구려 사신들 앞에서 현장 실무자였던 왕백구에게 모든 죄를 뒤집어씌움으로써 양국 관계의 파국을 막고, 적당한 선에서 사건을 무마하기로 결정했던 것이다. 이 과정에서 체면을 살린 고구려 사신들은 송나라 조정에 거듭 감사 인사를 올리고 양국의 친선이 오래도록 지속되기를 바란다며 본국으로 서둘러 돌아갔다.

송나리는 고구려와 조공-책봉 관계를 맺으며 형식상 천자와 신하의 관계에 있었지만, 천자국은 바다 건너 신하국을 실질적으로 제어할 능력이 없었다. 오히려 양국이 중시했던 것은 화북의 강자인 북위를 남쪽과 동쪽에서 같이 견제할 수 있었던 서로 간의 군사적 역할, 즉 동맹 관계의 유지였다. 따라서 이미 풍홍 일족이 모두 사라진 상황에서 필요한 것은 집요한 책임 추궁이 아닌, 이전과 같은 상호 우방의 역할, 그 이상도 이하도 아니었다.

430년대 풍홍 망명 사건을 둘러싼 고구려-북위-송의 관계는 동아시아의 세력 균형 속에서 각국의 생존을 위한 전략적 연합이 중시되던 정황을 잘 보여준다. 5세기 당시 조공-책봉 관계는 책봉국의 압박으로 일방적으로 맺어진 것이 아니었다. 주변국 입장에서 조공-책봉 관계 유지는 중원 왕조가 내세우는 명분을 존중하며 그들이 제시한 외교적 틀을 공유한 것이었다. 오히려 이해관계가 상충될 때 주변국들은 조공-책봉 관계에서 과감히 탈피하는 모습을 보였다.

풍홍의 개인적인 권력욕으로 동아시아 전체로 확대된 이 국제분쟁은 말 그대로 피도 눈물도 없는, 세상사의 비정하고 더러운 이면을 그대로 보여준다. 5세기 전반에 벌어졌던 이 거대한 소용돌이의 한가운데에는 풍홍이라는 한 사내가 벌인 무모하고도 저돌적인 행보가 있었다. 그리고 북위, 고구려, 송 등 당시 동아시아의 내로라하는 국가들은 각자의 이익을 위해 이 분쟁을 더욱 확대시킨 비정한 조연들이었다. 각국이 모두 입을 모아 의(義)와 리(理)를 부르짖으며 풍홍 사건에 개입했지만, 정작 드러낸 것은 탐욕(貪慾)이요, 남은 것은 이해(利害)뿐이었다.

- ## 풍홍의 '망령',
  ## 한성 백제를 멸망시키다

472년 백제는 아주 위급한 상황에 처해 있었다. 이미 4세기 말부터 백제를 밀어붙이기 시작한 고구려는 장수왕대에 결국 백제 수도 한성(漢城, 지금의 풍납토성 일대)이 바라보이는 한강 이북까지 영토를 넓혔다. 그렇게 백제는 한강을 사이에 두고 왕궁의 코앞까지 다가온 고구려군과 대치하게 되었다. 고구려군이 언제 강을 건너 공격해 올지 모르는 위기 속에서 하루하루를 보내는 처지가 된 것이다.

다급해진 백제 개로왕(蓋鹵王, 재위 455~475년)은 위기를 타개하기 위해 다른 나라에 구원을 요청하려 했는데, 당시 동아시아에서 고구려를 견제할 만한 힘을 가진 나라는 화북의 북위밖에 없었다. 백제는 그동안 남조 국가들과 주로 외교 관계를 맺었을 뿐, 북조의 나라들과는 교섭하지 않았다. 따라서 난데없이 찾아가 군사 원조 요청을 하기도 난감했지만, 절체절명의 상황에서 이것저것 따질 만한 여유가 없었다.

개로왕은 사신 여례(餘禮)를 서해 바닷길을 통해 북위로 보냈다. 이때 북위 황제 효문제(孝文帝) 앞으로 구구절절한 국서 한 통을 써서 보냈는데, 그 내용이 『삼국사기』 백제본기(百濟本紀)에 그대로 남아 있다. 재미

북위 효문제

있는 것은 이 기록에 이미 사망한 지 40여 년이 지난 풍홍에 대한 이야기가 등장한다는 사실이다. 국서의 주요 문구들 가운데 외교문서 특유의 수사적 어구와 표현들을 다듬어서 읽기 편하게 제시하면 다음과 같다.

신은 나라가 동쪽 끝에 있는 데다 그동안 저 승냥이 같은 간악한 고구려가 길을 가로막은 탓에 황제 폐하께 조공을 바치지 못했습니다. 그러나 폐하를 우러러 사모하는 정을 이길 수 없어 사람을 시켜 험한 파도에 배를 띄워 아득한 곳을 찾아 목숨을 건 항해에 나서게 되었습니다. (중략) 신은 고구려와 더불어 근원이 부여(夫餘)에서 나왔습니다. 옛날에는 서로 사이가 좋았는데, 고국원왕이 우호를 저버리고 친히 군사를 거느리고 저희 국경을 함부로 짓밟았습니다. 그래서 할아버지 근구수왕(近仇首王)이 군사를 정비하여 번개같이 달려가 공격한 끝에 고국원왕의 목을 베었던 것입니다. 이로부터 고구려는 감히 남쪽을 돌아보지 못하였습니다.

백제는 먼저 북위에 조공하고 싶었으나, 거리가 먼 데다 고구려의 방해가 있어서 쉽지 않았다면서 양해를 구했다. 또 과거에 백제가 전투 중에 고구려의 고국원왕을 죽인 일이 있었는데, 이는 고구려의 선제공격을 방어하는 과정에서 벌어진 부득이한 일이었다고 해명했다. 뒤이어 당시 백제가 처한 딱한 현실을 설명한다.

풍씨(馮氏, 풍홍 세력)의 운수가 다해서 남은 주민들과 함께 도망쳐 오자, 저 추악한 고구려가 이들을 받아들이면서 점차 국력이 강해졌습니다. 이 때문에 마침내 저희 백제는 고구려에 능멸과 핍박을 당하게 되었습니다. (중략) 현재 고구려에 남아 있는 풍홍 휘하의 군대와 말들은 여전히 예전의 고향인 중국을 그리워하는 마음을 품고 있습니다.

위 내용은 당시 백제가 교묘하게 북위 황제에게 옛 풍홍의 고구려 망명 사건을 되새기게 하려고 쓴 구절이라고 보는 편이 옳을 것이다. 즉 과거에 북위는 북연을 정벌하던 중에 갑작스럽게 나타난 고구려군에게 화룡성에 있던 풍홍 이하 많은 북연 주민을 빼앗긴 전력이 있었다. 백제는 바로 이 사건을 다시 상기시키며 고구려가 북연 주민들을 흡수한 뒤 국력이 강대해져서 주변국들을 괴롭힌다고 주장한 것이다. 그리고 덧붙여서 예전에 고구려로 갔던 북연의 주민들은 여전히 옛 고향 땅을 그리워하며, 황제의 품으로 되돌아가기를 원한다고 언급했다. 누가 봐도 북위 측의 심기를 계속 자극한 것이다. 계속해서 백제의 난감한 처지와 더불어 구원병을 요청하는 내용이 이어진다.

원한을 맺고 전쟁이 이어진 지 30여 년 만에 저희는 재물도 다하고 힘도 고갈되어 점점 약해지고 위축되어가는 상황입니다. 인자하신 폐하께서 속히 장수 한 명을 백제에 보내 구원해주십시오. 마땅히 저의 딸을 보내 후궁에서 황제를 모시게 할 것이며, 아울러 아들들을 보내 외양간에서 말을 기르게 할 것입니다.

이 글에서 개로왕은 북위의 구원병을 요청하면서 자신의 자식들을 황제의 후궁 내지 시종으로 바칠 것처럼 언급하고 있다. 당시 백제가 북위의 구원병을 얼마나 절실하게 바랐는지 보여주는 대목이라고 할 수 있다. 그러나 백제는 이것만으로 북위의 실질적인 도움을 이끌어내기는 어렵다고 판단했는지, 고구려의 또 다른 죄상을 들춰낸다.

얼마 전에 백제 서쪽 바다에서 시신 10여 구와 의복·안장(鞍裝) 등의 물건을 발견했는데, 살펴보니 고구려의 물건이 아니었습니다. 나중에 얘기를 들으니 이는 황제 폐하께서 저희 백제로 보내신 사신이 탄 배를 고구려가 격침시킨 것이라고 합니다. 비록 자세한 정황을 알 수는 없으나 신은 마음속 깊이 분노를 품게 되었습니다. (중략) 저희가 이때 습득한 안장 하나를 증거로 올립니다.

백제는 고구려가 북위 황제의 사절단이 탄 선박을 공격해서 그들을 해쳤다고 주장하면서, 서해상에서 주웠다는 안장을 증거로 바치기도 했다. 조금 이상한 것은 백제가 얻었다고 하는 북위의 물건 가운데 의복이 더 확실한 물증이 될 수 있음에도 불구하고 굳이 안장 하나만 보냈다는 사실이다. 이것이 과연 북위의 선박에서 나온 물건이 맞을까, 아니면 백제가 북위에 '불충한' 고구려를 정벌할 수 있는 명분을 만들어주기 위해 의도적으로 조작한 증거에 불과했을까.

사실 무엇이 진실인지는 중요하지 않았다. 관건은 당시 북위가 백제를 도와서 고구려를 칠 의향이 있는가였다. 과연 북위의 입장은 어떠했을까. 얼마 뒤 북위의 효문제가 보낸 답서가 도착했다.

그대가 동쪽 한구석의 먼 곳에 있으면서도 산과 바닷길을 멀다 하지 않고 우리에게 정성을 바치니, 그 지극한 뜻을 가상하게 여겨 내 가슴에 두었도다.

여기까지는 의례적인 인사치레로 백제가 사신을 보낸 것에 대한 노고를 지하한다. 그러나 이어지는 내용은 개로왕의 입장에서 매우 실망스러운 것이었다.

경이 우리와 사신을 처음 통하면서 곧장 고구려 정벌을 요구하는데, 내가 사정을 검토하여 보니 그 이유가 충분치 못하다. (중략) 고구려는 일찍이 번국(蕃國)을 칭하면서 우리에게 공물을 바친 지가 오래되었다. 비록 예로부터 작은 문제들이 있었으나 우리의 명령을 범하는 허물은 없었다. (중략) 그대는 고구려와 화목하지 못하여 여러 차례 침범을 당했다고 하는데, 진실로 의로움에 순응하고 인자함으로써 지킨다면 무엇을 근심할 것이 있겠는가. (중략) 그대가 보낸 안장은 우리의 것과 비교해보았으나 중국의 물건이 아니었다. 비슷한 것을 가지고 반드시 그렇다고 단정하는 과오를 범해서는 안 될 것이다.

풍홍의 고구려 망명 사건이 있었던 436년 이후 고구려와 북위의 관계는 오랫동안 단절된 상태였다. 악화일로였던 양국 관계는 대략 460년대에 들어서면서 점차 우호적으로 바뀌기 시작했다. 아무래도 여러 적대국들에 둘러싸여 있던 북위의 입장에서 강국인 고구려와의 오랜 긴장 관계는 바람직하지 않다고 판단했던 것 같다. 이후 양국 간에는 종종 사소한 문제들이 발생하긴 했으나, 계속 사신이 오가면서 대체로 우호적인 관계가 지속되었다. 하지만 472년 당시 개로왕은 이러한 국제 정세를 제대로 판단하지 못했다.

게다가 북위는 백제 국서를 받고 진상을 조사한다는 명목으로 백제 사신 여례를 대동하고 고구려 평양으로 가서 시비를 따지게 했던 모양이다. 물론 고구려는 이러한 상황에 대해 나름의 해명과 더불어 백제의 주장이 일방적인 모해라고 애기했던 것으로 보인다. 북위가 보낸 국서에는 "(고구려 측의) 말이 모두 사리에 부합

했다"라고 적고 있다.

여기서 문제는 북위가 백제 사신을 대동하고 고구려에 들어갔다는 사실이다. 이러한 눈치 없는 행동 때문에 고구려는 자연히 백제가 북위에 사신을 보내 군사 원조를 요청했다는 사실을 알게 된다. 결국 개로왕의 국서는 백제에 비극적인 결과로 되돌아오고 말았다.

여례가 북위로 간 지 3년 만인 475년 9월, 장수왕은 군사 3만을 거느리고 한강을 건너서 기습적으로 백제의 한성을 포위했다. 고구려의 무자비한 복수가 시작된 것이다. 고구려의 대대적인 공격으로 사방이 포위되자, 개로왕은 어찌할 바를 몰라 당황하다가 기병 수십 기만 거느리고 서쪽으로 달아나려 했다.

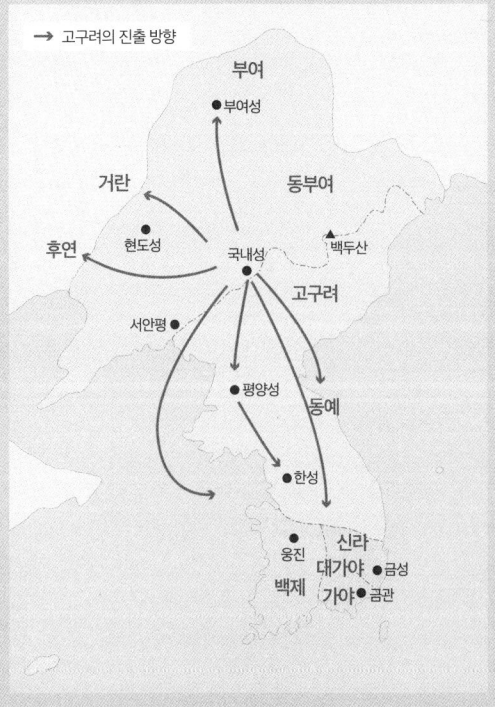

5세기 장수왕 시기 고구려 영토

그러나 불행히도 그는 얼마 가지 못하고 고구려군에 사로잡혔다. 고구려군은 개로왕을 아차성(아차산성)으로 끌고 가서 참수했다. 이후 한성을 함락하고 왕비와 왕자 등 왕족들을 몰살했다. 한성 백제의 운명이 끝나는 순간이었다. 이후 신라에 구원을 요청하러 갔다가 한성으로 돌아온 개로왕의 아들 문주의 눈앞에는 철저하게 파괴되어 폐허가 된 빈 성만이 남아 있었다. 그는 무너진 국가를 재건하는 힘든 과제를 떠안고 남은 무리와 함께 남쪽 웅진(지금의 공주)으로 내려가게 된다.

결국 개로왕의 북위에 대한 청병(請兵) 외교는 당시 동아시아의 국제 정세를 제대로 읽지 못한 중대한 오판이었고, 한성 백제의 멸망을 초래하는 중요한 원인이 되었다. 특히 개로왕이 북위에 보낸 국서에 40여 년 전의 풍홍 망명 사건을 이용하려 했던 것은 지금 봐도 상당히 무리한 시도로 보인다. 개로왕이 함부로 불러낸 풍홍의 '망령'이 백제의 운명에 심대한 영향을 끼쳤다고 말한다면 너무 지나친 언사일까.

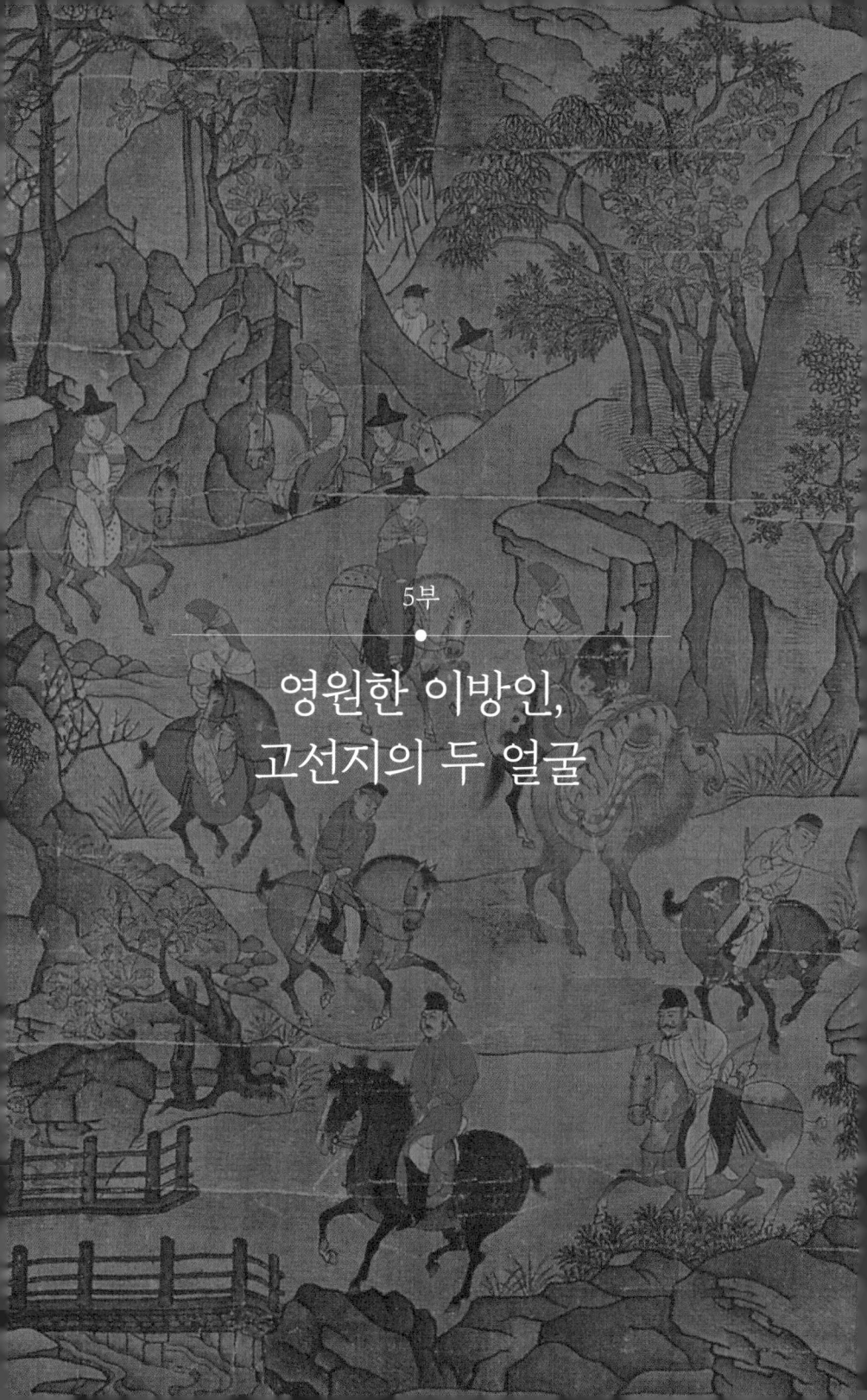

5부

영원한 이방인, 고선지의 두 얼굴

현재 대한민국에서 '우리'라는 범주는 한반도를 중심으로 한 집단 내에서 혈연이나 지연의 범주에만 한정되지 않는다. 인종과 출신지가 다른 사람들이 국민의 일원으로 속속 편입되고 그들의 2세, 3세가 성장하는 상황인데, 아직까지 이들과의 '동거'를 어색하게 느끼는 사람들이 적지 않은 것 같다. 한국 사회의 역사 인식과 교육은 '다문화 사회'라는 시대적 변화를 제대로 반영하고 있을까. 지금 학교 현장에서 이루어지는 한국사 교육체계는 폐쇄적 혈연 의식과 인종적 편견을 지양하는 국경 없는 교육을 실행하고 있을까.

이와 관련해 이번 이야기에서는 8세기 중국 당나라에서 고구려 출신 번장으로 가장 화려한 이력을 써내려간 고선지(高仙芝)에 대해 살펴보려고 한다. 우리가 흔히 접하는 고선지 위인전의 대부분은 '고구려 혈통인 고선지가 뛰어난 군사 재능으로 맹활약하여 중앙아시아 지역까지 정복하는 등 한민족의 기개를 떨쳤고, 고구려 출신으로서 끊임없이 차별을 당하다가 불행히도 간신들의 모함으로 비극적인 최후를 마쳤다'는 식의 내용이다. 대체로 고선지는 그의 공적을 통해 민족적 우수성을 찬양하고 망국의 설움을 아쉬워하는 정도의 인식에서 소비되어온 것이다.

그러나 고선지에 대한 실제 역사가들의 평가는 극단적이다. 그는 전투에서 대단한 공로를 세웠지만, 당나라 사회에서 끊임없이 사회적 차별을 겪었던 '경계인'이었기에 비정상적 방법으로 출세를 갈망하기도 했다. '천재적인 전략가이자 출신의 한계를 극복한 성공 신화' 또는 '탐욕스럽게 재물을 취하고, 정복한 나라의 주민을 잔인하게 다룬 파렴치한 인물' 가운데 과연 어느 쪽이 그의 진짜 모습에 가까울까? '우리 민족'이니 '우수한 혈통'이니 하는 주관을 배제한 채 냉철하게 그의 궤적을 쫓다 보면, 한편으로는 인간적이고 한편으로는 꽤나 이기적이고 탐욕스럽기까지 했던 그의 이중적인 생애가 드러난다.

1장

영원한 이방인의
굴레

성공을 갈망하다

668년 9월, 당나라 군대가 평양성을 함락하면서 700여 년 가까이 이어져온 고구려의 역사가 막을 내렸다. 이후 당나라에 강제로 끌려간 고구려 주민들은 '고구려' 출신으로 따로 등록되어 관리되었다. 당연히 주거와 이전의 자유를 비롯해 법적 처우는 당의 주민과 동등하지 않았다. 당나라 안에서도 고구려인의 외모, 말투, 의복, 습관 등은 조롱거리가 되었다.

7세기 말, 당나라 수도 장안의 궁궐 옆 고급 연회장에서 한바탕 술판이 벌어지고 있었다. 측천무후의 총애를 받던 장동휴(張同休)가 고관들을 초청하여 연회를 베푼 자리였다. 아름다운 무희들이 음악에 맞춰 춤을 추고, 고관대작들의 옆에는 기생들이 술시중을 들었다. 한창 술이 돌아 흥이 났을 때, 누군가가 양재사(楊再思)라는 관리의 얼굴을 가리키며, "공의 얼굴은 꼭 고구려 사람을 닮았구려!" 하며 놀려댔다. 그러자 술이 잔뜩 오른 양재사는 갑자기 무언가가 생각난 듯 자리에서 벌떡 일어났다. 그러더니 주변에서 종이를 찾아내 자신의 두건 양옆에 길게 오려 붙이고, 붉은 도포를 가져와서 뒤집어썼다. 고구려인의 의관을 어설프게 흉내낸 것이었다. 곧이어 고구려 사람인양 두 손을 뒤로 펼치고 허리를 틀어 구부리면서 과장된 몸짓으로 고구려의 전통춤을 추기 시작했다. 양재사의 기이한 춤사위를 본 관료들과 기생들이 모두 바닥에 쓰러져 배를 잡고 나뒹굴었다.

위 이야기는 700년 무렵에 당나라 장안에서 벌어진 연회 장면을 생생하게 묘사한 『신당서新唐書』의 기록이다. 당시 당나라 사람들이 생각하던 고구려인의 이미지가 어떠했는지, 이민족 출신들을 어떤 방식으로 공공연하게 무시했는지 등을 엿볼 수 있는 자료이기도 하다. 다른 문화권 주민에 대한 근거 없는 우월감과 차별 의식이 만연했던 그 잔인한 세상 속에서 망국의 주민으로 끌려와 살아야 했던 고구려·백제 유민들의 삶이 결코 녹록치 않았다는 사실도 짐작이 가능하다.

고선지는 양재사가 한바탕 춤판을 벌였던 700년 무렵에 당나라 땅에서 태어났다. 정확한 출생 연도는 알 길이 없다. 아마도 그가 죽은 뒤에

무용도(舞踊圖)는 지금의 중국 지린성 지안현에 있는 무용총(舞踊塚) 널방 벽에 그려진 고분벽화이다. 고구려 남녀 14명이 노래에 맞춰 전통춤을 추고 있다.

가문도 지리멸렬해져서 선대에 대한 기록을 제대로 정리한 후손이 없었던 것 같다. 부인과 아들이 있었던 것으로 보이나 그들의 이름도 전해지지 않는다. 고선지는 755년 12월에 대략 50대 중반의 나이로 사망했으니, 700년경에 태어났다고 봐도 별 문제가 없을 것이다.

고선지의 선조는 원래 고구려 사람이었다. 아마 고구려가 멸망할 때 당나라로 끌려갔던 것으로 보인다. 많은 사람이 고선지를 '고구려의 후예'로 기억하지만, 그가 태어났을 때는 이미 고구려가 사라진 지 30여 년이나 지난 시점이었다. 고선지는 생전에 한 번도 고구려의 옛 땅을 밟아본 적이 없었다. 그저 고구려인이라는 '낙인'을 지고 당나라에서 태어났

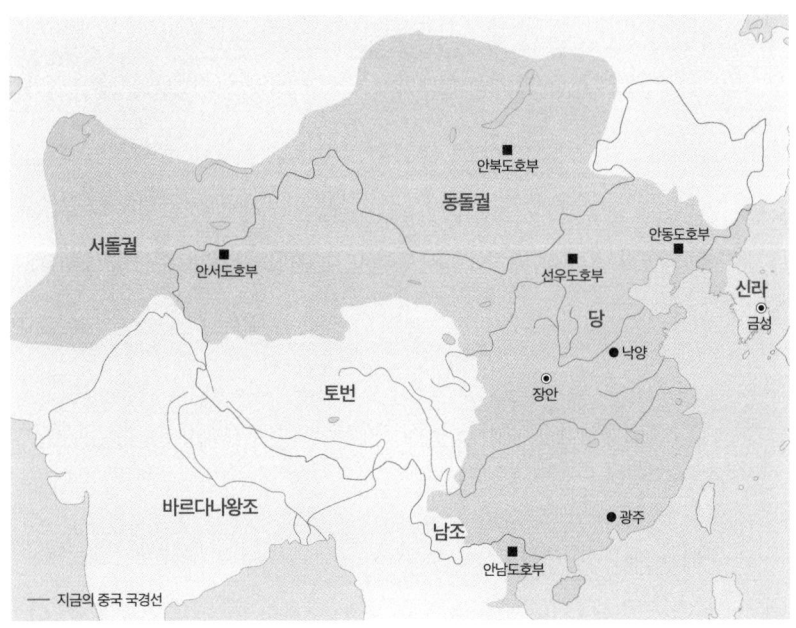

7세기 중반 당나라 영토와 국경 지대를 통치하는 군사, 행정 기구인 도호부의 위치

을 뿐이었다.

    부친인 고사계(高舍鷄)는 군인이었다. 어린 고선지는 부친의 부임지를 따라 이리저리 거주지를 옮겨 다니며 지냈다. 북동부 지역에서 어린 시절을 보냈으나, 이후 하서군을 거쳐 북서쪽 국경 끝인 안서도호부(지금의 간쑤성 둔황시 일대)에 정착하게 됐다. 이처럼 고선지가 살았던 곳은 대부분 당나라 변경의 척박한 군사 지대였다.

    고선지는 아버지를 따라 이곳저곳을 옮겨 다니면서, 전성기를 구가하던 세계 제국 당나라의 번화한 모습을 목격하며 화려한 생활을 동경했을 것이다. 아버지에게 종종 고구려 얘기를 듣긴 했겠지만, 이미 망한 나라가 다시 부활할 수도 없고, 그 지역으로 다시 돌아갈 수도 없었다. 고선지에게 '성공'이란 곧 세계 제국 당나라에서 출세하는 것이었다.

고사계는 당에서 무장(武將)으로 활약하여 정4품 사진장군·제위장군에 올랐다. 지금의 군대 계급으로 치면 대략 준장 내지 소장에 해당하니, 이민족 출신으로서는 대단한 성공을 거두었던 셈이다. 당은 다른 한족 왕조에 비해 이민족 출신을 변방의 무관으로 많이 등용했다. 출중한 능력이 있는 인물들에게 군대에 복무할 기회를 주었던 것이다. 당의 이러한 정책으로 관직을 받고 전선에서 토번, 돌궐 등을 상대로 맹활약한 고구려·백제 유민이 적지 않았다.

어린 고선지는 성공한 아버지 덕에 나름 유복한 환경에서 클 수 있었다. 그러나 그가 머물던 안서도호부는 수도인 장안에서 수천 리나 떨어졌고, 이민족과 군인들이 다수 거주하는 거친 환경이었다. 그가 수도 장안 인근에 거주하던 한족 출신과 학문적으로 대등한 경쟁을 펼치기는 애초에 무리였다. 설사 학업에 재능이 있다 할지라도 능력을 제대로 입증할 기회조차 얻기 힘들었을 것이다. 그는 일찌감치 책 읽기를 포기했다.

안서도호부에는 강제 이주된 고구려 주민이 많았다. 그들은 사막과 초원으로 이루어진 척박한 땅을 농지로 일구면서 농한기에는 군사 업무를 보조했다. 온갖 차별 속에 힘겹게 생을 영위하는 그들의 모습을 보면서 고사계, 고선지 부자 역시 능력을 입증하지 못할 경우 당나라에서 어떤 대우를 받게 될지 실감했을 것이다.

고선지는 어릴 때부터 아버지에게 군인이 되기 위한 교육을 받았다.

기록에 따르면, 고선지는 잘생겼으며 말타기와 활쏘기를 잘했다고 하는데, 아버지인 고사계는 매번 아들의 유약하고 느림을 걱정했다고 한다. 일견 모순같이 느껴지기도 하지만, 이것은 아마도 고사계가 아들에 대한 기대치를 높게 설정하고 아주 혹독하게 조련시켰음을 보여주는 문구일 것이다.

고사계는 전장에 나갈 때 성년이 되지 않은 고선지를 자주 데리고 다녔다. 단순한 구경꾼이 아니라 정식 군인으로 동행시켰는데, 미리 공을 세우게 해서 출세에 도움을 주기 위한 목적으로 생각된다. 지금도 자녀를 외국 학교에 보내 언어 연수를 시키는 등 소위 '스펙'을 쌓게 하는 극성 부모들이 있다. 고선지는 어릴 때부터 사실상 목숨을 내놓고 전장에서 '스펙'을 쌓았으니, 이 집안사람들은 더욱 지독하다고 해야 할 것이다.

이렇게 전쟁터에서 성장한 고선지는 음보(蔭補), 즉 아버지가 높은 관직에 있을 경우 자식에게도 관직을 주는 제도를 통해 20여 세에 '유격장군'이 되었다. 비록 밑바닥부터 올라온 것은 아니었지만, 이미 준비된 무장이었던 고선지는 736년경부터 여러 절도사의 휘하에서 무장으로 활약했다. 그가 본격적으로 두각을 나타낸 것은 안서도호부의 책임자였던 부몽영찰(夫蒙靈察) 휘하로 들어가면서부터였다.

부몽영찰은 티베트 출신이었는데, 같은 이민족 출신인 고선지가 마음에 들었는지, 주요 군사기지인 호탄(우전국宇闐國), 카라샤르(언기국焉耆國) 같은 도시의 방어 책임자로 임명했다. 고선지가 부임했던 타클라마칸사막의 남쪽 끝에 위치한 오아시스 도시인 호탄은 당이 킹직인 도번과 긱축전을 벌였던 지역이었다. 부몽영찰이 일찍이 고선지의 탁월한 군사석

실무 능력을 인정하고 있었던 것이다.

이처럼 상급 지휘관 밑에서 착실하게 군공을 세우던 고선지는 740년경에 드디어 첫 번째 단독 지휘에 나섰다. 당시 천산(톈산)산맥 서쪽에 '달해'라는 투르크 계통의 부족이 반란을 일으켰던 것이다. 당시 황제였던 현종(玄宗, 재위 712~756년)은 안서도호부의 책임자인 부몽영찰에게 이들을 즉시 진압할 것을 명령했다. 그런데 부몽영찰은 고선지를 호출해서 일을 맡겼다. 실패하면 본인의 책임이 적지 않았을 텐데, 그만큼 고선지의 역량을 믿은 것으로 볼 수 있다.

이때 불과 기병 2,000명을 이끌고 나선 고선지는 완벽한 데뷔전을 치렀다. 그는 능령(綾嶺)이라는 곳에서 소수의 기병으로 적의 배후와 측면을 기습 공격하는 게릴라 전술을 써서 달해 부족의 군대를 전멸시키고 말까지 모두 빼앗아왔다. 사실상 반란 세력을 완전히 궤멸시킨 고선지의 공적은 조정에도 널리 알려지게 됐으며, 벼슬이 안서도호부 2인자인 부도호까지 오르게 되었다. 그러나 이것은 앞으로 펼쳐질 화려한 출세기도의 첫 단추에 불과했다.

본격적인 서역 정벌의 시작

중국은 이미 한나라 때부터 실크로드(Silk Road, 비단길)를 통해 서역(西域, 중국 서쪽에 있던 여러 나라를 통틀어 이르던 말)과 교섭을 했다. 이 교역로는 중국 중원에서 시작해 허시후이랑(河西回廊)을 가로질러 타클라마칸

사막-파미르고원-중앙아시아 초원-이란고원-지중해까지 이어지는 길이었다. 동양과 서양을 경제·문화적으로 잇는 일종의 고속도로로, 중국산 비단·칠기·도자기 등의 물품과 양잠·화약·제지 기술들이 서방으로 넘어간 중요한 경로이기도 했다.

다만 실크로드 운영에는 몇 가지 난관이 있었다. 우선 면적이 30만 제곱킬로미터가 넘는 타클라마칸사막과 평균 높이가 6,000미터가 넘는 파미르고원 지대가 가로막고 있어서 인력과 군대를 보내기가 쉽지 않았다. 또한 사막, 초원, 산지 등으로 둘러싸인 이 길의 주변에는 여러 국가가 있었는데, 이들을 모두 복속시켜야만 상인들의 원활한 왕래가 가능하고, 문제가 생겼을 때 파견된 군대의 보급과 안전이 확보될 수 있었다. 그런데 흉노·토번과 같이 규모가 큰 유목국가나 사라센 등의 아

실크로드는 크게 초원길, 오아시스길, 바닷길로 나눌 수 있다. 초원길은 유럽과 아시아의 북쪽 초원 지대를 동서로 가로지르는 길이고, 오아시스길은 중앙아시아 건조 지역의 여러 오아시스를 연결한 길이었다. 바닷길은 중국의 남동해에서부터 서남아시아에 이르는 뱃길이다.

랍 왕조가 실크로드 주변의 여러 국가를 복속시켜 주요 길목을 장악하면 막대한 이익을 보장했던 이 고속도로는 한순간에 무용지물이 되기 일쑤였다.

740년경, 당나라도 실크로드 운영에 큰 어려움을 겪고 있었다. 당시 티베트 지방에서 흥기하여 당의 서부 변경을 압박하던 토번(吐蕃)이 중앙아시아 각지로 세력을 뻗치면서 당의 서역 통로를 죄어 오고 있었던 것이다. 특히 파미르고원에는 작은 나라 20여 개가 산재해 있었는데, 토번은 이 가운데 실크로드의 핵심 경로에 있는 소발률국(小勃律國) 왕과 혼인 동맹을 맺는 등 서북 방면의 20여 나라를 복속시켜서 당나라와의 관계를 단절시켰다.

물론 당나라도 악화되는 상황을 두고 보기만 했던 것은 아니다. 현종은 736년부터 747년까지 세 차례 정벌군을 보내어 실크로드의 핵심 요지인 소발률국 인근을 공략했다. 원정을 수행했던 이들 중에는 고선지의 상관인 부몽영찰도 있었다. 당군은 번번이 토번군에게 속수무책으로 당하곤 했다. 전략의 부재도 원인이었지만, 사막과 산지로 이루어진 먼 원정길에서 토번군의 갑작스런 기습을 당해낼 재간이 없었다.

즉위 후 당의 국력을 크게 신장시켰던 현종은 서역에 대한 통치권을 토번에 호락호락 넘겨줄 생각이 없었다. 그는 토번이 중앙아시아 지역으로 이동하는 주요 통로인 연운보를 공략하기로 결심했다. 연운보는 파미르고원의 남단으로, 지금의 파키스탄 동쪽 사하드 지역이다. 토번이 서역으로 나아가는 길을 빼앗아 상황을 단숨에 반전시키겠다는 대담한 계획이었다.

물론 난이도는 높았다. 먼 원정길에 많은 군대를 데려가기 어려운 데다, 도착하더라도 토번군이 연운보의 요새를 장기간 지키면서 농성할 경우 중도에 군량이 떨어질 우려가 있었다. 이러한 원정에는 주변 지식이 없는 중앙 정부의 장수를 출전시키기는 어려웠다. 실크로드 주변의 지형을 잘 알고, 주변 국가들과 교분이 있어야 하며, 동시에 힘든 원정 과정에서 군사들을 확실히 장악하고 적진 깊숙이 끌고 들어갈 수 있는 장수가 필요했다.

당 조정의 논의 과정에서 누구의 추천인지는 알 수 없으나, 달해 부족의 반란을 진압하는 데 큰 전공을 세운 고선지의 이름이 튀어나왔다. 현종이 이 젊은 장수에게 '행영절도사'라는 관직을 주어 서역 원정군의 총지휘를 맡긴 것은 상당히 파격적인 조처였다. 다들 놀람과 우려가 섞인 얼굴로 고선지를 바라봤다. 큰 키에 다부진 체격을 가진 패기 넘치는 장수이긴 하나, 과연 이런 대규모 원정을 단독으로 수행할 수 있을까. 고선지를 아끼던 상관인 부몽영찰도 자신의 부하 장수를 콕 집어 서역 원정의 총책임자로 임명한 데 대해 내심 불만을 품었던 것 같다. 그러나 본인도 앞서 서역 정벌을 갔다가 크게 실패하고 돌아온 일이 있었기 때문에 딱히 내놓고 반발할 처지도 아니었다.

747년 3월, 고선지는 보병과 기병을 합쳐 원정군 총 1만 명을 배정받았다. 그런데 이 정도의 대규모 군대를 이끌고 주요 경로인 타클라마칸 사막의 남쪽 길로 향했다간 미리 길목을 막고 기다리는 토번군의 공격을 받을 것이 뻔했다. 당나라 군대가 정예군이라고는 하나 도중에 수차례 기습을 막는 데 전력을 소모한다면, 연운보의 요새를 굳건히 지키고 있을 1만여 토번군을 상대하기는 사실상 불가능했다.

이때 고선지는 아무도 생각하지 못한 기발한 작전을 세웠다. 바로 타클라마칸사막의 북단에 있는 험준한 천산산맥을 통과하는 것이다. 안서도호부의 서쪽 끝인 쿠차를 출발한 고선지 부대는 100여 일의 대장정을 떠났다. 적국인 토번과 멀리 떨어진 북쪽 길로 이동했으므로 행군을 들킬 염려는 없었으나, 1만의 군사와 식량, 무기를 가득 실은 1만 필의 말들이 메마른 사막 북부와 얼음이 얼어붙은 산악 지대를 넘으며 10일 또는 20일씩 행군해야 했다. 어떤 날은 지형이 너무 험준해서 불과 10킬로미터 밖에 진군하지 못한 날도 있었다. 고선지가 병사들을 어떻게 독려해가며 이곳을 통과했는지는 자세히 알 길이 없다.

안서도호부를 출발한 고선지 군대는 100여 일 뒤에 우방국인 오식닉국(五識匿國, 지금의 아프가니스탄 북동부 지역에 있던 나라)에 도착했다. 3개월이 넘는 긴 행군에 완전히 지친 병사들은 이곳에서 며칠간 휴식을 취했다. 이렇게 오식닉국에서 전열을 정비한 고선지는 군대를 크게 셋으로 나누어 파미르고원의 연운보를 향해 곧장 진격했다.

높은 언덕 위에 만들어진 천혜의 요새 연운보에는 토번군 1만 이상이 주둔하고 있었다. 그러나 적군의 주요 차단선을 피해 1만 병력을 온전히 연운보로 옮겨온 고선지는 이제 자신의 용병술을 마음껏 펼칠 수 있었다. 눈발이 날리는 산지와 살얼음이 떠 있는 강들을 건너며 3,000여 리를 행군해 온 당군에게 요새 공략은 차라리 쉬운 임무였을지도 모른다. 고선지 군대는 아침 일찍 파륵천을 순식간에 건너서 연운보 요새를 기어올라 공격하기 시작했다.

갑작스럽게 나타난 당나라 대군의 모습에 기가 질린 토번군은 제대로 저항도 해보지 못하고 무너져버렸다. 불과 4시간 동안의 전투 끝에 고선지가 이끄는 당군은 최소 5,000명 이상의 토번군을 죽이고 포로 1,000명과 군마 1,000필을 사로잡았다. 획득한 군수물자와 병기는 이루 헤아릴 수가 없었다. 그야말로 완벽한 대승이었다.

고선지가 연운보를 장악하면서 토번이 서북쪽으로 진출해 서역 왕국들과 제휴할 수 있는 길이 차단되었다. 730년대 중반부터 10년이 넘는 기간 동안 매번 당나라를 괴롭히며 서역의 주도권을 쥐고 있던 토번의 우위가 한순간에 무너져내린 순간이었다.

2장

슈퍼스타의 탄생
그리고 몰락

힌두쿠시를 넘어서 만들어낸 신화

연운보에서 대승을 거둔 고선지가 곧장 소발률국의 수도를 향해 진격할 것을 공언하자 주변 사람들이 만류했다. 특히 조정에서 현종이 파견한 술사(術士) 한리빙과 환관 변령성(邊令誠)도 두려워서 가려 하지 않았다. 두 사람은 고구려 출신 장수인 고선지를 감시하고 통제하기 위해 중앙에서 보낸 사람들이었다. 지난 100일 동안의 고단한 행군과 연운보에서 치른 살벌한 전투에 이미 기가 질린 이들은 기존의 행군로보다 더 험준한 파미르고원과 힌두쿠시산맥을 넘어 적국 깊숙이 들어간다는 계획을 듣고 넌더리를 냈다.

고선지 장군은 험준한 힌두쿠시산맥을 넘어서 소발률국으로 진격했다.

　고선지는 굳이 감시자들까지 끌고 다닐 필요가 없었다. 그는 한리빙과 변령성, 그리고 행군과 전투로 다치거나 쇠약해진 병력 3,000명을 연운보에 남겨두었다. 고선지는 나머지 7,000여 군사를 이끌고 토번의 주요 동맹국이자 실크로드의 핵심 지역인 소발률국을 향해 진군했다. 이때 고선지는 또다시 적국인 토번과 소발률국의 예상을 뛰어넘는 선택을 했다. 바로 힌두쿠시산맥에 위치한 탄구령을 넘어가기로 한 것이다.
　이곳은 항상 얼음으로 덮여 있는 데다 종종 눈보라가 몰아치고 산소가 희박한 고지대였다. 3일 동안 행군하여 해발 4,575미터의 깎아지른 듯한 절벽을 거우거우 올라갔으나 눈앞에는 여전히 눈 덮인 가파른 하행 길이 40리(약 16킬로미터)나 펼쳐져 있었다. 앞선 병사와 말들이 하나둘씩 발을 헛딛고 천 길 낭떠러지 아래로 떨어지는 장면을 목격한 병사들은 가슴이 덜컥 내려앉았다.

병사들　장군께서는 우리를 어디로 데려가시려는 겁니까. 더 이상 못 내려갑니다. 여기서 돌아가야 합니다!

태어나서 한 번도 구경해본 적이 없는 눈 덮인 절벽을 기어올라야 하니, 장병들의 원성이 높은 것도 무리가 아니었다. 게다가 이렇게 고생고생해서 소발률국에 도착한다고 해도 과연 토번과 연합한 그들이 순순히 항복할지 여부도 알 수 없는 노릇이었다. 군율을 엄중하게 적용해도 통제가 되지 않던 그때, 갑자기 눈앞에 전혀 예상치 못한 사람들이 나타났다. 그들은 소발률국의 주민이었다.

소발률국 주민　우리는 수도 아노월성에서 왔습니다. 우리 주민 모두는 장군이 어서 오시기만을 손꼽아 기다렸습니다. 저희가 일부러 멀리까지 마중을 나온 것입니다.

고선지　그런가. 혹시 토번군이 오지 않았는가?

소발률국 주민　토번과 우리를 잇는 유일한 길인 사이하강(길기트강이라고도 함.)의 등나무 다리는 저희가 끊은 지 오래입니다. 저항 같은 건 없을 것이니 염려하지 않으셔도 됩니다.

이것은 일종의 연극이었다. 탄구령을 오르는 과정에서 수많은 병사의 원성과 불만을 목격한 고선지는 심복 20명을 몰래 본대보다 앞서 보낸 뒤 소발률국 사람처럼 위장하고 나타나게 했던 것이다. 고선지와 측근들이 기뻐하는 척하면서 진군 명령을 내리자 병사들은 고개를 갸웃하면서도 일단 눈 덮인 내리막길로 발걸음을 내딛기 시작했다. 그렇게 다시 사흘 동안 탄구령 계곡을 따라 내려가자 인더스강이 굽이치며 흐르는 장관이 펼쳐졌다. 그리고 곧 군대는 소발률국의 수도 아노월성에 다다랐다.

당시 소발률국은 이웃한 토번과 혼인 동맹을 맺고 당에 저항하고 있었다. 고선지는 먼저 왕궁에 사람을 보내 항복을 권했지만, 왕과 왕비, 여러 수령들은 토번의 구원군이 곧 올 것으로 믿고 산속 깊숙이 숨어버렸다. 소발률국은 험준한 산지와 강으로 둘러싸여 있었는데, 인접국인 토번과의 사이에는 인더스강의 원류인 길기트강이 흐르고 있었다. 강의 양옆 절벽은 화살을 쏘면 닿을 정도 거리였는데, 그곳에 등나무 덩굴로 만든 다리가 하나 있었다. 토번이 보낸 구원군이 유일한 통로인 그 다리를 향해 달려오고 있었다.

고선지는 토번 세력과 친한 수령 5~6명을 붙잡아 목을 벤 다음, 부하들에게 토번과 연결된 유일한 통로인 등나무 다리를 재빨리 끊어버리라고 명령했다. 당군과 토번군이 남북에서 서로 이 다리를 향해 달리는 상황이 벌어졌다. 다리 맞은편에 막 도착한 토번군은 등나무 다리의 한쪽 끝이 절벽 아래로 떨어지는 광경을 목격했다. 고선지의 당군이 한발 빨랐던 것이다.

고선지가 이끄는 당나라 군대가 다리를 끊은 순간 전쟁의 승패는 결정되었다. 다리를 다시 만드는 데는 1년이 걸리고, 이는 곧 토번과 서역 국가들을 잇는 통로가 최소 1년간 완전히 차단된다는 의미였다. 교량을 끊은 고선지는 이제 산속에 숨어 있는 소발률국의 왕과 왕비를 느긋하게 기다렸다. 동맹국 토번의 구원이라는 마지막 희망이 무너진 이들은 순순히 투항할 수밖에 없었다.

고선지의 서역 원정이 크게 성공함에 따라 이전에 당나라에 등을 돌렸던 서역 20여 개국뿐만 아니라, 서방의 72개국이 당나라를 두려워하여 조공을 바치게 되었다. 그동안 여러 차례 서역 원정길에 나섰지만, 이처럼 휘하 병력이 큰 피해를 입지 않은 적이 별로 없었다. 그야말로 토번을 단숨에 제압하고 영향력을 확보한 것은 전례가 없는 일이었다. 고선지는 소발률국에 군사 3,000명을 남겨두고, 왕과 왕비를 사로잡아 당당하게 귀환길에 올랐다.

출신의 한계와 조급한 출세욕

고선지가 군대를 이끌고 귀환하여 안서도호부에 도착했을 때, 놀랍게도 승전군을 맞이해야 할 사람들이 전혀 보이지 않았다. 원정 결과를 보고하기 위해 사령부로 가던 고선지는 주변 사람들의 표정에서 무거운 분위기를 감지했다. 그리고 상관인 부몽영찰의 집무실 문을 열고 들어선 고선지에게 날아든 것은 거친 욕설과 고함, 삿대질이었다.

부몽영찰 야, 이 개 창자를 먹을 고구려 놈아! 이 개똥을 핥아먹을 고구려 놈아! 너한테 우전사 자리를 주도록 황제께 아뢴 사람이 누구더냐.

고선지는 상관의 무지막지한 욕설을 듣고 깜짝 놀랐지만, 금세 이유를 알아채고는 공손하게 "중승(부몽영찰)이십니다"라고 대답했다. 그러나 부몽영찰의 화는 가라앉지 않았다.

부몽영찰 누가 너한테 안서부도호사 자리를 얻게 해주었느냐?
고선지 중승이십니다.
부몽영찰 누가 안서도지병마사라는 높은 자리를 얻게 해주었느냐?
고선지 중승이십니다.
부몽영찰 그래, 너같이 천한 고구려 놈이 그 직책을 전부 얻을 수 있게 된 건 바로 내 추천 때문이 아니냐. 그런데 네가 어떻게 내 처분도 기다리지 않고 곧바로 조정에 승전 보고를 올린단 말이냐. 이 배은망덕한 놈아, 너 같은 놈은 바로 목을 쳐야 한다!

이렇게 쉴 새 없이 욕설을 퍼부은 부몽영찰은 승전보를 작성한 유선(劉單)을 향해서도, "네놈이 승첩의 글을 그렇게 잘 짓는다고 들었다!"라며 빈정거렸다. 고선지의 옆에 서 있던 유선 역시 고개를 숙이며 죄를 청할 수밖에 없었다.

고선지는 원칙적으로 직속상관인 부몽영찰에게 가장 먼저 전황과 승전 내용을 보고해야 했다. 그럼에도 상관을 거치지 않고 곧바로 조정에 승전 보고를 했던 것은 아마도 포상과 승진에 대한 욕구가 작용했을 것이다. 고구려 출신인 자신의 공적을 다른 상급자에게 뺏기지 않을까 하는 두려움도 있었을 터다.

부몽영찰은 과거에 고선지와 동일한 임무를 띠고 서역 원정에 나섰다가 크게 실패하고 돌아온 적이 있었다. 그런데 이번에는 조정에서 안서도호부의 총책임자인 자신을 배제하고 부하인 고선지에게 서역 원정군의 통솔권을 내어준 탓에, 자신은 멀찌감치 구경만 해야 했다. 이런 상황에서 고선지가 보고 절차마저 무시했으니 부몽영찰로서는 상당히 민감하게 받아들일 수밖에 없었을 것이다.

무엇보다도 부몽영찰은 고선지가 세운 엄청난 공적에 대해 경계하는 마음이 강했던 것 같다. 그가 예전에 고선지를 신임하고 여기저기 추천했을 당시에는 자신의 지위를 넘볼 만큼 빠르게 치고 올라올 거라고 예상치 못했던 것이다. 전쟁에 이기고 돌아온 고선지에게 내뱉은 신경질적이고 가학적인 언사에는 이러한 복잡한 심사가 얽혀 있었다.

고선지가 부몽영찰에게 월권을 이유로 신한 문책을 당하던 그때, 원정을 따라다니며 고선지의 감시자 역할을 했던 환관 변령성이 이 상황을 지켜보다가 현종에게 은밀히 서신을 보내 이렇게 전했다.

변령성 부몽영찰이 작은 핑계를 들어 고선지를 공연히 몰아세웠습니다. 고선지는 특별한 공로를 세우고도 이제 자기 목숨을 걱정해야만 하는 상황이 됐습니다. 전공을 세운 충신을 이렇게 대우한다면, 훗날 누가 조정을 위해서 애쓰려고 하겠습니까?

변령성이 어떤 의도로 고선지를 두둔했는지는 알 수 없지만, 원정 과정에서 고선지의 능력을 눈여겨봤던 것만은 틀림없다. 이러한 보고를 들은 현종은 곧바로 특단의 조치를 내렸다.

현종 고선지에게 부몽영찰의 안서사진절도사(安西四鎭節度使) 지위를 대신하게 하라!

현종은 고선지가 원정에서 돌아온 지 석 달 뒤인 747년 12월, 부몽영찰이 맡고 있던 안서사진절도사로 임명했다. 자리에서 물러나게 된 부몽영찰은 수도 장안으로 소환되고 말았다. 또한 현종은 고선지에게 홍려경과 어사중승이라는 자리를 주어서 중국과 서역을 오가는 사신을 관장하는 임무까지 맡기는 한편, 장안에 저택 두 채도 하사했다. 서역 원정에 모든 걸 걸었던 고선지는 결국 원하던 것을 모두 손에 넣었다. 그는 총 2만 4000명의 강군을 거느리고 서역 여러 왕조에 대한 정책을 총괄하는 안서도호부의 최고 책임자 지위에 오른 것이다.

이처럼 이민족 출신으로서 성공 신화를 써내려간 고선지였지만, 황제의 총애가 깊어지고 관직이 높아질수록 그를 바라보는 주변 사람들의 시선이 곱지만은 않았다. 특히 고구려 출신이라는 이력은 그가 말단 장수로 활동하던 시절부터 차별과 냉대를 받는 주된 요인이었다. 한족 출신뿐만 아니라 다른 이민족 출신 장수도 고선지를 시기하고 질투했다. 특히 안서도호부에는 고선지가 하급 무장일 때부터 그를 얕잡아 보거나 무시했던 관리가 많았다.

고선지는 안서의 최고위직인 절도사 자리에 오른 직후 자신을 뒤에서 헐뜯거나 모함했던 자들을 불러와 꿇어앉혔다. 그러고는 "네놈은 생긴 건 남자다운데 어째 마음속은 꼭 아낙네와 같은가!"라고 욕을 보이는 한편 "야, 이 오랑캐 놈아, 내가 성 동쪽의 넓은 토지를 너에게 빼앗긴 적 있는데 생각나느냐!"라며 야단을 쳤다.

그러나 결국에는 그들을 용서하고 본래 직무를 그대로 담당하게 했다. 이는 고선지가 감정에 얽매이지 않고 공사(公私)를 구분한 것처럼 볼 수도 있지만, 다른 한편으로는 조직 내 유능하고 영향력 있는 자들을 배제할 수 없었던 현실적인 이유도 있었다. 고구려 출신인 그를 경계하고 시기하는 사람들이 주변에 널렸는데, 이들을 모두 내쫓는다면 휘하의 군대를 효율적으로 지휘할 수 없었을 것이다.

기록에 따르면, 고선지는 주변에서 재물을 요구하면 내주지 않은 적이 없었다고 한다. 언뜻 보면 그가 재물이나 금전에 초연하고 그저 사람 사귀기를 좋아한 성격이라고 생각할 수도 있다. 하지만 고선지는 원정한 도시를 약탈하고 전리품을 챙기는 데 집착하는 탐욕스러운 모습도 함께 보인다. 이러한 이중적인 모습은 아마도 당에서 관인으로 활동했던 고선지 나름의 처세 방식이 아니었을까 생각되기도 한다. 당시 고선지 같은 변방 이민족 출신 장수는 단지 유능하다는 것만으로는 인정받고 승진하기가 쉽지 않았다. 영향력 있는 사람들에게 인정받고 거둔 성과를 윗선에 알리기 위해서는 주변 사람들을 자기편으로 만들어야 했다.

이 때문에 고선지는 이미 안서도호부의 하급 장수였던 시절부터 자신을 싫어하거나 직무에 비협조적인 한족 관료들에게 재물을 바치곤

했다. 심지어 고선지에게 집요하게 재물을 요구하는 사람들도 있었다. 환관 변령성은 자신이 조정에 올린 서신 덕분에 고선지가 절도사로 승진한 것을 목도하게 되자 계속해서 금품을 요구했다. 변령성의 무리한 금품 요구는 고선지와의 관계가 틀어지는 한 원인이 되었다.

그렇게 돈으로 환심을 얻은 관리들과 함께 시끄럽게 웃고 떠들면서도 고선지는 어딘가 마음 한구석이 허전했을 것이다. 뒤돌아서면 자신을 비웃고 무시하기 일쑤인 사람들 사이에서 진정으로 믿고 마음을 나눌 만한 사람이 별로 없었기 때문이다. 그런 가운데서도 고선지를 중심으로 섬긴 심복이 하나 있었다. 바로 봉상청(封常淸)이라는 인물이다. 한족인 봉상청은 영특한 기질을 갖췄으나, 집안이 가난하고 외모가 볼품없어서 서른이 넘도록 벼슬자리를 얻지 못했다. 고선지와 봉상청이 어떻게 알게 되었는지는 분명치 않으나, 고선지가 하급 관리였을 때부터 봉상청이 여러 차례 편지를 써서 시중드는 겸종이 되기를 청했다.

봉상청은 뻐쩍 여윈 몸에 눈은 사시였고, 한쪽 다리가 짧아 절뚝거리며 다녔다. 고선지는 처음에 그의 몰골에 실망해 받아들이려 하지 않았다. 그럼에도 불구하고 봉상청은 계속 편지를 쓰고 찾아다니며 받아 줄 것을 주청했다.

고선지 나는 겸종이 이미 충분하다. 어찌하여 귀찮게 자꾸 찾아오는가?
봉상청 저는 장군 밑에서 일하기 위해 다른 사람의 소개도 없이 여길 혼자 찾아왔습니다. 어찌 이다지 심하게 박대하십니까. 혹시 제 외모 때문입니까. 사람을 두루 넓게 취하셔야지, 생김새로 차별하신다면 정작 뛰어난 사람을 잃게 되지 않겠습니까.

봉상청은 이렇게 대꾸하며 고선지의 마음을 얻기 위해 집 문 앞에서 수십 일 동안 떠나지 않았다. 이에 고선지는 마지못해 수하로 거두었다. 어딘가 어수룩하고 주변 냉대에 익숙해 있던 이 한족 출신의 책사가 하필 이민족 출신의 용장인 고선지를 눈여겨보고 그에게 자기 운명을 걸었던 장면은 참으로 드라마틱한 면이 있다. 비록 서로 출신은 다르지만, 이런저런 이유로 사회적 차별을 받던 두 사람이 뭉치게 된 사연은 이러했다.

봉상청의 진면목이 드러나기까지는 그리 오래 걸리지 않았다. 고선지가 부몽영찰의 명령을 받아 달해 부족의 반란을 평정하러 나섰을 당시, 상부에 보고서를 올릴 일이 생겼다. 이때 봉상청은 군대의 주둔지와 물이 있는 곳, 적의 형세, 이길 수 있는 계책 등을 보고서로 상세히 작성해서 올렸는데, 내용이 아주 치밀했을 뿐만 아니라 고선지가 생각했던 내용을 완벽하게 담고 있었다.

비서나 부하 직원이 상급자의 의도와 속내를 모두 파악하고서 그에 맞게 대응하는 건 결코 쉬운 일이 아니다. 그 재주에 크게 놀란 고선지는 봉상청을 매우 총애하게 되었다. 훗날 고선지가 안서절도사로 승진한 뒤에 수도 장안으로 보고하러 갈 때마다 안서도호부의 최고 책임자로 봉상청을 대신 내세웠을 정도였다. 훗날 이 두 사람은 비극적인 최후의 순간도 함께하게 된다.

과욕이 불러온 참사

고선지는 절도사로 임명된 후에도 수년간에 걸쳐 서쪽의 이슬람 제국의 진출을 막고, 토번이 파미르고원 일대를 장악하려는 의도를 좌절시키는 데 주력했다. 750년에는 대대적인 2차 서역 원정에 출정했다. 이때 목표가 된 지역은 파미르고원 서쪽에 있는 돌기시와 석국(지금의 우즈베키스탄 타슈켄트에 있던 나라)이었다.

2차 서역 원정의 배경은 이슬람 세력의 동아시아 진출에 있었다. 고선지가 아직 1차 원정을 나서기 전에 이슬람 군대가 중앙아시아로 쳐들어와 여러 국가를 압박했던 적이 있었다. 이때 궁지에 몰린 왕들이 당나라에 군사 지원을 요청했는데, 그때 당나라는 파미르고원 인근의 토번 세력을 틀어막기에도 급급한 상황이어서 이를 방관할 수밖에 없었다. 결국 파미르고원 서쪽의 석국과 돌기시 같은 국가들은 당과 관계를 단절하고 이슬람 세력과 가까워졌다.

747년에 연운보의 토번을 누르고 소발률국을 복속한 얼마 뒤, 고선지는 이슬람 세력에 복속한 석국과 돌기시 등을 정벌해서 당의 세력을 확장할 것을 조정에 건의했다. 고선지의 자신감에 매료된 현종은 고선지의 2차 출정을 허락했다.

고선지의 석국 정벌은 750년 12월부터 이듬해 1월까지 약 2개월간 이어졌다. 힌두쿠시산맥을 넘어 남쪽으로 진격했던 1차 정벌 때와는 달리, 이번에는 천산산맥을 넘어 지금의 타슈켄트 지역을 향해 빠르게 이동했다. 당나라 군대가 몰려온다는 소식이 전해지자, 궁지에 몰린 석국의 왕 거비시(車鼻施)는 일찌감치 전투를 포기하고 고선지에게 항복을 받아달라고 청했다. 이때 고선지가 항복을 순순히 받아들이고 정권을 유지해주는 선에서 그쳤다면 훗날 별탈이 없었을 수도 있다.

그러나 고선지는 석국을 거침없이 짓밟고, 저항 없이 항복한 거비시를 체포해 당으로 끌고 갔다. 또한 군대를 풀어 석국의 왕궁과 수도 일대를 무자비하게 약탈했다. 기록에 따르면, 이때 슬슬(瑟瑟, 청금석)이라는 희귀한 보석 10여 가마, 낙타 5~6마리에 가득 실릴 정도의 황금, 좋은 말 등 왕궁의 귀중품들을 약탈했다고 한다. 그리고 쓸모 없는 노약자들을 살해하고, 젊은이들은 노예로 삼아 끌고 갔다. 중국 기록에서조차 이러한 고선지를 두고 '성품이 탐욕스러웠다'고 평가할 정도였다.

그는 이렇게 탈취한 재물을 주변 사람들에게 아낌없이 뿌렸다. 재물로 출세에 유리한 환경을 만들어가는 그 나름의 방식이었을 것이다. 그러나 재물이 끝도 없이 생성되는 건 아니므로 결국 전쟁을 치르면서 강탈할 수밖에 없었다. 석국에서의 파렴치한 약탈은 아마도 이런 배경에서 빚어졌을 것이다. 한편으로는 상대국의 항복보다 화려한 공적을 원했는지도 모른다. 당을 배반한 나라를 정복해 왕을 사로잡고 많은 포로와 보물들을 챙겨 황제 앞에 서는 그림을 만들고 싶었던 것은 아닐까.

어쨌든 고선지는 750년까지 이어진 두 차례 원정을 대대적인 승전으로 이끌었다. 당이 서역의 여러 나라와 실크로드 인근의 여러 세력을 장악함에 따라 당과 이슬람 세력 사이에서 저울질하던 중앙아시아 국가 대부분이 당에 조공을 바치게 되었다. 이들이 보낸 사신단 행렬은 고선지가 있는 안서도호부에서 가장 먼저 단속하고 정리했다. 고선지는 사

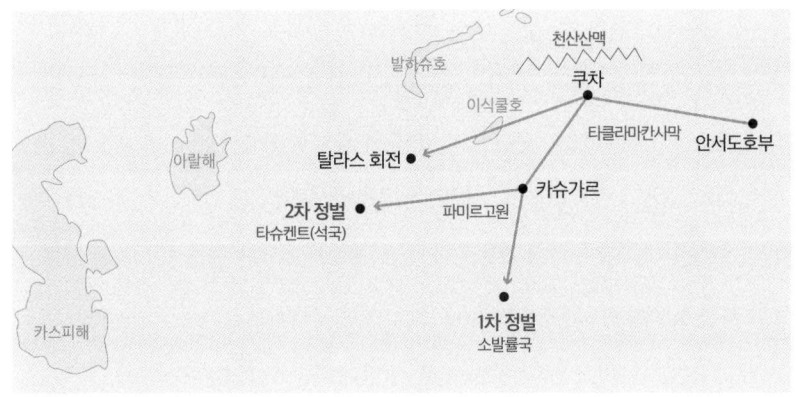

고선지 장군 원정도

실상 중앙아시아 지역의 총독이나 다름없었으며 이 시기 당의 실크로드 교역은 최전성기를 맞았다. 수도 장안은 더욱 번성했고, 현종과 양귀비의 사치스러운 생활은 절정에 달했다.

그러나 화려한 공적의 이면에 감춰진 악행이 서서히 드러나기 시작했다. 고선지가 대외 원정 과정에서 저지른 만행들은 조용히 잊히지 않았다. 우선 고선지가 장안으로 석국 왕 거비시를 압송해 오자, 현종은 곧바로 거비시를 처형했다. 고선지의 잇따른 활약에 고무된 당 제국의 오만이 작용한 결과였다. 항복한 국왕을 끌고 가서 죽였다는 소문은 곧바로 서역의 여러 나라에 알려졌다. 석국 주민들의 분노는 말할 나위도 없었으며, 이웃한 여러 나라도 반발하기 시작했다.

특히 고선지가 석국을 정복했을 때, 도망쳐 나온 석국 왕자는 서역 여러 나라를 돌아다니면서 고선지가 항복한 나라를 기만하고 약탈하는 폭거를 저질렀다고 토로했다. 이렇게 석국 왕자가 반당(反唐) 세력을 결성하며 최종적으로 도달한 곳은 중앙아시아의 패권에 관심이 많았던 아바스 왕조였다. 이슬람 세력이 서아시아에 세운 아바스 왕조는 당 세력을 축출하자는 요청에 호응해 지야드 이븐 살리흐 장군에게 군사 3만 명을 주어 출정시켰다. 고선지가 석국에서 자행한 파렴치한 행위에 불만을 품었던 중앙아시아 여러 나라가 여기에 합세하면서 반당 연합군의 규모는 눈덩이처럼 불어났다.

이 소식을 들은 고선지는 급히 한족 병사 1만과 천산 방면에 거주하던 유목 부족인 갈라록(葛邏祿, 카를루크)의 군사 2만 등을 규합해 대략 3만 명 이상을 이끌고 나섰다. 기록에 따라서는 고선지 군대의 총병력을 7만이라고 한 것도 있다. 어느 쪽이 맞든 간에 지난 두 차례 원정 때 1~2만 수준의 원정군과 비교하면 꽤나 대규모였음을 짐작할 수 있다.

이렇게 해서 751년 음력 7월, 동서의 양대 세력이 맞붙게 되었다. 그 유명한 '탈라스 회전(會戰)'이 벌어진 것이다. 이 전쟁은 당나라와 이슬람 세력이 격돌한 최초의 전투였으며, 실크로드와 중앙아시아의 패권을 두고 양측이 모든 것을 건 한판이었다.

전투는 지금의 카자흐스탄 남쪽에 있는 도시인 타라즈 부근 아틀라흐에서 벌어졌다. 전투는 닷새 동안 계속되었는데, 양측이 치열하게 대치하여 한치 앞을 내다볼 수 없을 즈음, 같은 편이었던 갈라록이 난데없이 반란을 일으켰다. 무려 2만이나 되는 갈라록 군대가 아군의 후방을 치자, 고선지의 본대는 순식간에 전열이 흐트러졌다. 여기에 지야드 이븐 살리흐가 이끄는 반당 연합군이 협공하자 승부의 추가 반당 연합군 쪽으로 기울고 말았다.

다시 전열을 갖춘 당군이 며칠 동안 끈질기게 버티면서 반당 연합군에 큰 피해를 안겼으나, 전세는 점점 더 불리해졌다. 이에 고선지는 닷새째 되는 날 새벽에 남은 군대를 이끌고 몰래 철수하기 시작했다. 그러나 돌아가는 길 또한 험난했다. 좁은 산길을 지나가야 했는데, 앞서 철군했던 다른 부족의 군대와 말, 낙타 등과 뒤엉키고 말았다. 결국 퇴각하던 당군은 흩어진 채 아랍군에 붙잡히거나 죽음을 당했다. 고선지도 겨우 목숨만 건진 채 빠져나온 대참패였다.

고선지가 이 전쟁에서 펼친 작전에 대해 여러 논평이 있지만, 일단 3만 이상의 대병력을 이끌고 상당히 멀리까지 진격했다는 점을 지적하지 않을 수 없다. 그는 이전의 1, 2차 원정에서 그랬던 것처럼 적의 진영 깊숙이 파고들어가 중심부를 타격하는 방식을 고집했다. 이런 식의 빠른 기습 전법은 적의 힘이 온전히 결집되기 전에는 도움이 될 수 있지만, 적군이 상당한 세력을 모은 뒤에는 큰 효과를 기대하기 어려웠다. 게다가 주변국들의 당에 대한 충성심에 균열이 생긴 상황이라면, 사태는 걷잡을 수 없이 악화될 수 있었다.

특히 고선지가 과거에 석국 원정 과정에서 무리한 정벌과 약탈 행위를 했던 것이 문제였다. 이에 대한 소문이 퍼지면서 석국 주변의 여러 나라가 당에 등을 돌리게 되었는데, 원래 당에 수십 년간 충성한 갈라록의 군대가 전투 도중 이슬람 쪽으로 돌아선 것 역시 계획된 반란이었을 가능성이 높다. 결국 고선지의 성공에 대한 조급함과 과도한 욕심이 실패를 불러왔다. 뛰어난 군사적 능력으로도 스스로의 인간적인 한계를 온전히 덮지는 못했던 것이다.

탈라스 전투 이후 한족 왕조는 다시는 중앙아시아 지역을 장악하지 못했다. 그 결과 중앙아시아와 실크로드 주변의 여러 세력이 모두 이슬람 세력으로 돌아서면서 그들의 종교·문화 역시 이슬람의 영향을 받았다. 탈라스 전투가 동서 문명 교류사의 일대 사건으로 평가되는 것은 바로 이 때문이다. 물론 고선지가 탈라스에서 지지 않았다면, 서역 일대 많은 나라의 정치·문화는 지금과는 상당히 달랐을 가능성이 높다.

3장

제국의 쇠락과
운명을 함께하다

안녹산의 난

평생의 노력을 통해 쌓아 올린 탑이 무너지는 것도 한순간이다. 752년 12월, 탈라스에서 당으로 돌아온 고선지는 안서사진절도사에서 물러났다. 수만의 군대를 모두 잃은 패장인 만큼 처형하라는 목소리도 있었지만, 현종은 예전 공적을 감안해서 형벌을 내리지 않았으며, 우우임군대장군·어사대부라는 명예직도 그대로 유지하도록 했다. 다만 이것은 실제 부임지와 군대가 없는 형식적인 자리에 불과했다.

그동안 고선지의 밑에서 임무를 착실히 수행해온 봉상청이 새롭게 안서사진절도사로 임명되었다. 아마도 고선지가 그를 추천했을 것이다. 비록 안서도호부가 중앙아시아 지역까지 관장하던 시절은 지났지만, 안서의 절도사라는 막중한 자리에 봉상청이 임명된 것은 고선지와 함께한 동안 입증됐던 출중한 능력과 성실함 때문이었을 것이다. 그러나 거대한 국가 재난과 혼란의 파도 앞에서 봉상청의 이러한 짧은 영광도 큰 비극의 단초로 이어지고 말았다.

755년, 태평성대의 종말을 알리는 큰 변란이 일어났다. 바로 당나라를 기둥뿌리부터 흔들었던 그 유명한 '안녹산(安祿山)의 난'이 일어난 것이다. 안녹산은 페르시아 계통의 소그드인 아버지와 돌궐계 무희인 어머니 사이에서 태어났다. 그는 한어를 비롯한 6개 국어를 할 줄 알았으며, 특히 장사에 뛰어난 수완을 보여서 변방 이민족들과의 중계무역으로 많은 부를 쌓았다.

안녹산은 이렇게 이룬 재산으로 당나라 중앙 고위 관리들에게 많은 뇌물을 뿌리면서 황실에 접근하는 데 성공했다. 몸집이 비대해서 아랫배가 허리 아래까지 처질 정도였던 그는 교활하고 재치가 넘쳐서 남의 비위를 맞추고 아첨하는 데 능숙했다. 어느 날 현종이 "그 거대한 뱃속에는 도대체 무엇이 들었는가?" 하고 묻자, 안녹산은 "오직 폐하에 대한 충심(忠心)만이 가득합니다"라고 대답해서 현종을 기쁘게 했다는 기록도 있다.

안녹산은 딱히 큰 공을 세운 것이 없음에도 뇌물과 세 치 혀만으로 현종의 신임을 받았으며, 심지어 현종이 총애하는 양귀비에게도 아첨하여 양아들이 되었을 정도였다. 어떻게 보면 안녹산도 또 다른 방식으로 당나라에서 출세한 이방인의 사례라고 할 수 있다. 차별과 멸시가 만연한 사회에서 비열하고 기회주의적인 처신을 하며 점점 괴물로 변해가는 그의 모습을 보다 보면, 부조리로 가득했던 당 제국 내에서 이방인의 성공적인 삶이란 무엇이었는지에 대해 여러 가지 상념이 든다.

안녹산은 황제의 총애를 바탕으로 꾸준히 권력을 장악했고, 755년에 반란을 일으키기 직전에는 평로와 범양, 하동 등 무려 3개 지역의 절도사를 겸임하고 있었다. 이때 그가 통솔하는 군대만 해도 당의 절도사들이 지휘했던 총병력의 30퍼센트 이상을 차지하는 엄청난 숫자였다고 한다. 이러한 비상식적인 권력 집중은 현종 말기에 많은 모순과 폐해가 쌓이고 있었음을 보여준다.

안녹산이 반란을 일으켰다는 소식에 당 조정은 발칵 뒤집혔다. 그의 대군을 막을 만한 장수를 추천하라고 했을 때, 가장 먼저 나온 이름은 고선지가 아닌, 안서절도사 봉상청이었다. 아무래도 이민족 출신 장수에게 호되게 데인 현종이 곧바로 고선지에게 손을 내밀기는 좀 꺼렸던 모양이다. 호출을 받은 봉상청은 지체 없이 달려와 낙양 지역에서 대대적으로 병력을 모집했다.

그러나 반란군이 몰려오고 있는 촉박한 상황에서 겁먹은 백성들을 상대로 지원군을 모은다는 건 쉬운 일이 아니었다. 열흘 동안 6만 명을 모았지만 급조한 병력으로, 대부분이 날품 파는 일용직 노동자나 옥에 갇혀 있던 죄수와 부랑민들이었다. 이런 오합지졸을 데리고 직업군인으로 오랫동안 훈련 받은 안녹산의 정예군을 상대하기에는 역부족이었다. 봉상청은 낙양에서 배수진을 치고 결사항전을 하며 안녹산이 보낸 선발 부대를 막아내는 데 성공했으나, 곧이어 쳐들어온 10만 대군에는 크게 패하고 도망칠 수밖에 없었다. 안녹산은 낙양을 점령한 뒤 그곳에서 대연(大燕)이라는 새로운 왕조를 세우고 스스로 황제로 즉위했다.

같은 해 11월, 봉상청의 패전과 낙양 함락 소식을 들은 당 조정은 수도 장안을 지키기 위한 마지막 패를 뽑아 들었다. 고선지를 토적부원수로 임명해서 토벌군을 편성한 것이다. 공식적으로 사령관은 현종의 여섯 번째 아들 이완(李琬)이었으나 실제로 전군을 지휘하는 건 고선지였다. 이때도 장안에는 병력이 별로 없었다. 한 달이나 걸려서 겨우 각지에서 10만 군사를 끌어 모으는 데 성공한 고선지는 근정루에서 현종의 배웅을 받으며 출정했다.

어찌 보면 탈라스에서 패한 뒤 한직을 떠돌던 고선지에게 다시 한번 큰 기회가 주어진 셈이었다. 그러나 나라의 운명이 경각에 달린 상황에서 어렵게 출정하게 된 그에게 반갑지 않은 손님이 한 명 따라붙었다. 현종이 토벌군의 실질적인 총수인 고선지에게 환관 변령성을 보좌로 붙인 것이다. 사실상 고선지의 일거수일투족을 감시하기 위해 붙인 것으로 추정되는데, 하필 고선지에게 잔뜩 불만을 품고 있던 인물과 동반하게 된 것이 화근이었다.

안서도호부 시절 고선지는 언제나 외딴 지역인 서역에서 자신의 뜻대로 군대를 움직였고, 누구의 지시나 감시를 신경 쓴 적이 없었다. 그러나 이번에는 상황이 좀 달랐다. 많은 사람이 고선지의 동향을 주목하고 있었고, 군대의 움직임은 시시각각 조정에 빠르게 보고되었다. 게다가 현종은 한때 총애한 이민족 출신 안녹산에게 당한 배신에 치를 떨고 있었다. 이러한 조정의 정치적 동향과 분위기를 면밀히 계산에 넣기엔 고선지가 성장한 변방이라는 환경이 너무나 달랐던 것인지도 모른다.

고선지는 안녹산의 15만 대군이 점차 몰려오고 있는 상황에서 수도 장안을 방비할 계책을 세우기 시작했다. 그는 먼저 도망친 봉상청에게서 반란군의 전력과 사기가 높다는 보고를 들었다.

> 여러 날 혈전을 치렀지만 적의 예봉을 도저히 감당할 수가 없었습니다. 그리고 현재 동관(潼關)을 지키는 병력이 없는데, 미친 듯한 도적들이 그곳을 돌파하게 되면 수도 장안이 위태롭습니다. 이곳 섬주의 방어를 포기하고 급히 동관을 보호하러 가는 편이 낫겠습니다.

고선지는 보고를 듣고 머물던 섬주을 떠나 전략적 요충지이자 난공불락인 동관으로 물러나기로 결정했다. 그는 동관으로 이동하기 전에 군수물자 보급 창고인 태원창에 들러 갑옷, 무기, 군량을 병사들에게 나눠 주고 창고를 불태웠다. 그 물건들이 반란군의 전리품으로 넘어가선 안 된다고 보았던 것이다. 그리고 동관으로 이동하자마자 무기를 손질하고 방어진지를 구축했다. 곧이어 안녹산이 보낸 기병대가 동관에 들이닥쳤으나 성안에서 만반의 준비를 하고 있던 고선지의 토벌군에게 격퇴당했다.

고선지는 일단 유리한 고지를 선점하여 반란군의 장안 공격을 차단하는 데 성공했다. 그러나 이 과정에서 환관 변령성과 상의하지 않고 독단적으로 일을 결정한 것이 문제가 되었다.

낙양에서 장안으로 들어가는 요지인 동관. 지금의 산시성 퉁관현 동남쪽에 있다.

> 검군 변령성은 매번 고선지의 작전을 간섭했으나, 고선지가 그의 말을 거의 듣지 않았다. - 『신당서』 고선지 열전

위 기록은 당시 고선지와 변령성 두 사람의 사이가 크게 벌어져 있었음을 보여준다. 고선지는 당시 전쟁 상황이 촌각을 다툴 정도로 급박하기도 했지만, 과거에 여러 번 무리한 요구와 간섭을 한 변령성과 군사에 관한 일을 더 이상 논의하고 싶지 않았을 것이다. 이유야 어떻든 변령성은 자신과 상의하지 않고 일을 진행한 고선지에게 더욱 깊은 앙심을 품게 되었다. 그래서 현종에게 이렇게 보고를 올렸다.

봉상청은 낙양에 적병을 들임으로써 우리 군사들의 사기를 떨어뜨렸고, 고선지는 섬주의 땅 수백 리를 포기하여 반란군에게 내줬습니다. 또한 고선지는 (태원창에서) 군사들에게 내려야 할 물품들을 착복했을 뿐만 아니라, 나라가 위급한 이 시기에 한가로이 뱃놀이를 즐기고 있습니다. 이들을 가만두어선 안 됩니다.

누가 봐도 악의적인 보고라는 생각이 들지만, 이러한 얘기를 전해 들은 현종은 이성을 잃을 정도로 크게 화를 냈다. 반란 진압의 명령을 받은 사령관이 국고를 약탈하고 뱃놀이나 하다니, 이미 현종의 마음속에는 더 이상 고선지가 충직한 장수라는 믿음 따위는 존재하지 않았던 것인지도 모른다. 현종은 이전에 봉상청이 세 차례나 사자를 보내 올린 표문을 읽어보지도 않았다. 게다가 변령성의 일방적인 보고만 받아들여 당사자들의 항변을 들어보지 않고 당장 동관으로 가서 고선지와 봉상청 두 사람의 목을 베어 오라고 명령했다.

마지막까지 함께한 사람들

동관 주변으로 순시를 나갔던 고선지는 황제의 사자가 찾는다는 긴급한 전갈을 듣고는 말을 타고 달려왔다. 성안에 도착하니 군사들이 웅성거리고 있었고, 불길한 피비린내가 진동했다. 고선지는 동관의 광장에 모인 군사들 사이를 비집고 들어갔다. 그의 눈에 처음 들어온 것은 어느 볼품없는 사내의 시신 한 구였다. 낡은 거적 위에 있는 것은 목이 잘린 봉상청의 시신이었다. 충격에 휩싸인 고선지의 곁으로 변령성이 묘한 웃음을 지으며 다가와 말했다.

변령성 대부(大夫, 높은 관직에 있는 사람)에게도 은령(恩令, 임금의 명령)이 내려지는 법입니다.

칼잡이 100여 명을 대동한 변령성은 고선지에게 섬주를 포기한 죄와 태원창의 관물을 도적질한 죄로 황제가 사형을 내렸음을 알렸다. 예전에 고선지는 1차 원정 직후 상관을 거치지 않은 채 곧바로 조정에 승전 보고를 올리는 월권행위를 했다가 변령성에게 목숨을 빚진 적이 있었다. 그런데 이번에는 그의 무고(誣告)로 억울한 누명을 쓰고 죽게 되었으니, 이것 역시 운명의 장난이라고 해야 할까. 입을 꾹 다문 채 변령성의 얘기를 듣던 고선지가 이렇게 답했다.

고선지 내가 (섬주에서 동관으로) 후퇴한 것이 죄라면 죄다. 그 때문에 죽는다면 무슨 할 말이 있겠는가. 하지만 나더러 창고의 물건을 도적질했다고 하는 것은 말도 안 되는 모함이다. 위로 하늘이 있고, 아래로 땅이 있으며, 당시 함께했던 군사도 모두 여기 있지 않은가. 그대는 어찌하여 그것을 알지 못하는가!

고선지는 섬주에서 퇴각한 죄는 인정할 수 있으나, 국고를 사사로이

취했다는 모함은 억울하다고 항변했다. 그는 이렇게 말한 뒤, 주변에 서 있던 휘하의 병사들을 둘러보면서 말했다.

고선지 내가 처음 수도에서 그대들을 모았을 때, 내줄 수 있는 물자와 군복이 모두 충분하지 않았다. 그래서 장차 그대들과 함께 적을 물리치고 난 뒤에 높은 관직과 무거운 상을 받게 하고자 했다. 반란군의 기세가 높았기에 군대를 이끌고 동관에 오게 됐는데 그것 또한 이곳을 굳건히 지키기 위함이었지 결코 적으로부터 도망치려 한 것이 아니었다. 만약 그 과정에서 나에게 죄가 있다면, 너희들은 그렇다고 말할 수 있다. 또 너희들이 그렇지 않다고 생각하면, 마땅히 억울하다고 말할 수 있다.

그러자 조용히 고선지의 말을 듣고 있던 병사 한두 명이 앞으로 나서 이렇게 외쳤다.

병사들 억울하다!

한두 명으로부터 시작된 이 소리는 다른 병사들에게 퍼져나가더니 마침내 그곳에 몰려든 수만 명이 "억울하다! 억울하다!"를 큰 소리로 반복해서 외치기 시작했다. 기록에 따르면, 이들이 모여서 외치는 소리가 지축을 흔들고 사방을 진동시킬 정도였다고 한다.

이민족 출신인 고선지가 과거에 수만금을 주어 매수하고 환심을 사고자 했던 관료와 고위 장수들은 정작 그의 구명에 아무런 도움을 주지 않았다. 그런데 그와 더불어 파미르고원의 눈보라를 헤치고, 천 길 낭떠러지 옆의 행군로를 걸으며 힘든 고난을 함께했던 일반 사졸들, 봉상청과 같이 어수룩해 보이지만 자기 자리를 묵묵히 지켰던 하위 무관들만 마지막까지 곁에 남았다. 왜 그동안 헛된 영화만을 좇으며 살았던가. 고선지는 분노한 병졸들에게 둘러싸여 얼음처럼 굳은 변령성의 옆을 지나, 봉상청의 시신을 어루만지며 이렇게 말했다.

고선지 그대가 예전에 나에게 홀로 찾아왔을 때, 내가 직접 그대를 선발하여 판관으로 삼았다. 또한 이후에는 나와 절도사직을 맞교대하기도 했다. 이제 그대와 내가 여기서 함께 죽으니 어찌 운명이 아니겠는가.

고선지는 이렇게 말한 뒤 황제가 내린 죽음을 의연하게 받아들였다. 만약 이때 군사들의 도움을 받아 도망쳤다면 살 수 있었을 것이다. 반군인 안녹산의 휘하로 들어가 인생의 마지막 불꽃을 태울 수도 있었을 것이다. 그러니 그는 대를 이은 군인으로서 경력에 오점을 남기고 싶지 않았나 보다. 억울함을 알아주는 수만 명의 병사들을 바라보며, 결국 훗날 누군가 누명을 벗겨줄 것을 예감했을지도 모르겠다. 그렇게 고선지는 젊은 시절 자신을 찾아온 유일한 동지였던 봉상청의 뒤를 따랐다.

현종은 처형당한 고선지의 뒤를 이어 장군 이승광(李承光)에게 임시로 군대를 맡겼다. 그러나 후임자가 부대를 제대로 장악하지 못한 탓이었을까. 얼마 지나지 않아 안녹산의 군대에 동관이 무너졌고, 수도 장안마저 함락당했다. 현종과 양귀비를 비롯해 조정 관료들은 허둥지둥 장안을

〈명황행촉도明皇幸蜀圖〉는 당나라 때 화가 이소도(李昭道)가 안녹산의 난 때 당 현종이 험준한 산을 넘어 피난가는 광경을 묘사한 그림이다. 맨 앞에서 갈기가 세 개로 꼬인 말을 탄 붉은 옷의 남자가 대오를 이끌고 있다.

빠져나가 멀리 촉주(지금의 쓰촨성 지역)까지 달아나야만 했다.

'나라를 망친 요부'로 찍힌 양귀비는 황제의 피난길을 호종하던 성난 군사들의 강요에 따라 목을 매어 자결하고 말았다. 한편 고선지와 봉상청을 모함해 죽게 만들었던 변령성은 어이없게도 동관이 함락될 때 안녹산의 군대에 항복했다. 한참 뒤에 안녹산의 반란이 진압되면서 다시 정부군에 붙잡힌 변령성은 모함꾼, 배신자 경력이 드러나 끔찍한 죽음을 맞이했다.

고선지는 8세기 중앙아시아의 패권을 두고 여러 나라들이 겨루던 역사 현장의 한가운데에 있었으며, 당 제국과 명운을 함께했다. 당나라에 멸망당한 고구려 유민의 후예가 총사령관에 임명되었다가 억울한 누명을 쓰고 죽음을 맞이하기까지, 그를 둘러싸고 일어난 수많은 사건은 굴곡진 그의 생애와 더불어 참으로 아이러니하면서도 드라마틱한 요소들을 갖추고 있다.

지나친 물욕과 출세욕은 고선지의 큰 오점이었으며, 그것이 결과적으로 당 제국의 서역에 대한 지배, 그리고 '개원의 치(開元之治, 정치와 국방이 안정되고 문화가 발달해 태평 성세를 누리던 현종의 통치 시기를 이르는 말)'라고 하는 제국의 성세를 무너뜨리는 작은 실마리가 되었다. 당 제국과 운명을 함께했던 한 이방인의 당차면서도 안타까운 생애가 이 시기의 복잡다단한 역사상과 인간 군상들을 되짚어보게 하는 것인지도 모른다.

당나라를 발칵 뒤집은 고구려 노비의 독살 미수 사건

고구려가 멸망한 이후 당의 이곳저곳으로 끌려간 고구려 사람은 최소 20만 명이 넘는다. 이 가운데 지위가 높은 사람들은 당에서 또다시 관직을 받고 자신의 이름과 생애를 역사서나 무덤 속의 묘지명 등에 남길 기회가 있었지만, 일반 평민이나 노비로 전락한 사람들의 생애에 대해서는 사실상 거의 알려진 바가 없다. 다만 아주 우연히 당나라 관리와 엮인 사건으로 고구려 출신 평민 여성의 이름이 기록에 남은 사례가 있다. 당나라 문인 장작(張鷟, 658~730년)이 편찬한 『조야첨재朝野僉載』에는 고구려 출신 옥소(玉素)라는 여성에 대한 안타까운 사연이 전해진다.

측천무후 치세 때 곽정일(郭正一)이라는 관리가 있었다. 그는 원래 정주 고성(지금의 허베이성 진현) 사람으로 태종 때 과거에 급제하여 진사(進士)가 되었고, 중서사인(中書舍人)과 홍문관 학사 등의 관직을 지냈다. 668년 고구려 원정 때 종군했고, 평양성이 함락된 이후 논공행상 과정에서 당시 포로로 잡힌 고구려 여인 옥소를 상으로 받게 되었다.

옥소는 굉장히 아름다운 여인이었다고 한다. 곽정일은 그녀를 특별히 아껴서 집안 재물 창고의 열쇠를 맡겼다. 재물 창고를 담당할 정도라면 문자를 어느 정도 읽을 줄 알았던 것으로 추정되는데, 아마도 고구려에서 평민 이상의 신분이었을 가능성이 높다. 곽정일은 옥소에게 밤에 방으로 마실 것과 죽을 가져오게 했다고 전하는데, 아마도 그녀를 자주 범했던 것으로 보인다.

어느 날 밤, 곽정일은 평소처럼 옥소가 가져다준 죽을 먹다가 엄청난 복통과 함께 명치가 답답해짐을 느꼈다. 그는 음식에 독이 든 것을 깨닫고 다급하게 방을 뛰쳐나가 "이 노비 년이 나에게 독약을 먹였다!"라고 외쳤다. 그런 뒤에 급하게 하인들을 불러서 감초(甘草)와 토장(土漿)을 찾아오게 했다. 감초는 한약재이고 토장은 황토를 깊이 파고 물을 부었을 때 위쪽에 고인 맑은 물을 이른다. 감초와 토장은 모두 독성을 없앨 때 쓰는 해독제이다.

곽정일은 해독제를 먹고 정신을 차리자마자 옥소를 찾았지만, 옥소는 이미 사라지고 없었다. 곽정일은 옥소의 도망을 확인하고 '아차' 싶어 재물 창고를 열어 보았는데, 금은으로 만든 귀중품 10여 점도 함께 사라졌음을 발견했다. 이 사실을 즉각 관청에 보고했고, 이 사건은 측천무후의 귀에까지 들어갔다.

이 일은 단순히 집안의 주인과 노비 사이에 벌어진 작은 치정극이 아닌, 고구려 출신 노비가 당나라 관리를 해치려고 한 큰 사건으로 인지되어 세간의 이목을 끌었다. 측천무후는 즉각 칙령을 내려 도망자를 추적하게 했다. 명령을 받은 군사들이 사흘 동안 장안을 샅샅이 뒤졌으나 옥소의 행방은 묘연했다.

당시 치안 책임자였던 위창(魏昶)이 옥소의 행방을 쫓다가 옥소 혼자 모든 일을 꾸몄다고 보기는 어렵다고 판단했다. 친척도 연고도 없는 고구려 출신 노비가 혼자서 독약을 구하고 숨을 곳을 마련한다는 것이 거의 불가능에 가까운 일이었기 때문이다. 그는 곽정일 집안의 누군가가 옥소의 계획을 적극 도왔을 것이라고 생각하고, 먼저 옥소와 어울렸을 만한 노비 3명을 심문했지만 노비 모두 옥소와 관련해서는 아무것도 모른다고 대답했다. 그러자 위창은 곽정일의 집을 지키는 무사 네 사람을 문초했다. 그때 무사들 중 한 명이 나서더니 이렇게 말했다.

얼마 전에 고구려 유민 출신 남자가 찾아왔는데, 이 사람이 종이쪽지를 촉마노(말을 부리는 사람)에게 전해달라고 부탁한 적이 있었습니다.

위창은 옥소와 같은 고구려인이 며칠 전 찾아왔던 것이 이 사건과 관계가 있을 것이라 직감했다. 그는 당장 집을 뒤져서 그 편지를 찾아오게 했고, 편지에는 한 줄만 짧게 적혀 있었다.

장안 금성방(金城坊) 지역. 빈집 한 채.

위창은 이것이 옥소에게 전달되었다고 보고, 당장 군사들을 풀어서 금성방 지역의 빈집을 모두 수색하게 했다. 빈집을 뒤지던 병사들은 한 집의 문에 자물쇠가 꼼꼼히 채워져 있는 것을 발견했다. 곧바로 자물쇠를 부수고 문을 열어 보니 옥소가 고구려 남성과 함께 벌벌 떨고 있었다. 병사들이 이들을 붙잡아 위창에게 끌고 갔고, 그는 이 두 남녀와 쪽지를 전해준 촉마노까지 잡아 모진 고문을 가했다. 결국 셋은 죄를 모두 자복했다.

우연히 옥소를 알게 된 고구려 출신 남성은 촉마노와 공모해 옥소를 다른 곳에 숨기기로 했다. 아마도 두 남녀는 장안의 빈집에 몰래 숨었다가 사건이 잠잠해지면 다른 곳으로 도주할 계획이었던 것 같다. 결국 장안을 발칵 뒤집어놓은 이 사건은 비극으로 끝나고 말았다. 측천무후는 보고를 받고 곧바로 칙령을 내려 세 남녀를 참수하도록 했다.

옥소 이야기는 당으로 끌려간 고구려인들 가운데 일반 백성이자 여성으로서 이름을 남긴 거의 유일한 사례라고 할 수 있다. 상당히 안타까운 사연을 품고 죽었음에도 불구하고 그녀와 관련된 사건에 대한 궁금증은 여전히 남는다. 이 사건을 기록한 『조야첨재』에는 고구려 남성이 옥소와 어떻게 알게 되었는지, 옥소가 왜 주인인 곽정일을 독살하려고 했는지, 축마노는 왜 목숨을 걸고 옥소의 도주를 도왔는지에 대한 기록은 전혀 없다. 아마도 이 사건을 기록한 당나라 사람의 입장에서는 구구절절한 사연은 그다지 중요하지 않았나 보다. 결국 사건의 자세한 내막이라든가 옥소의 입에서 나왔을 법한 사연은 이 글을 읽는 사람들 각자의 상상에 맡겨본다.

6부

발해 왕실의 형제 싸움, 동아시아 대전으로 번지다

●

　가끔 유튜브나 대중 역사서를 보면, 발해가 당나라 등주(지금의 산동반도 일대)를 공격한 일을 '한국 역사상 최초로 중국 본토를 공격한 사건'이라고 강조하는 경우가 있다. 발해가 대국인 당을 선제공격했던 사건이 우리 민족의 용맹한 기상을 강조하는, 이른바 '국뽕'을 좋아하는 사람들의 입맛에 맞추어 각색되고 있는 것이다. 게다가 이 사건은 중국이 동북공정을 통해 발해사를 중국사로 바라보려고 하는 시점에서 이를 부정하는 하나의 상징으로 여겨지기도 한다.

　하지만 당시 발해와 당나라 사이의 외교 마찰이 전쟁으로 번지는 과정에는 각국이 처한 내부의 정치 문제나 발해 왕족의 불행한 가족사 등이 복합적으로 얽혀 있었다는 점을 간과해서는 안 된다. 특히 당이 발해의 내부 사정을 긴밀하게 파악한 뒤 그 약점을 이용해 자국의 이익을 최대화하고, 이것이 발해 측의 반발을 불러왔던 점들은 현대의 외교전에서도 결코 낯설지 않은 모습이다.

　그렇다면 발해 무왕(武王)이 세계 최강 대국이었던 당에 도전하게 된 진짜 이유는 무엇일까? 이에 답하기 위해서는 호전적이고 영웅적 투쟁의 역사를 선호하는 항간의 시각에서 벗어나, 8세기 동아시아 지역에 있었던 여러 세력 간의 역학관계와 더불어 발해 내부의 정치 상황, 무왕 형제의 불화 원인 등을 고려해야 한다. '통쾌함'을 잠시 내려놓고 실리와 명분, 힘의 논리로 움직이는 현대의 국제 관계를 염두에 두며 이 사건의 본질을 다시 한번 파헤쳐보자.

1장

터져버린
형제 간의 불화

발해의 극적인 건국과 불행의 씨앗

먼저 발해의 건국 과정을 간략하게나마 살펴보자. 668년에 고구려를 멸망시킨 당나라는 고구려 땅에 안동도호부를 세운 뒤, 많은 고구려 유민과 고구려의 영향력 아래 있었던 말갈인을 당나라 이곳저곳으로 강제 이주시켰다. 발해의 건국자인 대조영은 말갈인 다수와 함께 요서의 영주(營州) 지역으로 끌려갔는데, 영주는 지금의 랴오닝성 차오양(朝阳) 일대이다.

영주에 끌려온 유민들은 오랜 전란과 강제 이주로 몹시 피폐한 상태였다. 게다가 이들을 경계하는 영주자사의 폭정과 집요한 감시도 이어졌다. 그러나 세월이 흘러 새로운 정착지에 적응하면서 기력을 회복한 유민들은 점차 자체의 조직과 결속력을 갖추었다. 그리고 거의 30년 동안 당나라의 감시 아래서 조용히 웅크리고 있던 그들에게 드디어 결정적인 기회가 찾아왔다.

당시 영주와 그 북부 일대에 살던 거란 역시 당에 복속되어 영주자사 조문홰(趙文翽)의 관할 아래 있었다. 그런데 696년 5월, 거란 부족장 이진충(李盡忠)이 조문홰의 폭정과 착취에 맞서 반란을 일으켰다. 그는 일단 영주를 쳐서 조문홰를 잡아 죽인 뒤 이웃한 돌궐의 후원을 받아 다른 지역들을 위협하기 시작했다. 이진충의 난으로 영주 지역은 일시적으로 당의 통제권에서 벗어났는데, 이때 대조영의 아버지인 걸걸중상(乞乞仲象)이 말갈 추장인 걸사비우와 합세해 고구려·말갈 주민들을 규합했다. 그리고 고향인 옛 고구려 지역을 향한 긴 여정을 시작했다. 30여 년을 기다려온 귀환의 첫발을 뗀 것이다.

그러나 당나라가 이탈자들을 가만히 내버려둘 리 없었다. 697년 6월 반란을 최종 진압한 당은 걸걸중상과 걸사비우가 이끄는 주민 집단이 동쪽의 심양으로 달아나서 형세를 관망하고 있음을 파악했다. 당에서는 두 사람에게 관작을 주며 다시 돌아올 것을 권유했다. 그러나 두 사람은 회유를 단호하게 거부했다. 당의 입장에서는 이들의 이탈을 결코 용납할 수 없었다. 그대로 방치했다간 안동도호부 전체의 이민족 통치에도 큰 차질을 빚을 수 있었기 때문이었다. 결국 당은 무력 진압을 결정하고, 기린족 출신 명장 이해고(李楷固)를 사령관으로 한 대규모 토벌군을 보내 도망자들을 모두 제거하려고 했다.

당군이 출정했다는 소식이 전해지자 고구려·말갈 유민들은 크게 동요했다. 아직 당의 정규군과 맞서 싸울 준비가 되어 있지 않았기 때문이었다. 이때 걸걸중상과 함께 말갈을 이끈 걸사비우가 직접 부락민들을 이끌고 전투에 나섰다. 그러나 정면 승부를 택한 것이 큰 실책이었다. 걸사비우는 당군에게 크게 패하고 죽임을 당했다. 게다가 엎친 데 덮친 격으로 무리를 함께 이끌었던 걸걸중상이 병으로 쓰러져 사망하고 말았다. 걸출한 지도자들을 잃은 고구려·말갈 주민 집단은 사실상 와해 위기에 놓이게 되었다. 바로 이때 걸걸중상의 아들 대조영이 나섰다. 그는 일단 이해고가 이끄는 당군을 피해야겠다고 판단하고, 고구려·말갈 주민들을 수습해 다시 동쪽으로 이동했다.

당군도 가만히 지켜보고만 있지 않았다. 그들은 요하를 건너서 대조영 일행을 집요하게 추격한 끝에 천문령(天門嶺)이라는 곳까지 다다랐다. 더 이상 추격을 피할 수 없음을 깨달은 대조영은 천문령에서 유리한 지형을 이용해 이해고의 당군을 기습적으로 공격해 대승을 거뒀다. 당군의 총대장인 이해고가 겨우 탈출해서 도망쳤을 정도의 큰 승리였다. 때마침 돌궐이 영주 지역을 공격해 당나라에서 옛 고구려 지역으로 가는 육로가 위협받는 상황이 벌어졌다. 결국 당은 대조영이 이끄는 유민 집단을 추격할 수 없었다.

추격자들을 따돌린 대조영은 무리를 이끌고 고구려 옛 땅에 정착했다. 옛 고구려의 중심부였던 요동과 한반도 북부는 당과 고구려의 주요 전투가 벌어진 탓에 폐허가 되어버렸고, 그곳에 살던 많은 주민은 당으로 끌려간 뒤였다. 게다가 이 지역은 당의 영향력이 일부 남아 있었기 때문에 새로운 나라의 터전으로 삼기 어려웠다. 이에 대조영은 옛 고구려의 동북부로 이동해 두만강 북쪽인 목단강 유역의 동모산(東牟山, 지금의 지린성 둔화시) 인근에 정착했다.

이 지역에는 원래 고구려의 영향력 아래 있던 말갈이 다수 거주하고 있었다. 고구려가 멸망하자 말갈 부락민은 당나라로 강제 이주되거나 원래 지역에 그대로 머물렀는데, 여러 부족이 정치적 통합을 이루지는 못했다. 대조영이 이곳에서 고구려와 다수의 말갈 주민을 규합하여 건

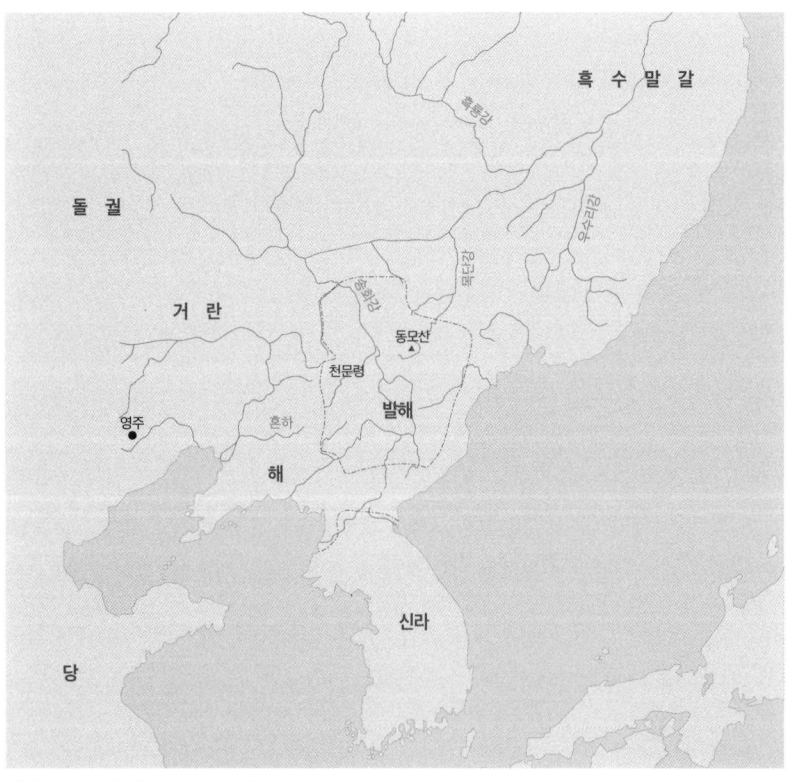

발해 건국 초기 영토와 주변 국가

국한 나라가 바로 진국(震國)으로, 훗날 발해로 더 잘 알려진다.

발해는 허허벌판과 같은 지역에 터를 잡는 데는 성공했으나, 어엿한 국가로서 계속 성장해나갈 수 있을지는 별개 문제였다. 건국 초기에 안정적으로 국력을 키우기 위해서는 주변에 큰 위협 세력이 없어야 했는데, 일단 당나라는 돌궐과 거란이 요서 지역을 계속 압박해오는 상황이어서 발해 지역까지 신경 쓸 여력이 없었다. 따라서 대조영은 건국 직후 돌궐 등과 친교를 맺으면서 한동안 당의 군사적 위협을 피할 수 있었다.

또한 한반도 남쪽에 있던 신라 역시 고구려를 멸망시킨 주역이어서 주의하지 않을 수 없었는데, 이 당시 신라도 나당전쟁 이후 당과 사이가 썩 좋은 편이 아니었고, 무엇보다 발해가 있는 북방 지역에는 관심이 없었다. 이에 발해가 신라에 먼저 사신을 보내 우호 관계를 제안하자, 신라 조정에서는 대조영에게 신라의 17관등 가운데 다섯째 관등인 대아찬을 내려줌으로써 일단 그 존재를 인정했다. 일국의 왕을 자처했던 대조영의 입장에서 신라의 다섯째 관등을 받는다는 것이 다소 굴욕적일 수 있었지만, 남쪽의 위협을 제거한다는 차원에서 이를 받아들였던 것으로 보인다. 이로써 발해는 한동안 주변의 침략을 걱정하지 않게 되었다.

그러나 발해는 대외적 위협을 걷어낸 뒤에도 정작 내부에 골치 아픈 문제를 떠안고 있었다. 주민 다수가 말갈인이라는 것이다. 이들은 생업으로 농사와 수렵을 병행했는데, 주로 거주했던 송화강 동쪽 일대가 삼림이 풍부하여 짐승과 약재류는 풍족했지만, 농경을 통해 얻을 수 있는 것은 적었다. 따라서 생필품인 곡식과 면포를 충분히 얻으려면 외부와의 교역이 필수였다. 그런데 당시에 발해가 교역을 통해 많은 식량과 면포를 얻을 수 있는 농업 대국은 당나라밖에 없었다. 즉 발해 조정에서 나라의 주요 구성원인 말갈인들의 생계를 안정시키고 원활한 통치를 지속하려면 철천지원수 같은 당나라와 손을 잡아야 했다.

당나라 입장에서는 당의 영역인 영주에서 반란을 일으키고 동쪽으로 도망쳐 나라를 세운 대조영을 별로 인정하고 싶지 않았을 것이다. 다만 당시에 당은 영주를 포함한 요서 지역을 거란, 돌궐, 해 등에게 빼앗긴 상태였다. 언젠가 이 땅을 되찾기 위해서는 동북쪽에 있는 발해와의 친교가 필요한 상황이었던 것이다. 서로의 경제·군사 협력이 절실했던 양자의 이해관계는 이렇게 맞아떨어졌다.

결국 713년에 당이 발해로 사신을 파견하여 대조영을 좌효위장군이자 홀한주도독, 발해군왕으로 정식 책봉했다. 대조영은 둘째 아들 대문예(大門藝)를 당에 인질로 보냈다. 이렇게 양국 간에 외교 관계가 성립된 것은 불가피한 전개였다. 그런데 대조영이 아들을 당으로 보낸 일은 훗날 발해 왕실에 큰 불화의 씨앗이 되어 돌아온다.

무왕의 분노와 동생 대문예의 망명

719년, 발해의 건국자인 대조영이 죽고 맏아들인 대무예(大武藝)가 왕위에 올랐다. 그는 당에 인질로 간 대문예의 형이었다. 발해의 국력을 키우기 위해 대외 원정이 필수라고 판단한 대무예는 즉위 후 독자 연호로 인안(仁安)을 선포하면서 발해가 독립국임을 사방에 과시하더니 적극적으로 영토를 넓히기 시작했다. 그는 720년대에 남쪽으로 압록강 중류 유역과 한반도 북부까지 진출했다.

그런데 당시 발해는 사방으로 마음껏 영역을 넓힐 수 있는 상황이 아니었다. 일단 서쪽으로 대국인 당나라가 있었고, 당나라와 발해 양국 사이에는 거란, 해 등의 종족이 살고 있었다. 그나마 이들은 발해와 우호 관계를 유지하고 있었다. 한편 남쪽의 대동강 아래로는 한반도를 차지한 신라가 버티고 있었다. 즉 전략적으로 보면 서쪽과 남쪽으로 국토를 더 넓히기는 어려웠다. 따라서 발해가 아무런 제약을 받지 않고 나아갈 수 있는 곳은 바로 말갈 부족이 주로 거주하던 만주 동북쪽 지역이 유일했다.

동북쪽 지역에는 발해에 복속하지 않은 여러 말갈 부족이 있었다. 기록에 따르면 속말·백산·백돌·안거골·불열·호실·흑수 등 말갈 7부(部) 세력이 넓은 지역에 각각 흩어져 살았고, 각 부의 내부에는 각각의 우두머리가 여러 부족을 거느렸다.

무왕 대무에는 고구려 계승 의식을 표방하며 군사력을 앞세워서 여러 말갈 세력을 압박했다. 특히 속말, 백산, 백돌, 안거골, 불열, 호실부는 과거 고구려의 통제를 받았기 때문에 발해가 내세운 '고구려의 옛 땅을 수복하겠다'라는 명분이 나름 효과가 컸던 것 같다. 또한 정치적으로 통합되지 않은 여러 말갈 부락은 농산물 생산량이 적어서 경제적으로도 발해에 의존할 수밖에 없었는데, 특히 당과의 생필품 교역을 위해서는 발해 지역을 꼭 거쳐야 했다. 발해는 이러한 지리적 이점과 경제적 교역 문제를 교묘하게 이용해 말갈 세력들을 손쉽게 복속시켰다.

그러나 발해의 군사적·경제적 압박에도 굴하지 않는 세력이 있었다. 발해의 동북쪽으로 가장 멀리 떨어진, 흑룡강이 흐르는 지역에 살던 흑수 말갈 세력이었다. 이들은 고구려 때에도 복속되지 않았는데, 발해가 건국된 뒤에도 좀처럼 통제에 따르지 않았다. 오히려 흑수 말갈은 발해가 건국되자 멀리 서북쪽에 있던 돌궐에 복속하고자 했다. 대조영이 발해를 세웠을 때에는 멀리 흑수 말갈 지역까지 힘을 뻗치기가 어려웠기 때문에 이런 상황을 용인할 수밖에 없었다.

그러나 무왕이 통치하면서 적극적으로 동북방의 말갈족들을 하나둘씩 귀속시키자 흑수 말갈은 큰 위협을 느꼈다. 게다가 당시에는 돌궐도 발해와 친선 관계를 맺고 있어 흑수 말갈이 발해 무왕 대무예의 공격을 받더라도 적극적으로 나서지 않을 가능성이 높았다. 외교적으로 궁지에 몰린 흑수 말갈은 매우 도발적인 선택을 했다. 바로 발해의 잠재적 적대국인 당나라에게 손을 내민 것이다.

722년 5월, 흑수 말갈의 추장 친속리계(親屬利稽)가 당나라에 찾아왔다. 그는 현종 앞에 나아가 신하가 될 것을 자청했다. 당의 입장에서는 동북쪽에서 발해를 견제할 수 있는 거점이 거저 생기는 격이었으므로 마다할 이유가 없었다. 현종은 친속리계에게 발주자사라는 지방관직을 내렸다. 사실상 흑수 말갈 지역을 당나라의 행정구역처럼 선포하고 나선 것이다. 당의 이러한 전략은 계속 이어졌다. 3년 뒤인 725년에는 흑수 말갈 지역의 가장 큰 부락을 '흑수부(黑水府)'로 삼았으며, 이듬해에는 그 인근 지역까지 포함하여 흑수주(黑水州)로 더 넓게 개편하더니, 728년에는 흑수 말갈 지역의 내추장에게 황세의 성씨인 이씨(李氏) 성을 하사하여 이헌성(李獻誠)이라는 이름까지 새로 지어주었다. 당은 동북방의 끝에 있는 흑수 말갈을 휘하에 둠으로써 발해가 더 이상 동북쪽으로 영토를 확장할 수 없게 하고, 더 나아가 요서와 만주 일대에 발해를 견제하는 전선을 구축하고자 했던 것이다.

당이 남쪽의 발해를 향해 큰 칼을 겨눈 것과 같은 형세가 되자, 무왕은 이를 절체절명의 위기로 간주했다. 게다가 흑수 말갈이 당과 연합 전선을 편 행위는 그동안 발해가 애써 복속시킨 다른 말갈 부족에게도 영향을 끼칠 수 있었다. 결국 무왕은 흑수 말갈을 토벌하기로 결정했다.

무왕 예전에 선왕(대조영)이 살아 계실 적에 흑수 말갈이 돌궐에 복속을 요청하러 간 적이 있었지만, 그때도 우리 발해에 먼저 허락을 받고 갔다. 그런데 이번에는 우리와 의논도 하지 않고 멋대로 당나라에 찾아가 복속하고 관리까지 보내달라고 요청하는 판국이니, 이는 필시 당과 공모하여 우리 발해를 앞뒤에서 공격하려는 수작이 틀림없다. 당장 저 흑수 말갈을 토벌해야 할 것이다.

무왕의 과감한 결정에 다수의 중신들은 흑수 말갈의 정벌을 찬성하고 나섰다. 분위기가 찬성 쪽으로 순조롭게 흘러가던 그때, 갑자기 한 사람이 나섰다. 크게 당혹스러워하는 무왕 앞에서 반대 발언을 쏟아낸 그는 다름 아닌 무왕의 동생 대문예였다.

대문예 흑수 말갈이 당에 관리를 보내달라는 요청을 했다고 해서, 우리가 그들을 곧장 공격한다면, 이는 당을 적국으로 돌리는 것과 같습니다. 당은 인구가 많고 군사가 많은 것이 우리 발해의 만 배나 되는데, 이러한 대국과 하루아침에 원수지간으로 돌아서는 것은 스스로 멸망을 초래하는 일입니다. 옛날에 고구려가 전성기일 때 강한 병사 30만으로 당나라를 대적하고 섬기지 않았는데, 그 결과가 어떠했습니까. 당나라 병사들이 한 번 공격하자 흔적도 없이 사라지지 않았습니까. 지금 우리 발해의 군사는 고구려에 비해 3분의 1에 지나지 않습니다. 당과 등지는 것은 절대 불가합니다.

대문예의 이러한 발언은 그가 오랫동안 당나라에 인질로 머물면서 당의 국력과 문물을 몸소 체험했던 경험에서 나온 것이었다. 그는 수도 장안에 수년간 머물면서 번화한 세계 제국의 모습에 깊은 인상을 받았고, 발해로 돌아온 뒤에도 당의 위상을 본받아야 할 모델로 인식했다. 발해는 건국 초기였고, 당은 현종 대에 '개원의 치'라고 하는 제2의 전성기를 달리고 있었기에 양국의 국력은 비교가 되지 않았다. 원정 반대파의 논리도 현실을 고려할 때 분명 일리가 있는 주장이었다.

그러나 무왕 대무예는 어릴 때부터 줄곧 고구려를 멸망시킨 당나라에 대해 강한 적개심을 갖고 있었다. 중신들 가운데는 당과 대적하는 일에 부정적인 사람들도 적지 않았다. 그러나 무왕은 인접한 돌궐, 거란 등과의 연합 전선을 구축하여 당과 맞설 수 있다는 나름의 전략을 세우고 있었다. 그런데 그 누구보다도 자신을 지지하고 당에 대한 강경노선을 함께할 것으로 믿었던 동생이 친당파의 대표격으로 나서다니. 무왕은 충격을 넘어 큰 배신감을 느꼈을 것이다.

회의가 끝난 뒤에 무왕은 동생 대문예를 설득하기 위해 안간힘을 썼다. 굳이 동생을 지지자로 만들려는 데는 이유가 있었다. 당시 발해는 아직 건국 초기여서 대규모 원정을 추진할 때 왕실 사람을 군사 실무자로 임명하는 경우가 많았다. 흑수 말갈의 원정 역시 국운이 달린 매우 중대한 사업이었기 때문에 무왕은 이미 대문예를 사령관으로 낙점해둔 상태였다. 그런데 그 '예비 사령관'이 군사 원정을 반대하는 친당파 인물이라니. 이렇게 된 이상 무왕은 원정 책임자로 새로운 적임자를 찾아야만 했지만 혈육에 대한 믿음이 앞섰던 모양이다. 무왕은 아끼는 동생을 끝까지 구슬리고 위협해 결국 흑수 말갈 정벌군에 참여시키고 총사령관이라는 중책에 앉혔다. 고집 센 형은 자기 뜻을 결코 굽히지 않았던 것이다. 문제는 동생 대문예의 고집도 형과 별반 다르지 않았다는 점이다. 이 형제 간의 갈등은 결국 파국을 맞는 중요한 계기가 된다.

726년 발해는 흑수 말갈 원정군을 대대적으로 편성했다. 원정대 대장은 대문예와 형제의 외숙 임아(任雅)가 임명되었다. 불안한 마음에 원정군을 직접 배웅했던 무왕은 사람을 붙여서 원정군이 제대로 이동하고 있는지도 계속 확인했다. 그리고 며칠 뒤, 무왕은 충격적인 소식을 접하고 만다. 바로 원정군이 발해의 북쪽 국경 쪽에서 더 이상 진군하지 않고 그대로 머물러 있다는 것이었다. 그리고 얼마 뒤 총사령관 대문예가 올린 상소문이 왕궁에 도착했다.

형님, 아무리 생각해도 이번 원정은 무리입니다. 지금이라도 늦지 않았으니 당장 원정군을 물리라고 명하십시오.

결국 무왕은 폭발하고 말았다. 자기가 의지하는 친족에게 배신당하거나 그 기대가 무산되면 남에게 당한 것보다 더 분노가 커지는 법이다. 그는 긴급히 사촌형 대일하(大壹夏)를 파견하여 대문예를 대신해 원정군을 통솔하도록 명하고, 대문예는 당장 수도로 돌아오라고 소환 명령을 내렸다. 말이 소환이지 대문예가 오자마자 붙잡아서 처형할 생각이었다. 이를 눈치 챈 대문예는 황급히 원정대에서 도망쳐 나왔다. 그러나 사방이 발해의 동맹국이었고, 인근의 거란이나 돌궐이 발해와의 외교적 마찰을 감수하면서 대문예를 받아들이진 않을 게 뻔했다. 대문예를 숨겨줄 만한 곳은 단 한 군데밖에 없었다. 그는 한때 자신의 연고지이자 형인 무왕이 그토록 증오하던 당나라로 망명해버렸다.

2장

복수심이 낳은 동아시아 대전

무왕, 당나라를 공격하다

대문예의 망명은 발해에 엄청난 파장을 불러왔다. 이 문제는 단순히 왕족 한 명이 당나라로 넘어간 사건에 그치지 않았다. 당시 발해는 왕위를 맏아들에게 상속하는 관례가 아직 확고하게 자리 잡지 못했다. 엎친 데 덮친 격으로 무왕의 맏아들이자 유력한 왕위 계승자였던 대도리행(大都利行)이 당에 파견되었다가 갑작스럽게 병을 얻어 사망하면서, 동생인 대문예 역시 왕위를 계승할 자격을 갖추게 되었다. 그런데 유력한 왕위 계승자가 적대국인 당의 품에 안겨 있는 상황은 발해 내부의 정국 운영에 매우 큰 부담으로 다가왔다.

발해 조정에서는 친당파와 반당파가 대립하고 있었다. 대문예는 무왕의 정책에 맞섰던 친당파의 대표적인 인물이었다. 양측의 갈등이 심해질수록 적국에 있는 대문예의 존재는 더욱 두드러질 것이 틀림없었다. 당나라 역시 이러한 상황을 기민하게 파악하고 있었다. 그들은 대문예가 망명해 오자 곧바로 좌효위장군이라는 관직을 내려 크게 우대하는 한편, 발해의 내정을 주시하며 대문예를 어떻게 활용할지 궁리했다.

발해는 대국인 당을 상대로 신중하게 움직였다. 먼저 대문예가 망명한 직후에 당에 사신을 보내 현종에게 다음과 같은 표문을 올렸다.

> 죄인 대문예는 우리나라에서 왕명을 거역하고 몰래 도망가는 큰 죄를 저지른 자입니다. 차마 돌려보내주실 것을 바라지 않으니, 바라건대 황제 폐하께서 그를 꼭 죽여주십시오.

형제 사이가 이미 돌이킬 수 없는 정도인 것은 맞지만, 다른 나라 황제에게 동생의 죽음을 요구하는 형의 모습은 참으로 무시무시한 장면이 아닐 수 없다. 현종은 대문예를 돌려보낼 생각도, 그렇다고 그를 죽일 생각도 전혀 없었다. 당의 입장에서는 손에 들어온 유용한 '꽃놀이패'를 그냥 포기할 수는 없었던 것이다. 그러나 발해와의 외교 관계도 유지해야 하는 상황에서 무왕의 요청을 마냥 무시할 수는 없었다. 어떻게든 그를 누그러뜨릴 만한 계책이 필요했다.

일단 대문예를 수도 장안에 숨겨두기는 어려웠다. 발해의 사신들이 자주 왕래했기 때문에 대문예의 모습이 눈에 띈다면 곧장 발해에 보고

될 것이었다. 이에 현종은 발해에 국서를 보내 다음과 같이 전했다.

> 대문예가 멀리서 귀순해 왔는데, 의리상 어떻게 죽일 수 있겠는가. 그러나 그대에게 큰 죄를 지었다고 하니 내가 일부러 영남(嶺南)으로 귀양을 보내버렸다. 이미 남쪽으로 귀양길에 올랐다.

영남 지역은 지금의 중국 최남단인 광둥성과 광시성 일대로, 매우 덥고 습한 지역이다. 한랭성 기후인 만주의 내륙 초원에서 나고 자란 대문예에게 기후도 음식도 잘 맞지 않는 곳이었다. 당 현종은 발해에 보낸 국서에 '귀순한 대문예를 차마 죽일 수는 없고, 아주 살기 힘든 지역으로 귀양을 보냈다'라는 메시지를 전한 것이다. 그러나 이는 거짓말이었다. 현종은 대문예를 영남이 아닌, 지금의 신장웨이우얼자치구에 해당하는 안서도호부 지역으로 보냈다.

그러나 이 거짓말은 발해의 집요한 추궁으로 들통이 나고 말았다. 대무예는 발해에 왔던 당나라 사신 두 사람에게 대문예의 소식을 이리저리 돌려 물어 그가 영남으로 유배되지 않았음을 알아냈다. 이후 두 사신은 당으로 귀국한 뒤 국가적 기밀을 누설한 죄로 지방으로 좌천되는 벌을 받았다. 속았다는 사실에 분노한 무왕은 뻔뻔한 거짓말로 일관한 현종에게 국서를 보내 잘못을 맹렬히 추궁했다.

> 대국은 남들에게 신의를 보여야 하거늘, 어찌 거짓을 일삼는단 말입니까! 제가 들으니 대문예가 영남 지역으로 떠나지 않았다고 합니다. 다시 엎드

려 청하건대 문예를 반드시 죽여주시기 바랍니다.

당의 입장이 상당히 난처해졌다. 현종의 명의로 쓴 국서에 대문예의 유배와 관련해 거짓말을 했음이 탄로 났기 때문이다. 그러나 조공-책봉 체제에서 명목상으로 발해 무왕은 당 현종의 신하였다. 현종은 상급자인 자신을 직설적으로 꾸짖는 무왕을 마냥 점잖게 대할 수가 없었다. 그렇다면 이전의 거짓말을 나름대로 해명하는 동시에 무왕의 행동을 몰아세울 수 있는 논리가 필요했다. 여기서 현종은 아주 기발한 아이디어를 떠올렸다. 그는 732년 7월 무왕에게 이렇게 국서를 보냈다.

경이 형제지간에 서로 다툰 탓에 동생인 대문예가 곤궁해져서 나에게 도망쳐 왔으니, 도리상 내가 그를 어떻게 내칠 수가 있겠는가. 또한 내가 대문예를 안서도호부 지역에 보낸 것은 바로 경을 위해서였다. 경은 바다 건너 촌구석에 살고 있어서 형제지간의 우애가 어떠해야 하는지를 아직 제대로 배우지 못한 것 같은데, 자고로 동생이 비록 잘못이 있더라도 그가 뉘우치면 형으로서 마땅히 용서하고 받아들여야 하는 법이다. 경은 동생을 죽이려고 하는 것 같은데, 짐이 천하에 효도와 우애를 강조하는 사람으로서 어찌 그런 패악한 부탁을 차마 들어줄 수 있겠는가. 경은 이러한 대국의 은혜도 모르고 마침내 짐을 배반하려고 한다. 경이 믿는 것은 나라가 멀리 있다는 것뿐, 다른 것은 있을 수 없다. 짐은 근래 관용을 베풀며 중원을 보살펴왔지만, 경이 내 명령을 받들지 않으면 무슨 일이 일어날지 모른다!

'내가 대문예의 유배와 관련해 거짓을 말했던 것은 바로 무왕 그대를 위해서였다'는 기묘한 논리가 만들어졌다. 현종이 훈계조로 타이르는 형태의 이 국서 내용은 결국, '당이 대문예를 보호하는 것은 반역자를 보호하려는 목적이 아니라 무왕이 친동생을 해치는 패륜적 행위를 막기 위함이다'라는 것이다. 국서를 직접 작성한 사람은 장구령(張九齡)이라는 문장가였는데, 그는 이 '유교적 훈화(訓話)'를 통해 외교적으로 궁지에 몰릴 뻔한 현종을 도리어 우세한 위치로 만들었다는 공로를 인정받아 높은 벼슬을 받기까지 했다. 당에서 보면 참 잘한 대응이었다고 여겼을지 모르겠으나, 요상한 논리로 닦달을 당한 무왕은 마음속에 큰 울분이 쌓인 탓인지 결국 2개월 뒤에 큰 사고를 치고 말았다.

732년 9월, 발해의 수군 함대가 남쪽으로 압록강 하구를 조용히 빠져나갔다. 장문휴(張文休)가 이끄는 발해 수군은 요동반도의 남단을 멀리 우회하여 내려가다가 갑자기 행로를 바꿔 산동반도의 등주(지금의 산둥성 봉래) 지역에 상륙했다. 그리고 등주의 수군 기지를 기습 공격했다. 등주는 본래 수많은 무역선이 드나드는 무역항이자, 당의 수군 기지가 있던 곳이었다. 과거 수나라와 당나라가 고구려를 공격할 때도 항상 이곳에서 수군을 보내 요동반도뿐만 아니라 대동강을 따라 고구려 수도 평양성을 공격했다.

무왕은 당과의 전쟁은 피할 수 없다고 판단한 것 같다. 그런데 만약 당에서 발해를 공격해올 경우 요서 지역은 거란 등에 막혀 있으므로 등주의 수군 기지에서 해로로 공격해올 가능성이 커 보였다. 따라서 아예 등주의 수군 기지를 선제공격해 박살내겠다는 대담한 계획을 실행에 옮겼던 것이다.

등주자사 위준(韋俊)은 발해 수군의 갑작스러운 기습에 황급히 군대를 내어 맞서 싸웠으나 어느새 성벽을 넘어 맹렬히 달려드는 발해군에게 속수무책으로 당했다. 그리고 그 과정에서 위준은 발해군에게 목이 잘리고 말았다. 등주의 정세가 위급하다는 전갈이 닿자 크게 놀란 당나라 조정에서는 다급하게 장수를 보내 등주 구원에 나섰다. 그러나 구원병이 도착했을 때 발해군은 이미 수군 기지를 철저히 파괴하고 돌아간 뒤였다.

이 사건은 당 조정뿐만 아니라 동아시아의 여러 나라를 발칵 뒤집어 놓았다. 발해가 먼저 당의 영토를 침공해 등주 지방관을 죽이고 수군 기지를 파괴하고 돌아온 것은 1941년 일본이 선전포고도 없이 미국의 하와이 진주만 해군기지를 기습 공격한 것과 비견될 정도의 사건이었다. 사실상 발해와 당 양국이 전쟁에 들어감을 의미할 뿐만 아니라, 양국 주변에 있던 모든 세력이 전쟁에 휘말리는 대형 사건이었던 것이다.

결국 분노한 당나라도 칼을 뽑아 들었다. 733년 1월 18일, 현종은 발해를 응징하기 위해 이 전쟁의 발단을 제공한 대문예를 먼저 불러들였다. 그리고 그를 동북방의 유주(지금의 베이징을 중심으로 한 지역)로 보내 군대를 이끌고 무왕을 치도록 명했다. 동시에 남쪽에서도 발해를 공격하기 위해 고구려를 멸망시킬 때의 전략적 파트너였던 신라에도 사신을 보냈다.

발해가 밖으로는 번신(藩臣)이라 일길으면서 안으로는 교활한 마음을 가지고 있다. 지금 군사를 내어 죄를 물으려 하니, 그대들도 군사를 출동시켜 협공하라. 듣건대 신라에 옛 장군 김유신의 손자 김윤중(金允中)이 있다고 하니, 반드시 이 사람을 뽑아서 장수로 삼으라!

당은 신라가 이 전쟁에 적극적으로 나서지 않을 것을 염려했던 것 같다. 그래서 굳이 고구려를 칠 때 활약했던 명장 김유신의 손자 김윤중을 꼭 포함시킬 것을 요구하고 나섰다. 이미 사신 편에 김윤중에게 줄 황금과 비단까지 보냈다. 고구려를 쳤을 때의 양국 관계를 상기시키며, 나당전쟁의 악연을 잊고 다시 북쪽의 적을 함께 정벌하자는 제안을 던진 것이다.

이에 신라 성덕왕(聖德王)은 흔쾌히 응하여 김윤중과 그의 아우인 김윤문(金允文)을 포함한 10만 군사를 출정시켜 발해를 치라고 명했다. 결국 형제 다툼으로 시작된 이 전쟁은 거란, 돌궐, 해, 신라 등의 주변 나라들까지 끌어들이며 동아시아 대전으로 확대되고 만다.

동아시아 전체가 전쟁에 휘말리다

전쟁이 시작되자 가장 먼저 충돌한 곳은 당과 발해 사이에 있는 유주 지역 북동쪽이었다. 당시 발해는 거란·돌궐과 군사 협정을 맺었는데, 당군이 발해로 접근하기 위해서는 유주를 거쳐 적대 세력인 거란 지역을 지나야만 했다. 당군은 거란의 남쪽에 있던 해족을 끌어들인 뒤 거란 진영을 향해 출발했다. 한편 무왕도 발해에서 군대를 이끌고 당나라 군을 향해 진군했다.

733년 3월, 당과 해족 연합군이 마도산 지역으로 진군했을 때, 맞은편에는 거란 장수 가돌우(可突干)이 이끄는 거란·돌궐 연합군이 와 있었다. 아직 발해군이 도착하지 않은 상황이었지만, 가돌우는 마도산 인근에서 당군의 부사령관 곽영걸(郭英傑)이 이끄는 기병을 향해 돌격했다. 그렇게 양군의 주력부대가 마도산에서 치열하게 맞붙게 되었다.

바로 이때 승부의 추를 한쪽으로 기울게 한 결정적인 사건이 발생했다. 당군과 연합해 전투에 참전했던 해족 군사들이 갑자기 당군 진영

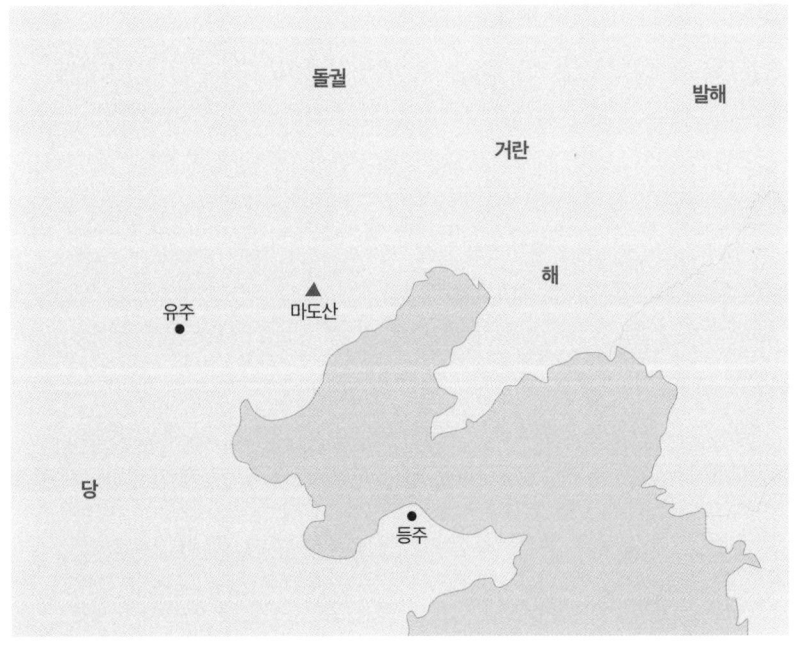

733년 당시의 동아시아 상황

을 이탈해서 숨어버린 것이다. 해족의 배신은 발해나 거란과 미리 협의되었을 가능성이 높다. 이처럼 양군이 치열하게 대치할 때 아군 방벽 한쪽이 허물어지는 모습을 지켜본 당군은 사기가 급격히 저하되었고, 이는 얼마 후 당나라 군의 진형이 붕괴되는 결과를 낳고 말았다. 결국 당군을 이끌던 곽영걸은 진중에서 전사하고 당의 주력군 1만 명은 마도산 인근에서 전멸했다.

무왕이 이끄는 발해군이 가돌우를 돕기 위해 마도산에 도착한 것은 전투가 끝난 직후였다. 발해군은 이 기세를 업고 거란·돌궐의 군대와 함께 당의 영역을 향해 거침없이 돌격했다. 무왕은 이런 상황을 유주에 와 있던 배신자 대문예를 비롯해 당의 눈치를 보며 흑수 말갈을 쳐서는 안 된다고 주장했던 국내의 친당파 신료들에게도 '그 만 배나 된다는 당나라를 어떻게 혼내는지' 보이고 싶었을 것이다.

이제 무왕은 자신의 결정이 옳았음을 증명할 결정적인 기회를 잡은 것이다. 당군의 대패에 이어 발해군이 대거 마도산 인근을 지나서 남하한다는 소식이 전해지자, 당은 크게 당황했다. 한반도에 있는 발해의 남쪽 경계와 요하 너머에 있는 북쪽 경계를 양쪽에서 협공하는 계획이었는데, 이미 한쪽이 무너져내렸을 뿐만 아니라 이제 공수의 위치가 바뀌어서 도리어 그들을 막아내야 하는 처지가 된 것이다. 게다가 마도산 바로 아래쪽에는 당의 본토를 지키기 위해 쌓은 만리장성이 있었다. 발해 연합군이 이 장성을 넘어올 경우 당은 큰 피해를 각오해야만 했다.

당은 최악의 상황을 막기 위해 오승체(烏承玼) 장군을 급파했다. 발해군은 이미 마도산 인근의 여러 고을을 점령했으며, 당의 백성과 관리들은 여기저기 흩어져버린 상황이었다. 오승체는 일단 수년간 세금을 면제해준다는 파격적인 조건을 내걸고 달아난 백성들을 다시 불러 모았다. 또한 군사와 백성을 동원해 마도산에서 남쪽으로 내려오는 중요한 길목을 틀어막고, 400리에 걸쳐 큰 돌로 방벽을 높이 쌓아 적의 기병에 대비했다.

당군의 시의적절한 조처로 무왕은 더 이상 남쪽으로 진군하지 못하고 북쪽으로 다시 군을 되돌려야 했다. 대문예는 군대를 이끌고 유주에 머물러 있었는데, 무왕이 조금만 더 남쪽으로 내려갔다면 두 형제가 전장에서 얼굴을 맞대는 아찔한 순간이 찾아왔을지도 모른다. 그러나 불행인지 다행인지 그런 운명의 장난은 비켜 갔다.

한편 한반도에서 발해를 공격하기로 했던 신라군은 어떻게 되었을까. 733년 1월, 신라는 당과 약속한 대로 10만 군대를 내어 발해의 남쪽 경계를 향해 출발했다. 그런데 이 원정의 결과에 대한 기록은 『삼국사기』 신라본기에 너무나도 소략하게 적혀 있다.

> 때마침 큰 눈이 내려 한 길 남짓 되었으므로 산길이 막히고 군사 중 죽은 사람이 절반이 넘어 아무런 전공 없이 돌아왔다.

원정 도중 날씨로 군대를 돌리는 것이야 충분히 있을 수 있는 일이지만, 아무래도 무언가 의심스럽다. 신라군이 단지 지형과 날씨 때문에 원정에 실패했을까. 10만이나 되는 원정군을 움직이면서 지형과 날씨를 면밀히 고려하지 않았던 것일까. 연구사들은 신라가 당의 명령으로 원성군을 꾸리긴 했지만 신흥 세력인 발해와 전면전을 벌이는 일에 그다지 적극적이지는 않았을 것으로 판단한다. 즉 신라는 당에 보여주기 식으로 일단 김유신의 후손들까지 동원해 대병력을 북쪽으로 움직이긴 했으나, 지형이 험하고 날씨가 안 좋다는 등의 이런저런 핑계를 대며 결국 북쪽 국경을 넘지는 않았던 것이다.

결국 당이 야심차게 준비했던 발해 정벌은 별다른 실익 없이 끝났고, 전쟁은 발해의 의도대로 마무리되었다. 당은 이 과정을 통해 거란·돌궐·해 등을 자기편으로 끌어들이지 않는 한 발해에 대한 효과적인 공략이 불가능하다는 사실을 깨달았다. 또한 발해의 말갈 지역에 대한 현실적인 영향력도 인정할 수밖에 없었다. 덕분에 발해는 무왕을 이은 아들 문왕대에 동북쪽으로 영토를 계속 넓혀나가면서 매우 안정적인 국세를 유지할 수 있었다.

낙양에서 벌어진 대활극

무왕의 등주 공격은 동생 대문예에 대한 분노, 그리고 대문예의 망명을 받아주고 숨겨준 당에 대한 복수의 차원에서 벌어진 일이었다. 그런데 이것이 동아시아의 여러 나라들이 뒤엉킨 대규모 전쟁으로 이어지면서 오히려 발해의 국제적 입지를 강화하는 결과를 가져왔다. 또한 이 전쟁을 계기로 발해 내에서 친당파는 설 자리를 잃게 되었고, 무왕은 국왕으로서의 지위를 더욱 굳건히 할 수 있었다. 그러나 한 가지 매듭짓지 못한 일이 있었으니 동생 대문예에 대한 분노가 아직 수그러들지 않았던 것이다. 그는 또다시 남들이 생각지도 못했던 큰일을 벌였다.

전쟁 후 낙양에 가 있던 대문예는 낙양 남쪽에 있는 천진교를 건너고 있었다. 다리 밑으로 물이 잔잔히 흐르고 주변에는 양산을 쓴 여인들이 한가로이 지나갔다. 바로 그때, 맞은편에서 걸어오던 한 남자가 대문예 쪽으로 슬그머니 다가오더니 품속에 숨겨둔 칼을 꺼내들었다. 그가 방심한 대문예를 힘껏 찌르자, 인근에 있던 다른 자객들이 칼을 뽑아들고 대문예에게 우르르 몰려들었다.

자객들은 제대로 훈련을 받은 이들일 가능성이 높으니, 이대로라면 대문예의 목숨이 매우 위태로웠다. 그런데 목숨이 경각에 달린 그 순간, 놀랍게도 대문예는 자신을 찌른 자객의 칼을 힘껏 쥐고는 옆으로 뿌리쳤다. 그리고 당황한 자객들과 맹렬히 격투를 벌이기 시작했다. 피투성이가 된 대문예가 있는 힘껏 저항하자 주변 사람들이 몰려들었다. 사람들이 점점 주변을 에워싸자 자객들은 임무를 제대로 완수하지도 못하고 그냥 달아나버렸다. 이 소식은 곧장 장안에 있던 현종에게 전해졌고, 그는 분노해 자객들을 모조리 잡아들이게 했다.

이 무능한 자객들은 멀리 도망가지도 못한 채 모두 붙잡히고 말았다. 관원들이 그들을 고문하며 심문한 결과 역시나 무왕이 보낸 자객임이 밝혀졌다. 당나라 안에 남아 있던 '화근'을 뿌리 뽑으려 했던 무왕의 의도가 이해되는 면도 없지 않지만, 형제 간의 묵은 앙금을 끝끝내 털어버리지 못하고 기필코 암살자를 보내 칼부림 소동까지 벌인 일은 보는 이로 하여금 헛웃음이 나오게 한다.

이 질긴 형제 간 악연은 결국 737년에 무왕이 병을 얻어 사망한 뒤에야 끝을 맺게 된다. 그가 재위할 동안 치른 당과의 무리한 전쟁이 발해의 국가적 존립과 발전에 과연 필수적인 것이었는지에 대해서는 향후 좀 더 많은 논의가 필요하다. 그러나 발해의 입장에서 본다면 동아시아에서 군사·경제적으로 최강국인 당과의 적대관계는 장기적으로 볼 때 큰 불안 요소였다. 실제로 730년대 중반에 이르자 당과의 전쟁에서 조력자 역할을 했던 돌궐과 거란 세력이 크게 약화되면서 발해는 외교적으로 점점 곤혹스러운 상황에 몰리게 되었다. 특히 발해는 당과의 교역이 장기간 단절될 경우 국내의 원활한 식량 수급과 산업 진흥에도 어려움이 생길 수 있었다. 결국 무왕은 말년에 그토록 싫어한 당에 다시 손을 내밀었다. 대당 강경책을 포기한 것이다.

현종도 이른 '화해'에 대한 거부감이 없지 않았으나 당시 내부적인 어려움이 있었던 데다 발해 무왕이 여러 차례 사신을 보내자 결국 이를 받아들였다. 다만 수년 전 전쟁을 치른 여파가 아직 남아 있다 보니 현종이 보낸 답서에는 신경질적인 쏘아붙임이 보인다.

> 순종함과 거역함의 단서도 분별하지 못하고 존재함과 멸망함의 조짐도 알지 못하면서 나라를 잘 다스렸다는 말은 아직 듣지 못했다. 경은 지난날에 덕을 배반하여 이미 재앙에 이르렀으나, 근래에 능히 잘못을 뉘우치고 신하의 절개를 잃지 않았다. 잘못에 빠져 있다가 착함을 회복하였으니 어찌 아름다고 하지 않겠는가. - 『문원영화文苑英華』 736년 3월

> 경은 지난날 그릇된 계책을 세워서 재앙을 초래하였지만, 도리를 잃음이 극심하진 않았고, 의로움을 듣고서는 바로 옮겨갔으니 어찌 지혜롭다 하지 않겠는가. 짐은 사람의 과오는 버리고 그의 정성스러움만을 받아들이니, 경의 개과천선함을 드러내어 진실로 그 뜻을 위로한다.
>
> - 『문원영화』 736년 4월

당과의 화해 과정이 쉬운 것은 아니었지만, 무왕은 말년에 주변 정세의 변화 속에서 국가의 안녕과 후계자의 안정적인 왕위 계승을 위해 친선 회복에 노력했다. 그가 죽은 뒤 아들인 문왕 대흠무(大欽茂)가 즉위했다. 당나라 역시 그를 무왕의 정당한 계승자로 인정함으로써 대문예를 이용해 발해 내정에 간섭하려 했던 의도를 완전히 포기했음을 천명했다.

무왕의 과격한 외교 행보는 지금 시점에서도 상당한 논란거리이다. 당이 음흉한 의도를 가지고 동생 대문예의 존재를 이용했던 것은 명백하지만, 분노로 독이 오른 무왕이 필요 이상으로 대응함으로써 자국과 주변 세력들까지 전쟁이라는 파국으로 몰아간 과정은 지금 시점에서 되돌아볼 때 결코 현명한 판단이었다고 할 수 없을 것 같다. 결과적으로 승리했지만, 잇따른 행운이 아니었다면 자칫 건국 초기 왕실과 국가의 운명에 위태로운 결과를 가져올 수도 있었다.

역사는 단순히 이기는 게 최고고 지면 기분 나쁜 '운동경기'가 아니다. 특히 민족국가의 용맹함과 진취적 기상만을 앞세우며 과거의 외교와 전쟁사를 바라보는 시각은 경계할 필요가 있다. 현새의 관점에서 볼 때 대한민국이 주변의 여러 강대국들 틈바구니에서 국익을 극대화하기 위해서는 무력충돌을 무릅쓰는 '완고함'이나 '용맹함'보다는, 유연하고 친화력 있는 행보를 하며 장기적인 상황 변화에 대처할 수 있는 밑거름을 만드는 작업이 더욱 절실하기 때문이다.

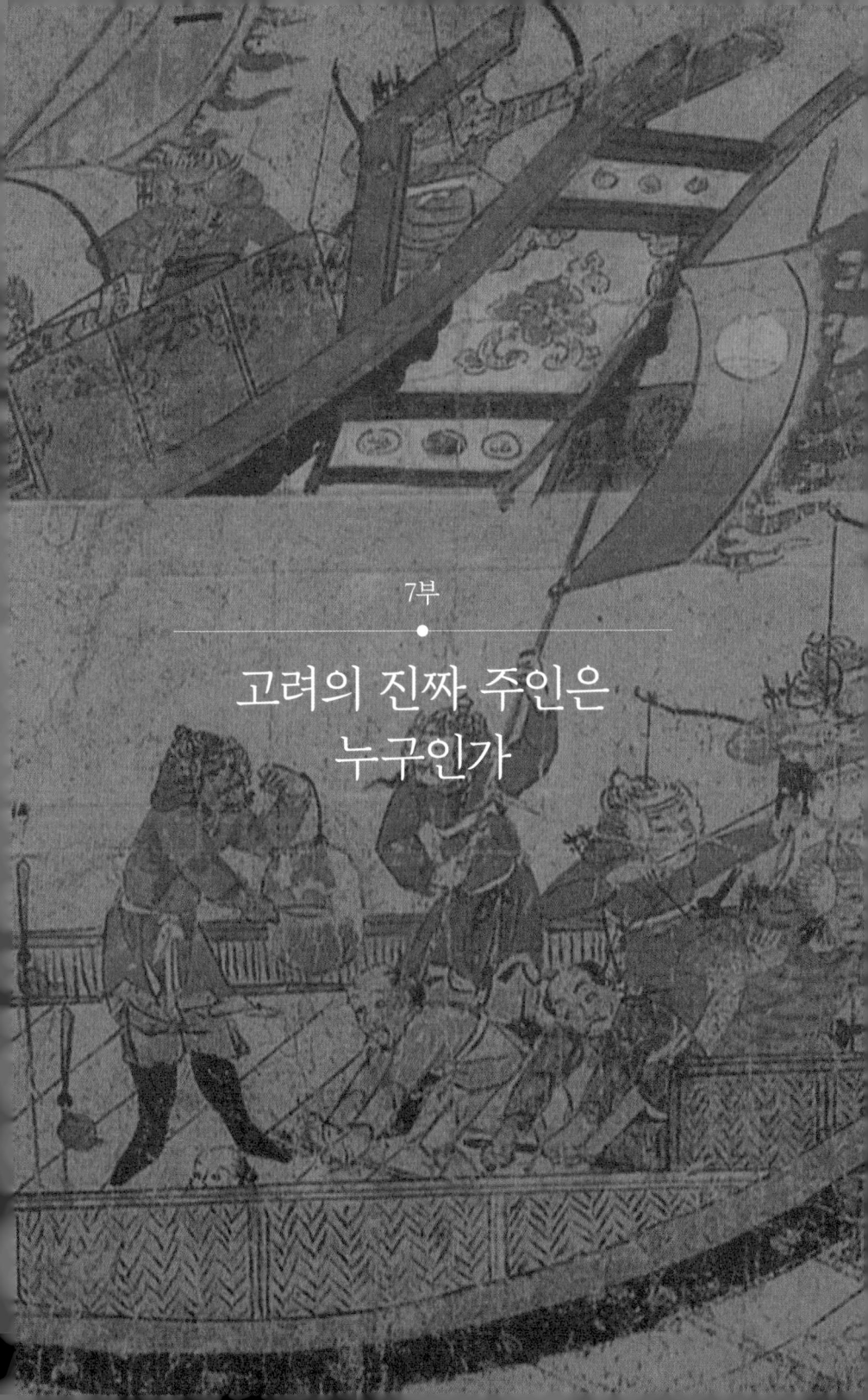

7부

고려의 진짜 주인은 누구인가

13세기 초 칭기즈칸이 건국한 몽골제국은 끊임없는 정복 활동을 통해 여진족이 세운 금나라와 한족이 세운 송나라를 멸망시켰다. 만족을 몰랐던 몽골의 지배자들은 동아시아뿐만 아니라 중앙아시아를 거쳐 러시아와 동유럽까지 정복하여 거대한 세계 제국을 건설했다. 이러한 미증유의 세계사적 대격변을 바라보던 고려의 통치자들은 과연 어떤 생각을 하고 있었을까. 그저 과거의 알량한 자존심과 기개로 몽골에 맞서고 국가의 자주성을 끝까지 고수하는 것만을 올바른 외교정책으로 생각했을까.

동아시아에 거대한 지배자가 새롭게 등장하는 이 시기는 고려 왕실에도 시련의 시기였다. 12세기 말 이래로 최씨 무신 정권이 권력을 쥐락펴락하며 국왕을 농락했고, 조정의 중론을 무시한 채 30여 년간 최강국인 몽골과 전쟁을 치렀다. 결국 이 전쟁으로 무신 정권이 무너지고 고려는 몽골제국의 간섭을 받게 되었다. 또한 전 국토가 쑥대밭이 되었고, 민초들의 보호막이 되어야 할 조정과 왕실의 권위는 땅에 떨어졌다. 고려의 통치자들은 몽골과의 전쟁이 끝난 뒤에도 국가와 왕실의 존립 자체를 걱정해야만 하는 절박한 상황에 놓이게 되었다.

오늘 다뤄볼 이야기는 바로 고려가 몽골과의 전쟁을 겪은 이후 원(대원, 몽골)의 간섭 속에서 어떻게 외교 활동을 벌여 왕권을 강화하고 외교적 이익을 추구했는지에 대한 것이다. 많은 사람은 이 당시 고려를 자주국의 지위를 상실한 채 그저 부원 세력에게 끊임없이 시달린 '암흑기'로 여기기도 한다. 그러나 늘 그렇듯 역사는 그렇게 단순한 구도로만 재단할 수 있는 것은 아니다. 한국사의 '암흑기'라는 편견 속에 있는 원 간섭기, 그 시기에 벌어졌던 고려 왕실의 파격적인 외교 행보와 더불어 극적으로 난국을 헤쳐나갔던 사연은 무엇이었을까.

1장

홍복원,
질긴 인연의 시작

원 제국에서 맞붙은 필생의 라이벌

1279년 1월, 세계를 제패한 대원 제국의 지배자는 칭기즈칸의 손자인 세조 쿠빌라이칸이다. 그런 그가 지금 옥좌에 앉아 불러온 두 사람을 미심쩍은 표정으로 바라보고 있다. 쿠빌라이 앞에서 대질하게 된 두 사람은 놀랍게도 모두 고려 출신이다. 그들은 쿠빌라이에게 발언권을 얻자마자 제국 관리들이 지켜보는 가운데 몹시 격앙된 목소리로 다툼을 벌이기 시작한다.

폐하, 저 고려 국왕이 관리를 시켜 고려에 있는 대원 제국 군대의 처와 자식들을 고향으로 가지 못하게 붙잡아뒀다고 합니다. 게다가 대원 제국에 충성을 바쳐온 대신들을 마음대로 죽이기까지 했습니다. 아무리 고려 국왕이라 할지라도 원나라에 큰 공이 있고 아무 죄도 없는 고위 관리를 마음대로 죽일 수는 없는 노릇입니다. 만약 제 고발이 거짓이라면 저를 죽여도 좋습니다!

이 사람의 말을 들으니 맞은편에 있는 사람은 고려 국왕이 틀림없다. 그는 원의 대칸 앞에서 고려 국왕의 잘못을 거칠 것 없이 힐난하며, 자기 말이 틀리면 죽여도 좋다고 기세등등한 모습을 보인다. 두 사람을 중재하던 대원 제국의 관리도 그의 서슬 푸른 모습에 아연실색할 정도다. 이때 고려 국왕이 자리에서 벌떡 일어나 소리친다.

폐하, 저자가 만약 거짓말을 하면 그 죄가 죽어 마땅하다고 했는데, 지금 말한 내용이 모두 거짓이니 저놈을 어찌하면 좋습니까!

고려 국왕 역시 한 치도 물러서지 않고 맞섰다. 그는 스스로에 대한 변호를 마친 뒤 맞은편에 앉아 있는 사람을 향해 이렇게 소리친다.

도대체 네가 무슨 권한으로 남의 나라 일에 일일이 간섭을 하는 것이냐!

이 희한한 말다툼의 현장에서 가장 먼저 공격적인 태도로 발언을 한 사람은 홍자구(洪茶丘, 홍다구라고도 함.)이고, 그 발언을 맞받아친 사람은 고려 25대 국왕인 충렬왕(忠烈王, 재위 1274~1308년)이다. 대원 제국의 황궁에서, 그것도 제국의 최고 권력자인 쿠빌라이칸 앞에서 지위가 다른 두 사람이 목숨을 걸고 살기등등한 논쟁을 벌이게 된 까닭은 무엇일까. 그리고 충렬왕은 왜 같은 고려 출신인 홍차구에게 뜬금없이 "네가 무슨 권한으로 남의 나라 일에 간섭을 하는 것이냐!" 하고 일갈한 것일까.

그 자세한 사연을 소개하자면 꽤나 긴 이야기가 될 것 같다. 사실 충렬왕과 홍차구 두 사람의 원한은 50여 년 전부터 이어져온 두 집안 간의 다툼, 더 나아가 고려와 몽골(원) 간의 오랜 전쟁에서 시작되기 때문이다.

몽골, 고려를 침공하다

1231(고종 18)년 8월, 세계 최강의 기병을 거느린 몽골이 고려 영토를 침공했다. 이들은 고려 국왕이 직접 몽골의 대칸을 찾아와 예를 갖추는 '친조' 등 여러 항복 조건을 제시했다. 그러나 당시 고려 조정에는 국왕보다 더 강력한 권력자가 있었으니, 바로 무인 집정자 최우(崔瑀)였다. 그는 자신의 권력을 인정하지 않는 몽골에 결코 항복할 수 없었다. 항복은 곧 최씨 정권의 붕괴를 의미하는 것이기 때문이었다. 그는 1232년 6월에 몽골과의 전쟁이 본격화되자 아예 몽골 기병이 이를 수 없는 강화도로 수도를 옮기고 마지막까지 항전할 태세를 갖추었다.

이후 잇따른 몽골군의 침입에 한반도 내륙 각지가 전쟁터가 되었으나, 최씨 무신 정권은 강화도 밖으로 주력부대를 보내지 않았으며, 실권이 없는 국왕은 그저 무력하게 상황을 지켜볼 뿐이었다. 그렇게 왕실의 권위는 땅에 떨어졌고, 사실상 버림받은 백성들은 그들이 진정으로 모셔야 할 '주인'이 누구인지를 진지하게 저울질하지 않을 수 없었다. 바로 이 시점에 홍차구의 아비, 홍복원(洪福源)이 등장한다.

홍복원의 출신지는 고려 서북방의 인주(지금의 평안북도 의주) 지역이었다. 압록강 하구에 위치한 인주는 한반도에서 중국으로 나가는 관문이었기 때문에 군사적으로 매우 중요하게 여겨졌다. 고려 조정은 이 지역에 중앙군을 파견하고 홍씨 집안이 현지 주민들과 함께 몽골군의 침공을 방어하도록 했다.

어려운 시기에 이들 부자의 이기적인 본성과 무분별한 탐욕이 더해진

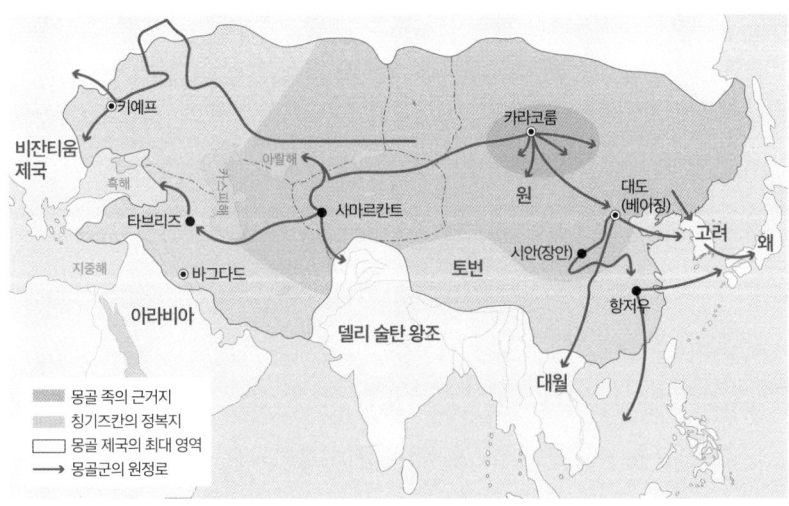

1206년 몽골 제국을 세운 칭기즈칸은 아시아, 유럽, 러시아로 그 세력을 뻗쳤다. 1231년 시작된 몽골의 고려 침입은 1259년까지 거의 30년간 간헐적으로 지속되었으며 1273년 삼별초의 난이 진압된 다음에야 양국 관계는 안정을 되찾는다.

것일까. 1231년, 인주 일대의 방어 책임자였던 홍대순(洪大純)과 홍복원 부자는 몽골군이 고려에 쳐들어오자 1,500호의 백성들을 이끌고 아예 항복을 해버렸다. 그들은 이미 자신들이 모셔야 할 강한 주인이 누구인지, 어떤 역할을 해야 자신들이 대접받을 수 있는지를 치밀하게 계산해둔 상태였다. 홍복원은 고려를 침공한 몽골군을 따라다니며 개경으로 가는 길을 안내했고, 고려 조정에 항복을 종용하는 사신으로 파견되기도 했다. 또 나중에는 몽골로부터 벼슬을 받아서 몽골군이 점령한 북방의 40여 성을 지키는 일도 했다.

그러나 몽골군에서 승승장구하던 홍씨 부자에게 계속 행운이 따르지만은 않았다. 몽골의 2차 침입 과정에서 몽골군은 총사령관인 살리타가 김윤후(金允侯)라는 승려의 화살에 맞아 죽는 충격적인 일격을 당했고, 이로 인해 일시적으로 본국에 되돌아갈 수밖에 없었다. 그러나 몽골군을 따라가지 않고 계속 서경(지금의 평양)에 머물던 홍복원은 1233년에 고려가 파견한 관리와 장수들을 죽이고 반란을 일으켰다. 이러한 홍복원의 행태에 극도로 분노한 최우는 강화도에 있던 자신의 최정에 병사 3,000명을 보내 서경의 반란을 진압하게 했다.

중앙군의 위력은 막강했다. 서경이 함락되자 홍복원과 함께 반란을 일으켰던 필현보(畢賢甫)는 강화도로 끌려가 저잣거리에서 허리가 잘리는 형벌을 당했으며, 홍복원의 아버지 홍대순과 처자, 동생 홍백수(洪百壽)가 모두 사로잡혔다. 최우는 홍씨 일가의 기반이었던 인주와 서경 일대에 살던 주민을 모두 서해안에 있는 섬들에 강제 이주를 시켰고, 서경 일대는 완전히 폐허가 돼버렸다. 그렇게 고려에서 홍씨 일가의 기반은 완전히 사라졌고, 홍복원은 구사일생으로 겨우 몸만 빠져나와 몽골로 도망쳤다.

홍복원, 몽골 황실의 충복이 되다

고려를 떠나온 홍복원이 기댈 곳은 이제 몽골 조정밖에 없었다. 그가 몽골 황제인 우구데이칸을 알현한 자리에서 했던 발언은 당시 그의 절박했던 사정을 잘 보여준다.

> 폐하, 만약 (고려 정벌이라는) 대사가 이루어진다면 황제께서는 마땅히 신(臣)의 충정을 생각해주시고, 혹시 실패하더라도 제가 목숨을 부지할 땅을 허락해주시옵소서. -『원사元史』

고려에서 쫓겨난 일개 지방 세력가가 몽골 조정에 무슨 쓸모가 있었을까 하는 생각도 들지만, 사실 홍복원은 몽골에 여러모로 유용한 존재였다. 현재 중국 랴오닝성 지역에 해당하는 요양·심양은 과거에 아주 번성한 지역이었으나, 몽골 정복 이후 주민들이 떠나가면서 사실상 빈 평원만 덩그러니 남아 있었다. 몽골은 이 지역에 다시 주민을 이주시키고 농지를 개간하여 번성했던 옛 모습을 복원하려고 했는데, 바로 이 시점에 홍복원을 따라 고려인들이 항복하러 온 것이다. 몽골은 농경 기술이 뛰어난 고려인들을 이용해 농지를 개간하고 지역 경제를 부흥시키고자 했다.

몽골은 우선 홍복원과 그가 이끌고 온 주민들, 그리고 전쟁 중에 몽골로 끌려온 고려인들을 요양과 심양 지역에 정착시켰다. 그리고 홍복원을 지역 책임자로 임명해 고려 주민의 통치와 지역 개발을 담당하게 했다. 본래 고려 서북면의 유력자였던 만큼 몽골에 항복한 고려 주민들에게 나름 영향력이 있었기 때문이다. 또한 홍복원은 고려의 내부 사정도 잘 알고 있어서 향후 몽골이 고려를 다시 침공하거나 외교 협상을 할 때 큰 도움을 줄 수 있었다. 특히 가족을 모두 붙잡아 간 고려에 대한 홍복원의 원한은 몽골을 향한 절대적인 충성으로 이어졌다.

홍복원의 이용 가치를 파악한 몽골은 1250년 3월에 고려로 사신을 보내 구금 상태에 있던 홍복원의 가족들을 모두 몽골로 보낼 것을 명령했다. 몽골의 계속된 침공 위협을 받던 고려는 그 요구를 들어줄 수밖에 없었다. 몽골 황제의 배려로 아버지와 재회한 홍복원은 크게 감격했고, 그렇게 은인(恩人)인 몽골 황제의 충직한 개가 되었다.

이후 사실상 몽골 사람이 된 홍복원은 고려 원정에 더욱 적극적으로 참여했다. 고려-몽골의 전쟁 과정에서 그 이름이 최소 다섯 차례 이상 역사서에 등장하는데, 직접 몽골군을 이끌고 고려의 각지를 공격하고 남쪽으로 향하는 교통로를 안내하는가 하면, 개경에 사신으로 파견되어 고려 조정을 압박하는 역할도 수행했다. 특히 그는 군대를 이끌고 고려 곳곳을 약탈하여 수많은 전리품을 챙겼으며, 전투 과정에서 다수의 고려 주민을 학살하거나 생포해 몽골로 잡아가기도 했다.

사실 홍복원은 몽골에서는 이방인이었기에 정치적 지위를 계속 유지하려면 성과와 역할을 적극적으로 알릴 필요가 있었다. 그는 요양·심양 지역의 개발과 확대라는 임무를 성공리에 수행하기 위해 잡아들인 고려 주민 중 상당수를 요동 지역에 강제 이주시켜 농지를 개간하게 했고, 나머지는 노비로 팔아 금전적인 이익을 챙겼다.

특히 그의 정치적 역할은 고려와 몽고가 계속 전쟁을 하고 있어야만 빛을 발하는 것이었기 때문에 양국 간의 외교적 마찰과 긴장 관계를 부추기는 일도 서슴지 않았던 것 같다. 한마디로 출세를 위해 다른 이들의 피해나 고통 따위는 안중에도 없는, 일종의 소시오패스 성향을 보였던 것이다.

홍복원은 몽골의 동북 지역 개발 과정에서 아주 출중한 능력을 과시했다. 그가 처음 몽골에 투항했을 때 불과 1,500여 가구에 7,000~8,000명 정도였던 주민 수는 6,000~7,000여 가구에 3만~3만 5000명으로 다섯 배 이상 크게 증가했다. 물론 주민 대부분은 몽골과의 전쟁 과정에서 붙잡혀 온 사람들이었다. 이렇게 홍복원은 몽골 황제의 전폭적인 신임 속에서 굳건한 지위를 유지했고, 미래는 거의 보장된 것처럼 보였다. 그러나 누가 알았으랴. 기세등등했던 홍복원은 아주 우연한 사건 때문에 끔찍한 최후를 맞이하게 된다.

홍복원의 기이한 최후

몽골은 고려를 침공할 때마다 매번 같은 항복 조건을 내걸었다. 첫

째, 고려 국왕과 신료들은 강화도에서 나와 개경으로 돌아올 것. 둘째, 국왕이 몽골로 직접 와서 황제를 알현할 것. 셋째, 왕자를 인질로 보낼 것 등이었다. 고려는 몽골의 이러한 요구들을 번번이 거부했으나, 몽골의 잇따른 침략으로 민간의 피해가 눈덩이처럼 불어나자 무조건 외면하기 어렵다는 것을 깨달았다.

고심하던 고려 조정은 국왕의 친아들 대신 왕족을 인질로 보내기로 결정했다. 1240(고종 27)년에 고종은 양자인 영령공 왕준(王綧)을 친아들이라고 속여 몽골로 보냈고, 몽골은 그를 국왕의 친아들로 믿고 받아들였다.

영령공 왕준이 처음 몽골에 들어왔을 때, 홍복원도 고종의 친아들이라고 여기고 향후에 자신에게 유리한 역할을 기대하며 좋은 관계를 맺으려고 했던 것 같다. 그래서 그의 대저택에 왕준을 살게 하면서 융숭한 대접을 했다. 그런데 가짜 왕자를 이용한 연극은 결국 꼬리가 밟히고 말았다. 왕준이 몽골로 온 지 13년이 흐른 1253(고종 40)년 겨울, '진짜' 고려 왕자가 몽골에 사절로 왔다. 그는 고종의 둘째 아들, 안경공 왕창(王淐)이었다.

이때 몽골 황제 몽케칸은 왕창이 13년 전에 온 영령공 왕준과 친형제 사이라고 여기고, 조정에서 둘을 맞대면시켰다. 그런데 두 사람이 어색하게 굴자 몽골 조정에 있던 어떤 고려인이 은밀히 황제에게 다가가 먼저 왔던 왕준은 사실 국왕의 친아들이 아니라고 고해바쳤다. 이 말을 들은 몽케칸은 크게 노해서 정색을 하고 왕준을 향해 다그쳐 물었다.

몽케칸   너는 전에 고려 국왕의 아들이라고 하였는데, 이게 어찌된 일이냐?

그러자 왕준은 마치 준비된 것처럼 태연히 다음과 같이 대꾸했다.

왕준   신은 어려서부터 궁중에서 길러져, 왕을 아버지로 삼고 왕후를 어머니로 삼아 살아왔습니다. 이번에 함께 온 사신 최린(崔璘)이 예전에 저를 데려왔던 사람이니 그에게 한번 물어보십시오.

왕준이 이전에 자신을 데려온 고려 사신 최린이 마침 황궁에 와 있음을 상기시키자, 몽케칸은 시선을 최린에게 돌렸다.

몽케칸   그럼 최린이 답해보라. 이게 어찌된 일인가!

황제가 서슬 푸른 노기를 띠며 최린을 노려보며 물었다. 그런데 뜻밖에도 최린은 침착한 얼굴로 황제의 물음에 답했다.

최린   영령공 왕준은 고려 국왕의 친아들이 아닙니다. 그는 그저 국왕의 애자(愛子)일 뿐입니다.
몽케칸   애자라니, 애자가 무엇인가?
최린   애자는 남의 자식을 들여서 자기 아들로 삼은 것을 말합니다. 만약 직접 낳은 자식이라면 어찌하여 다시 '애(愛)'자를 붙이겠습니까.

몽케칸 그럼 너희가 왕준을 보낼 적에 애자, 그러니까 양아들이라고 했단 말이냐?

최린 그렇습니다. 예전에 저희가 올린 국서에도 그렇게 적혀 있을 겁니다.

최린의 막힘없는 답변에 오히려 당황한 몽케칸은 곧바로 13년 전의 국서를 꺼내 확인하게 했다. 그러자 실제로 그 국서에는 왕준을 '애자(愛子)'라고 칭하고 있었다. 몽골에서는 '애자'라는 표현을 쓰지 않으니, 이를 글자 그대로 풀이해 '사랑하는' 또는 '아끼는' 아들 정도로 이해했을 것이다. 고려 조정은 왕준의 출신이 탄로가 날 경우를 대비해 교묘하게 면피용 장치를 만들어둔 것이다. 이를 깨달은 몽케칸은 잠시 침묵하다가 너털웃음을 터뜨리며 왕준을 향해 말했다.

몽케칸 너는 비록 국왕의 친아들은 아니나 본래 왕의 친족이었고, 오랫동안 나의 땅에 있으면서 이미 우리 무리가 되었으니, 어찌 다시 돌아가겠느냐? 나는 너를 처벌하지 않을 것이다.

『고려사高麗史』 기록에 따르면, 왕준은 외모가 아름답고 적극적인 성격에 문무를 겸비한 인물이었다고 한다. 고려는 의도적으로 황제의 마음에 들 수 있는 나름 매력적인 인물을 선별해서 몽골로 보냈던 것이다. 그렇게 왕준은 13년 동안 황제에게 친근감 있게 처신을 잘했고, 오랫동안 황제와 쌓아온 인간적인 유대와 정으로 처벌을 피할 수 있었다. 또

한편으로 몽케칸은 요동 지역에서 홍복원 일가의 세력이 점점 커지는 상황을 경계하고 있었다. 그리고 그를 견제할 만한 인물로 고려 왕족 출신이었던 왕준을 마음에 두고 있던 참이었다.

황제는 왕준을 몽골 황실의 여자와 결혼시킨 뒤 '고려군민총관'이라는 직책에 임명하고 홍복원이 관할하는 심양의 주민 2,000호를 떼어서 맡아 다스리게 했다. 요양에는 홍복원 집단이, 심양에는 왕준이 거느린 집단이 서로 대치하도록 만든 것이다. 뿐만 아니라 몽케칸은 고려 원정에 홍복원 대신 왕준을 적극적으로 참여시키기 시작했다. 이렇게 홍복원과 왕준의 역할이 겹치자 둘은 경쟁관계가 될 수밖에 없었고, 자연히 사이도 멀어졌다.

홍복원의 입장에서는 잘 대우한 왕준이 고려 국왕의 친아들이 아닌 것도 큰 충격인데, 자신이 오랫동안 어렵게 쌓아온 정치적 지위마저 거의 힘들이지 않고 야금야금 빼앗아가는 것이 몹시 불쾌하고 괘씸했다. 그는 분한 마음과 시기심을 이기지 못해서 몰래 집에 무당을 불러들였다. 그리고 왕준의 이름을 써 붙인 나무 인형을 만들어서 양손을 묶고 머리에 대못을 박았다. 그것을 땅에 묻기도 하고 우물 속에 집어넣기도 하면서 온갖 저주를 퍼부었다. 이것은 홍복원이 분에 못 이겨 벌인 지극히 개인적인 행동이었는데, 그 푸닥거리 소리가 꽤나 요란했던 모양이다.

평소 왕준과 가까운 사이였던 고려인이 우연히 홍복원의 집을 지나다가 저주의 굿판을 목격했다. 충격을 받은 그는 곧바로 황궁으로 달려가 황제에게 이 사실을 보고했다. 황제는 곧바로 홍복원의 집에 사람을 보내 왕준을 저주한 일이 있는지 여부를 캐물었는데, 이에 대해 홍복원은 천연덕스럽게 발뺌했다.

홍복원 제 자식이 학질을 앓고 있어서 병을 물리치는 의식을 했을 뿐, 다른 의도가 있었던 것은 아닙니다.

그의 변명에 몽골인 관리는 고개를 끄덕이며 별다른 추궁 없이 물러갔다. 사실 여기에서 그쳤다면 별 문제없이 일이 마무리되었을 것이다. 그러나 홍복원은 끓어오르는 분노를 억제하지 못하고 그 길로 왕준의 집으로 달려갔다. 그리고 집안으로 들어가 마당에 나온 왕준에게 욕설을 섞어가며 따지기 시작했다.

홍복원 왕준 당신이 처음 몽골에 왔을 때, 내가 당신을 내 집에 살게 하며 큰 은혜를 베풀지 않았는가. 그런데 어째서 황제 폐하께 참소를 해서 나를 곤경에 빠트리려 한 것인가. 세상에 이런 배은망덕한 경우가 어디 있는가. 버려진 개를 주워다 길러줬더니 도리어 주인을 문다는 게 바로 이런 경우 아닌가!

홍복원은 분노가 치민 나머지 앞뒤 안 가리고 왕준에게 막말을 퍼부었다. 이것이 그의 인생에서 가장 큰 실수가 되고 말았다. 그때 마침 왕준의 집에는 몽케칸이 왕준과 결혼시킨 몽골 황실 여인이 있었던 것이다. 그녀는 웬 사내놈이 와서 남편에게 '버려진 개'니 '주인을 물었느니'

하며 큰 소리로 모욕하는 것을 듣고는 분노해서 곧바로 방문을 박차고 뛰어나왔다. 몽골 여인들은 다른 지역 여성들에 비해 상당히 굳센 성격이었던 데다 황실 출신들은 그 자부심이 하늘을 찔렀다. 그녀는 무서운 얼굴로 홍복원에게 달려들어 따지기 시작했다.

왕준의 처 홍복원 너 방금 뭐라고 지껄였느냐?

난데없이 모습을 드러낸 왕준의 처를 본 홍복원은 크게 당황하여 그 자리에서 얼어붙고 말았다. 그러자 왕준의 처는 매섭게 홍복원을 노려보며 다시 질문을 이어갔다.

왕준의 처 홍복원 너는 예전에 고려에 있을 적에 뭘 하던 놈이었느냐?
홍복원 그저, 변방에 있던 사람입니다.
왕준의 처 그러면 우리 남편은 무엇을 하던 분이었느냐?
홍복원 왕족이셨습니다.
왕준의 처 그래, 잘 아는구나. 네가 말한 대로라면 내 남편이 너의 주인이고, 네가 개 아니냐. 그런데 도리어 우리 남편을 개라고 욕하면서 주인을 물었다고 말한 이유가 무엇이냐!

당시는 엄격한 신분제 사회였다. 왕준의 처가 지위 고하를 따지자, 본래 미천한 신분이었던 홍복원의 입장에서는 달리 할 말이 없었다. 말문이 막힌 홍복원의 모습에 왕준의 처는 노기를 가라앉히지 못하고 이렇게 쏘아붙였다.

왕준의 처   나는 본래 몽골 황족인데, 황제께서 우리 남편을 고려의 왕족이라고 소개하시면서 나를 혼인시키셨다. 그래서 내가 아침저녁으로 부지런히 남편을 모시면서 딴 마음을 품지 않았는데, 네 말대로 우리 남편이 개라면, 나는 그 개를 모시고 사는 인간이라는 소리 아니냐! 안 되겠다. 내가 이 일을 황제에게 모두 다 아뢸 것이다!

몽골의 전통 법에 따르면 '황금씨족'인 몽골 황실 사람을 모욕하거나 위협하는 자는 무조건 사형에 처하게 되어 있었다. 왕준의 처가 그 길로 대문을 열고 황제가 있는 황궁으로 향하려고 하자, 아연실색한 홍복원은 울며불며 그녀의 발 앞에 엎드려 죽을죄를 지었다고 싹싹 빌었다. 옆에서 이를 지켜보던 왕준도 일이 커지는 것이 두려웠는지 처를 말리고 나섰다. 그러나 두 남자 모두 화가 치밀어 오른 황족 여성 한 명을 끝내 붙잡지 못했다.

왕준의 처가 황궁으로 가버리자, 홍복원은 서둘러 일을 수습하기 위해 재산을 모두 왕준에게 주겠다고 사죄하고는 서둘러 황궁으로 가서 왕준의 처를 만나려고 했다. 그러나 한발 늦었던 것일까. 홍복원은 궁궐로 달려가던 길에 황제가 보낸 칙사 일행을 만났다. 칙사는 홍복원을 보자마자 대동한 몽골인 장사 수십 명을 그의 앞에 세웠다. 한눈에도 엄청난 체구인 장정 수십 명은 두려움에 떠는 홍복원의 주위를 빙 둘러쌌다.

몽케칸은 왕준 처가 고해바친 내용을 듣고 크게 분노한 나머지 홍복원을 몽골의 전통 방식으로 처형하라고 명령했던 것이다. 곧이어 몽골 장정들은 한 명씩 돌아가며 홍복원을 발로 걷어차기 시작했다. 이 잔혹한 처벌은 숨이 완전히 끊어질 때까지 계속되었다. 몽골에서 황제의 비호 아래 성공가도를 달리던 홍복원은 단 한순간의 실수로 허무하게 죽음을 맞고 말았다. 황제는 그것으로도 모자랐는지 홍복원의 관직과 전 재산까지 빼앗아버렸다.

어찌 보면 이 사건은 사소한 해프닝 같지만, 다른 한편으로 보면 심양과 요양 지역의 고려 주민에 대한 통치권을 두고 일어난 홍복원과 왕준 간의 힘겨루기이기도 했다. 즉 이 지역의 지배권을 두고 황제의 신임을 받으며 경쟁했던 홍복원과 왕준의 경쟁에서, 황제가 홍씨 일가를 누르고 왕준의 손을 들어줬다고 볼 수 있다. 지나치게 성장해버린 홍씨 일가에 대한 몽골 조정의 경계심이 발동한 것이다.

몽골 조정은 필요에 따라 예하에 있던 고려인들을 마음대로 쥐락펴락했다. 평생을 몽골을 위해 헌신한 홍복원도 결코 예외일 수는 없었던 것이다. 그러나 만약 나중에 정세가 바뀌어서 몽골 조정에 고려 왕실을 견제할 만한 인물이 또다시 필요하게 된다면 어떻게 될까. 그 시기는 멀지 않아 다시 돌아왔다. 이러한 몽골 조정의 변화를 기민하게 감지한 사람이 바로 홍복원이 죽을 당시 겨우 15세였던 둘째 아들 홍차구였다.

2장

홍차구,
진짜 괴물의 탄생

기나긴 전쟁의 끝

1250년대 들어 몽골군의 고려에 대한 공세는 매우 거세졌다. 1254(고종 41)년 한 해에 몽골군이 고려에서 끌고 간 민간인 수만 20만 6800여 명이었는데, 당시 고려 인구가 500만 명 안팎이었음을 감안한다면 이는 엄청난 피해가 아닐 수 없었다. 또한 몽골의 지속적인 침입으로 국토가 황폐해지자 제대로 농사를 짓거나 농작물을 거둘 수 없는 백성들의 생활은 피폐해졌고, 이런 상황은 고려 재정의 파탄으로 이어졌다. 이는 결국 몽골에 대한 저항의 동력을 상실하게 만들었다.

1258년, 기나긴 전쟁에 지친 고려 조정은 항복이 불가피하다는 결론을 내리게 되었다. 그리고 항복 의사를 몽골 황제에게 전하기 위해 태자 왕전(王倎, 훗날 원종) 일행을 몽골로 파견했다. 이들이 몽골로 향하던 시점에 몽케칸은 수도 카라코룸을 떠나 남송(南宋) 정벌을 위해 원정을 가 있던 상황이었다. 그런데 원정 중에 몽케칸이 지금의 쓰촨성 지역에서 병에 걸려 갑자기 사망하고 말았다. 항복문서를 들고 갔던 태자 왕전 일행이 황제의 막사에 도착하기 얼마 전의 일이었다.

곧이어 몽골에서는 새로운 칸의 계승권을 둘러싸고 형제들 간에 다툼이 벌어졌다. 먼저 몽케칸의 막냇동생인 아리크부카가 카라코룸에서 대칸의 지위에 올랐으나, 당시 남송 원정에 나가 있던 넷째 동생 쿠빌라

쿠빌라이칸

이는 이를 인정하지 않았다. 그는 황제가 되기 위해 긴급히 군대를 돌려 카라코룸을 향해 북상하기 시작했다. 한편 갑작스러운 몽케칸의 사망 소식에 망연자실한 채로 고려를 향해 돌아가던 태자 왕전 일행은 도중에 카라코룸을 향해 북상하던 쿠빌라이의 행차를 만나게 되었다.

당시 황위 계승 다툼에서 불리한 처지였던 쿠빌라이는 자신의 진영을 찾은 고려 태자 일행을 보고 크게 기뻐했다. 사실상 30여 년이 넘게 저항하던 고려가 자신을 황제로 인정하고 항복하기 위해 찾아왔다고 여긴 것이다. 이것은 고려에 큰 행운이었다. 왜냐하면 얼마 후 쿠빌라이가 아리크부카에게 연달아 승리하면서 대칸의 지위에 올랐기 때문이다. 이윽고 고려와 몽골의 관계도 자연히 해빙 무드로 들어가게 되었다.

홍복원의 아들, 홍차구의 복직

이처럼 고려와 몽골의 전쟁이 사실상 끝나가면서 양국 간 긴장도 완화되었는데, 이러한 훈훈한 전개를 매우 싫어하는 사람이 한 명 있었다. 바로 죽은 아비의 복수를 꿈꾸던 홍차구였다. 홍복원 때에도 그의 집안은 양국의 전쟁이 지속되는 상황 속에서 정치·경제적 이익을 얻을 수 있었다. 양국 간의 화해는 홍씨 가문에 결코 득이 될 게 없었다. 1259년 11월, 고려 원종(元宗, 재위 1259~1274년)이 보낸 사신 일행이 구체적인 항복 내용을 협의하기 위해 몽골 조정에 당도하자, 당시 17세였던 홍차구가 대담하게도 쿠빌라이칸에게 글을 올렸다.

폐하, 고려가 강화도에서 나와 항복하겠다는 것은 결코 사실이 아닙니다.

그러나 이때 고려 사신으로 몽골에 와 있던 이세재(李世材)는 고려와 몽골 양국 사이를 이간질하려는 홍차구의 음모를 알아채고는 발 빠르게 몽골 관리 야속달(也速達)을 찾아가서, "혹시 중간에서 참소하는 자가 있더라도 절대 그 말을 믿지 마십시오. 고려의 항복은 분명합니다"라고 미리 귀띔했다. 이에 야속달은 황제를 기만한 죄를 물어 홍차구를 감옥에 가두었다.

쿠빌라이가 몽골제국의 황제가 되긴 했지만, 막냇동생 아리크부카가 완전히 굴복하지 않은 상태였다. 이런 상황에 고려에서 종전(終戰)을 협의하러 왔기 때문에 쿠빌라이로서는 걱정 하나를 덜게 된 셈이었다. 어린 홍차구는 아직 이러한 정세를 냉정하게 읽을 만한 역량이 되지 못했던 것 같다. 홍차구는 다시 이를 악물고 상황이 바뀌기를 기다릴 수밖에 없었다.

고려에도 여전히 불안 요소가 있었다. 아직까지 고려 조정을 움직이는 실질적인 권력은 국왕이 아닌 무인 집정자에게 있었다. 그는 강화도에 머물면서 가장 강력한 군대인 삼별초를 거느리고 종종 국정에 개입했다. 이 때문에 고려는 몽골에 항복한 직후에도 곧바로 개경으로 도읍을 옮기지 못한 채 강화도에서 머뭇거리고 있었다.

몽골은 고려 조정에 반몽골 세력(무인 세력)이 있고 이들이 언제든지 다시 몽골에 맞설 수 있다고 우려했기 때문에 국왕인 원종을 전폭적으로 신뢰하지 못했다. 다시 고려 왕실을 끊임없이 견제하고 감시할 수 있는 인물이 필요해진 것이다. 고려 내부의 사정을 잘 아는 고려 출신이면서 고려 왕실의 이익과는 무관하게 몽골에 절대 충성할 수 있는 자는 누구인가. 확실히 영령공 왕준은 여기에 적합한 인물이 아니었다.

이러한 미묘한 분위기 변화를 감지했던 것일까. 홍차구는 이 시점에 또다시 몽골 황궁으로 찾아갔다.

홍차구   폐하, 왕준은 평소에 '나도 고려에서 상서령이었기 때문에 내 등급이 몽골의 황태자와 같다'라고 떠들고 다닙니다. 이런 무례한 자를 그대로 요양·심양 지역에 두시겠습니까.

쿠빌라이칸   그랬던가. 예전에 조정에서 너의 아비를 총애했는데, 그때 형벌을 잘못 적용하는 바람에 죽게 만들었구나. 기왕지사 이미 지난 일을 어찌하겠는가. 과거에 내린 처벌을 모두 사면해줄 것이니, 너는 예전에 아비가 담당했던 직책을 그대로 이어받아 복무하도록 하라.

영령공 왕준에 대한 홍차구의 참소는 상세한 조사가 필요했지만, 쿠빌라이는 참소한 말만 믿고 홍차구에게 왕준의 병사와 말들을 빼앗아주고, 홍복원이 담당했던 요양·심양 지역 총관직에 임명했다. 특히 몽골 황실이 예전에 홍복원을 처형한 것이 잘못임을 인정하기까지 했는데, 이러한 양보는 다분히 의도된 것이었다. 쿠빌라이는 홍씨 일가의 정치적 가치에 주목해 그를 고려 감시에 활용한 것이다.

이후 홍차구의 행운이 계속 이어졌다. 1269년에 고려의 무인 집정자였던 임연(林衍)이 친몽골 정책을 펴던 원종에게 불만을 품고 원종을 폐위시켰다. 이때 몽골은 고려에 군대를 보내 계속 주둔시키는 한편, 몽골군 사령관인 흔도(忻都)와 홍차구에게 고려 조정을 감시하고 국정에도 적극적으로 개입하게 했다. 이처럼 고려에서 반몽골 세력의 항거가 있을 때마다 홍차구의 입지는 더욱 강화되었는데, 그 대표적인 계기가 바로 삼별초의 난이었다.

삼별초 진압, 그리고 복수

1270년, 원종은 천신만고 끝에 무인 집정자였던 김준(金俊)과 임연·임유간(林惟幹)을 모두 제거하는 데 성공했다. 그리고 쿠빌라이에게 요청해서 데려온 몽골군과 함께 옛 수도 개경에 머물면서 강화도에 남아 있던 왕족과 관리, 주민들에게 서둘러 개경으로 돌아올 것을 명했다. 1232년 무인 집정자 최우가 강화도로 천도한 이래 약 40년 만에 다시 개경으로 돌아가게 된 것이다.

그런데 이때 강화도에서 무인 정권 아래에 있던 삼별초는 몽골과의 전쟁이 끝난 것을 인정하지 않았다. 게다가 개경으로 돌아갈 경우 무인 집정자 휘하의 자신들은 몽골에 의한 처벌을 피할 수 없다고 여겼다. 이에 삼별초는 배중손(裵仲孫)을 필두로 개경으로 옮겨간 고려 조정에 대항하여 반란을 일으켰다.

강화도에서 삼별초가 갑작스럽게 반란군으로 돌변하자, 그때까지 개경으로 옮기지 못한 관리들과 가족, 일부 왕족들은 서둘러 배를 구해

섬을 빠져나가려고 했다. 하지만 개중에 상당수는 삼별초에 붙들리고 말았다. 삼별초의 우두머리인 배중손은 미처 빠져나가지 못한 왕족 출신 승화후 왕온(王溫)을 강제로 왕으로 옹립한 뒤 배 1,000여 척에 사람들을 싣고 새로운 거점인 남쪽의 진도로 이동했다.

오랫동안 무인 정권의 통제를 받았던 고려 왕실은 당장 삼별초의 반란을 제압할 만한 군대가 없었다. 결국 고려 조정의 요청을 받은 쿠빌라이가 몽골군을 파견했다. 남쪽으로 내려온 몽골군은 고려군과 연합해 진도에 머물던 삼별초 본진을 토벌하는 작전을 개시했다. 바로 이때 몽골군을 이끌었던 장수가 바로 홍차구였다.

홍차구에게 삼별초 진압 임무는 황제의 신임을 얻을 수 있는 좋은 기회였다. 그는 진도에 상륙하자마자 앞장서서 삼별초의 중심지인 용장성으로 돌진했고, 성을 함락하는 데 결정적인 공을 세웠다. 이 전투에서 홍차구는 개인적인 복수도 자행했다. 당시 삼별초가 강제로 왕위에 옹립한 승화후 왕온은 홍복원의 죽음과 밀접한 관련이 있는 영령공 왕준의 친형이었다. 홍차구는 이 왕온을 죽임으로써 아비의 원한을 되갚고자 했다.

이때 몽골에 있었던 영령공 왕준은 친형이 홍차구에게 해를 당할 것을 우려해서 미리 자신의 아들인 왕옹(王雍)과 왕희(王熙)를 고려로 보내 삼별초 진압 작전에 참여시켰다. 그는 두 아들에게 진도에서 반드시 왕온을 먼저 찾아내 데려올 것을 지시했다.

실제로 고려와 몽골 연합군이 진도의 용장성을 함락시킨 직후, 왕준의 아들들과 홍차구 양측은 달아난 승화후 왕온 일행을 뒤쫓기 시작했다. 과연 누가 먼저 왕온 일행과 만났을까. 안타깝게도 홍차구의 군대가 한발 앞섰다. 사실 왕온은 삼별초가 억지로 왕위에 올린 인물이었기 때문에 생포해서 몽골 조정에 데려갔다면 정상을 참작하여 죽음을 면할 수 있었을지도 모른다. 그러나 홍차구는 아비의 죽음을 복수할 기회를 놓칠 생각이 없었다. 그는 승화후 왕온과 그 아들 왕환(王桓)을 붙잡자마자 바로 그 자리에서 목을 베었다. 왕온 부자는 자신들의 행위와 상관없이 복수의 희생양이 되고만 것이다.

무고한 사람을 죽여서 아비의 원한을 되갚은 홍차구의 만행은 여기서 그치지 않았다. 진도를 떠나 탐라(제주도)로 도망갔던 삼별초의 잔여 세력들도 얼마 뒤 모두 소탕되었는데, 이 과정에서 항복하거나 사로잡힌 삼별초의 지휘부 장수들이 100여 명이 넘었다. 고려군이 이들을 사로잡아서 몽골군에 인계하자, 홍차구는 죄의 경중을 따지지 않고 모든 포로의 목을 베어 죽였다. 또한 옛 삼별초 군인들의 처와 자식들이 섬에 남았다가 포로로 잡히자 이들을 몽골군에게 전리품으로 나누어 주었다. 그야말로 동족에 대한 연민이라고는 눈곱만큼도 찾아볼 수 없는 냉혈한이었다.

삼별초의 진압 과정에서 붙잡힌 고려 백성에 대한 처우도 문제였다. 고려군 사령관 김방경(金方慶)은 반란군 세력만 처단하고, 삼별초에 잡혀 억지로 강화도에서 끌려온 사람들과 진도 원주민에게 피해를 주지 않으려고 최대한 노력했다. 그러나 흔도와 홍차구가 이끄는 몽골군은 달랐다. 이들은 되도록 많은 포로를 잡아들이는 데 혈안이 돼 있었기에, 진도와 제주도 내의 무고한 주민들까지 닥치는 대로 포로로 삼았다. 개중에는 강화도에서 삼별초에게 강제로 잡혀 온 개경 출신의 주민들도 포함되어 있었다. 진도에서 붙잡힌 주민만 1만 명이 넘었을 정도였으니 그 규모가 결코 작지 않았음을 짐작할 수 있다. 이에 원종은 다급하게 쿠빌라이에게 탄원서를 올렸다.

> 삼별초의 반란을 피해 개경으로 나온 사람들의 부모, 친척과 노비 등이 진도로 납치되어 끌려갔다가 지금 다시 몽골군에게 포로로 잡혀갔습니다. 엎드려 바라건대 폐하께서는 장수들을 잘 타일러서 모두 고려로 돌려보내주십시오.

사태의 심각성을 파악한 몽골 조정은 무고한 고려인을 놓아주라고 지시했다. 그러나 흔도와 홍차구는 여전히 고려인을 포로로 잡아 몽골군 진영에서 부리거나 몽골로 보내 노비로 팔았다. 이러한 횡포에도 불구하고 원종은 이들을 제어할 권한이 없었다. 홍차구는 고려 왕실에 대한 개인적 원한 이외에도 고려에 대한 감시와 견제, 그리고 반몽골 세력의 제거 임무를 과도하게 이행함으로써 황제에게 자신의 충성심을 과시했다. 그리고 이 과정에서 수많은 사람을 노비로 잡아 개인적인 이득까지 꾀했다. 몽골인보다 더 잔혹한 고려인, 그것이 홍차구가 아비인 홍복원과 닮은꼴이라고 불리는 이유였다.

고려 왕실, 회심의 카드를 꺼내들다

1272년에 삼별초의 반란이 모두 진압되자, 쿠빌라이는 곧바로 자신이 꿈꿔온 또 다른 원정 계획을 실천에 옮긴다. 바로 몽골의 동방 원정 계획의 마지막 장인 일본 정복이었다. 하지만 일본 원정에 쓰일 전함을 만들거나 군량을 마련하고 군대를 징발하는 문제에 고려 왕실이 적극적일 리가 없었다. 이는 고려 사신 이장용(李藏用)이 황궁에서 쿠빌라이칸을 접견했을 때를 묘사한 『고려사』 기록에서도 확인할 수 있다.

쿠빌라이칸   짐이 고려에 명하여 전쟁을 도우라 하였는데 너희 나라는 군사의 수를 분명히 보고하지 않고 있다. 영령공 왕준이 얘기하기로는 고려에 5만 군사가 있다고 하는데, 그중 1만을 남겨 나라를 지키도록 하고 4만은 우리가 남송과 일본을 칠 때 도우라고 하지 않았는가. 예전에 칭기즈칸이 살아 계실 적에 서하국이 우리의 전쟁을 돕지 않았다가 어떤 꼴을 당했는지 아는가. 몽골이 출병할 때 전쟁을 돕는 것이 고려의 의무다. 너는 마땅히 돌아가 너희 왕에게 말하여 전함 1,000척을 만들고 쌀 3,000~4,000석을 실을 수 있도록 해야 할 것이다.

고려 사신   폐하, 우리 고려에는 4만의 군사가 있었습니다만, 지난 30년 간 전쟁과 전염병으로 태반이 죽었으며, 비록 백호·천호 같은 관직명이 있지만 다 허명일 뿐, 그들이 이끌 만한 군대는 존재하지 않습니다. 고려로 직접 사람을 보내서 확인하셔도 좋습니다.

쿠빌라이칸   아니, 그게 무슨 소리냐. 너희 나라에는 죽은 자만 있고 새로 태어나는 자가 없단 말이냐? 너희 나라에도 부녀자가 있을 텐데 어찌 새로 태어나는 자가 없겠느냐. 너는 나이가 많아서 잘 알 텐데, 말이 어찌 이리도 망령스러운 것이냐!

이처럼 쿠빌라이는 고려 사정에 어두웠다. 따라서 몽골에 적극 충성하면서 고려 사정을 잘 알고, 임무 추진력이 강한 사람이 필요했다.

이에 쿠빌라이는 홍차구를 일본 원정의 책임자인 '감독조선관군민총관'으로 임명해 고려로 보냈다. 고려에서 일본 원정에 필요한 함선과 군량·무기를 장만하는 데 전권을 휘두를 수 있도록 한 것이다. 또다시 고려 관련 직무를 받은 홍차구는 고려 국왕의 권한을 완전히 무시하고, 각지에서 가혹한 수탈과 인력 동원을 시작했다.

홍차구는 우선 원정에 쓰일 전함 900척의 건조 시한을 단 4개월로 잡아놓고 전국에서 기술자와 인부 3만여 명을 동원했다. 이때 혹독하게 사람들을 다루어 병들어 죽거나 쓰러진 자가 부지기수였다. 또한 고려에 할당된 5만 석이 넘는 군량을 충당하기 위해 백성을 수탈했을 뿐만 아니라 조정의 비상 창고까지 모두 열도록 했다. 30여 년 동안 이어졌던 몽골과의 전쟁이 끝난 지 얼마 되지도 않은 시점에서 고려는 또다시 아무런 실익도 없는 외국 원정에 막대한 인력과 물적 자원을 대느라 피폐해져 갔다.

특히 홍차구는 자신이 지시한 대로 뱃사공 등이 제때 도착하지 않은 책임을 물어 대장군 최면(崔沔)을 잡아다가 곤장을 때리기도 했다. 원종은 홍차구가 황제의 칙령을 빙자해 전국의 백성을 동원하고 중앙의 재원까지 마음대로 퍼 나르는 것을 보면서도 아무런 제재를 할 수 없었다. 그야말로 홍차구는 고려 국왕의 권한을 능멸하고 조정을 조롱하며 허수아비 취급을 한 것이다.

이렇게 고려인들을 쥐어짜서 일본 원정과 관련한 모든 준비를 마친 홍차구는 원정군의 부사령관으로 임명되었다. 홍차구는 무려 함선 900여 척에 병력 2만 5000명을 싣고 합천(지금의 마산)에서 일본으로 출항했다. 선박과 군량뿐만 아니라 원정군까지 제공했지만, 전쟁에서 이긴다고 한들 과연 고려가 얻을 수 있는 것은 무엇이었을까. 고려 왕실로서는 참으로 기가 막힐 노릇이었다.

한편 일본으로 간 고려와 몽골 연합군은 초반에 쓰시마섬(대마도)과 이키섬을 점령하고 큐슈 하카타만에 상륙하는 등 나름의 성과를 거두기도 했다. 그러나 이 원정은 이미 잘 알려진 대로 태풍을 만나서 참담한 실패로 끝나고 말았다. 혹자는 실패를 아쉬워할지도 모르겠지만, 만약 이때 홍차구가 일본을 굴복시키는 큰 공을 세웠다면 몽골에서 그의 권세가 어디까지 올랐을까. 어찌 보면 원정의 실패가 고려에게는 다행이었는지도 모르겠다.

그러나 쿠빌라이의 일본 정복에 대한 집념은 꺼지지 않았다. 그는 또다시 2차 일본 원정을 구상했고, 큰 이변이 없다면 원정 준비의 총책임자로 홍차구가 다시 임명될 가능성이 높았다. 고려 입장에서는 어떻게든 이 악몽에서 벗어나야만 했다. 홍차구는 단순히 일본 원정 준비뿐만 아니라 고려의 국정에까지 개입하는 등 국왕의 권한까지 넘보고 있었다. 상황이 이렇다 보니 홍차구에게 아부하며 자기 이익을 챙기는 관료들이 점점 늘어났다.

이제 원종은 결단을 내려야 했다. 이미 온 세상이 몽골제국의 천하가 된 상황이었다. 고려 왕실의 권위만으로는 몽골 황제의 지위를 등에 업은 홍차구를 절대 제어할 수 없었다. 이에 원종은 이전부터 강구한 극약 처방을 실행에 옮기기로 결심했다. 기울어진 상황을 단방에 뒤집을 만한 묘책은 단 하나밖에 없었다. 바로 절대적 권력을 가진 몽골 황실의 '가족'이 되는 것이었다.

원종, 몽골 황제의 부마가 되기를 간청하다

1269년, 원종은 친히 몽골로 행차했다. 고려의 완전한 항복을 조건으로 국왕의 '친조'를 내걸었던 몽골은 드디어 몸소 찾아온 원종 일행을 따뜻하게 맞이했다. 원종이 세자였던 시절에 한 번 만난 적이 있었던 쿠빌라이칸은 국왕이 된 원종을 반가워하며 친히 자기 앞에 앉혔다. 그렇게 연회의 분위기가 한창 무르익을 즈음, 원종이 갑작스럽게 황제에게 한 가지 요청을 하고 나섰다.

원종 지난 기미년(1259) 제가 세자였을 때 직접 몽골에 와서 찾아뵌 적이 있었는데, 마침 폐하께서 황제로 등극하실 때라 제가 크게 보살핌을 받았습니다. (중략) 황제께서는 그동안 제가 원하는 바를 다 받아주셨으며, 마침 저희 세자도 이곳 조정에 와 있습니다. 엎드려 바라옵건대 폐하의 공주를 저희 세자에게 내려주셔서 혼례를 하도록 해주십시오. 만약 그렇게 된다면 고려는 만세토록 영원히 제후로서 직분을 충실히 수행할 것입니다.

쿠빌라이의 입장에서 원종의 혼인 요청은 매우 뜻밖이었다. 불과 얼마 전까지만 해도 직접 몽골에 와서 황제를 알현하는 것조차도 차일피일 미루던 고려가 아니던가. 그런데 막상 찾아와서는 대뜸 황제의 딸을 내놓으라니. 이러한 당돌한 요청에 쿠빌라이도 처음에는 당황하여 내키지 않는 듯한 반응을 보였다.

쿠빌라이칸 그 문제는 이후 사신을 보내서 다시 청하면 생각해보겠다. 사실 친딸들은 이미 다 혼인을 했으니 다른 형제들과 의논해서 결정하겠다.

하지만 거짓말이었다. 사실 쿠빌라이에게는 혼인하지 않은 친딸 홀도로게리미실(忽都魯揭里迷失, 제국대장공주)이 있었다. 고려도 이 사실을 미리 알고 요청했을 것이다. 원종은 국왕의 권위만으로는 더 이상 정치적 입지를 제대로 세우기 어려운 현실을 인지하고 있었다. 몽골 조정은 계속해서 고려의 항복에 대해 의심스러운 눈초리를 보냈고, 홍차구 등 부몽 세력이 이러한 '불신'을 교묘하게 이용하여 고려의 내정을 압박하고 있었다.

이에 원종은 아예 고려 왕실과 몽골 황실 사이에 특별한 유대 관계를 맺어 몽골에 신뢰감을 주려고 했다. 특히 몽골 황실은 한번 혼인 관계를 맺은 가문과 계속해서 혼인 관계를 이어가는 풍속이 있었는데, 이렇게 몽골 황실의 일원으로 편입될 경우 몽골제국에서의 지위가 일반 귀족이나 관료보다 높아지게 되었다. 원종은 바로 홍차구의 아비 홍복원을 죽게 만들었던 '황금씨족'의 무서운 권위를 얻고자 했던 것이다. 그 과정은 결코 쉽지 않았다. 이후로도 원종은 응답이 없는 쿠빌라이에게 무려 5년 동안이나 수차례 표문을 올려 혼인을 요청했다. 그리고 마침내 고려 왕실은 원하던 것을 얻을 수 있었다.

1274년 5월 11일, 고려 세자 왕심(王諶)은 쿠빌라이의 친딸인 제국대장공주(齊國大長公主, 1259~1297년)와 혼인했다. 쿠빌라이가 결국 고려 왕자와 몽골 공주의 혼인을 허락한 것이다. 이처럼 고려가 몽골의 부마국이

충렬왕의 제1비인 제국대장공주는 세자였던 충렬왕이 원나라에 있을 때 혼인했고, 충렬왕이 왕위에 오르면서 고려에 함께 들어왔다.

된 것은 몽골의 강제가 아닌, 전적으로 고려 왕실의 간절한 요청 때문이었다. 이 혼인 관계는 고려 왕실이 곧 몽골 황실의 일원이자, 제국 질서에 적극 편입된다는 것을 의미했다. 또한 몽골제국 내에서 고려 왕실의 지위, 즉 국제적 지위가 급상승하는 결과를 가져왔다. 이로써 몽골제국 주변의 수십 개 복속국이 고려 왕실을 다시 보게 되었다.

이 거창한 혼사는 성사되기도 전부터 이미 몽골 조정에 소문이 퍼졌고, 몽골 관리들 역시 그동안 고려 국왕을 하대하던 태도가 180도 바뀌게 되었다. 양국의 혼인 논의가 한창이던 1269년 당시, 몽골 사신 흑적(黑的)이 고려에 찾아온 일이 있었는데, 이때 환영 잔치의 제일 높은 자리에 누가 앉을지를 두고 국왕인 원종과 몽골 사신이 서로 옥신각신하는 일이 벌어졌다.

원종   자, 몽골제국의 사신께서 상석에 오르시지요.

흑적   아이고 그게 무슨 말씀이십니까. 왕세자께서 이미 황제의 딸과 혼인을 허락받지 않으셨습니까. 그럼 저는 황제의 신하이고, 국왕께서는 바로 황제의 부마대왕(駙馬大王)의 아버지이신데, 제가 어찌 감히 예의를 건너뛸 수 있겠습니까.

원종   아니, 아직 정식 혼례도 치르지 않은 마당에 부마대왕이라니요. 황제의 사신을 아랫자리에 앉힐 수는 없습니다. 어서 상석에 오르십시오.

흑적   아닙니다. 말씀 낮추십시오. 그리고 윗사람인 국왕께서 남쪽을 바라보시면 저희들은 동쪽을 바라보는 게 예의입니다.

세자인 왕심과 몽골 공주와의 혼인이 아직 논의 단계였던 시기에 벌써 이런 상황이 벌어지다니 그동안 고려 조정에 위압적인 태도를 견지했던 몽골 사신이 고려 국왕을 공손히 대하며 연회의 상석을 양보하는 모습을 목격한 고려 신료들은 국왕의 위상이 이전과 같지 않음을 분명히 인지하게 되었다. 고려 내에 주둔하는 몽골군의 장수들 역시 이러한 상황 변화를 기민하게 살피고 있었다.

원종은 세자 왕심과 몽골 공주와의 혼인이 성사된 후 바로 이듬해인 1275년에 사망했다. 이에 몽골에 있던 세자 왕심이 고려로 돌아와 왕위에 올랐으니, 그가 바로 충렬왕이다. 아마 원종은 자신의 대에 땅에 떨어졌던 왕실의 위상과 영향력을 아들인 왕심이 되찾아주기를 간절히 바랐을 것이다. 실제로 몽골 황실의 부마이자, 몽골에 든든한 우방인 고려의 국왕으로서 충렬왕이 제국 내에서 갖는 지위는 이전과 완전히 달라져 있었다.

특히 충렬왕 곁에는 쿠빌라이의 친딸인 제국대장공주가 버티고 있었다. 충렬왕의 권위를 무시했다가는 옆에 앉은 제국대장공주의 매서운 눈빛이 번뜩일 것이 틀림없었다. 예전에 아비 홍복원이 가벼운 입놀림으로 한순간에 모든 것을 잃어버렸음을 기억하는 홍차구는 이러한 상황을 두려운 눈으로 바라봤다. 몽골과 고려 사이에 긴장 관계가 지속되어야 황제의 눈에 띄어 출세가도를 달릴 수 있었던 그의 입장에서 양국 관계의 안정화는 결코 실현되어서는 안 될 일이었다. 그리고 홍차구 자신은 여전히 쿠빌라이칸의 총애를 받는 신하가 아니었던가. 쿠빌라이의 부마인 충렬왕과 총신인 홍차구의 충돌은 피할 수 없는 일이 되었다.

3장

홍씨 일가와
고려 왕실이 맞붙다

김방경 무고 사건

1274년 1차 일본 원정이 실패로 돌아간 이후 홍차구는 몽골로 소환되었다. 고려-몽골 관계가 점차 안정되면서 홍차구의 이용 가치도 점차 낮아지고 있었다. 특히 황제의 부마인 충렬왕이 왕위에 오름으로써 몽골은 이제 고려가 다시 항전할 가능성이 낮다고 여겼다. 굳이 홍차구가 예전처럼 고려에 들어가 '감시자' 역할을 할 필요가 없었던 것이다. 홍차구는 그렇게 좁아져가는 자신의 입지에 초조했는데, 그러던 와중에 고려에서 작은 사건이 하나 터졌다.

1277(충렬왕 3)년, 군인 출신 위득유(韋得儒)와 노진의(盧進義)가 고려에

주둔한 몽골 장수 흔도를 찾아갔다. 그리고 "상장군 김방경이 무리를 이끌고 국왕과 제국대장공주, 다루가치 등을 죽이고 강화도로 들어가서 몽골에 반역할 것을 모의했다"라고 고발했다.

김방경은 고려 왕실의 충신으로 젊은 시절 몽골과의 전쟁에서 활약했으며, 고려가 몽골에 항복한 이후에는 삼별초의 난을 진압했다. 또 1차 일본 원정 때 고려군을 이끌고 출정해 큰 공을 세우기도 했다. 그는 단순히 고려 국왕의 신하만이 아닌, 쿠빌라이의 사업을 충실히 수행했던 몽골의 충신이기도 했던 것이다. 특히 그는 삼별초의 난을 진압한 직후 몽골로 건너가서 직접 쿠빌라이를 알현하기도 했는데, 그때 쿠빌라이는 김방경을 아주 극진하게 대우했다.

> 김방경이 가을에 조서를 받고 몽골에 가자 황제가 궁궐 문에 분부하여 즉시 들어오게 하였고, 몽골의 승상 다음 자리에 앉게 하여 음식을 직접 그의 그릇에 덜어 주었다. 이어서 금색 안장·채색 의복·금은을 내렸는데 은혜를 베푼 것이 비할 데가 없있다. -『고려사』

이후 김방경은 높은 관직을 받고, 고려인으로는 최초로 2품 이상의 몽골 고위 관리가 허리에 찼던 패물인 '호두금패(虎頭金牌)'를 하사받기도 했다. 그러나 김방경의 고려 왕실에 대한 충성심은 결코 흔들리지 않았다. 그는 흔도와 홍차구가 수차례 회유했음에도 불구하고 결코 절개를 굽히지 않았다.

흔도 몽골 황제께서 나에게 몽골군을 관리하고 그대에게는 고려군을 관할하라고 명하셨는데, 그대는 어찌하여 매사를 국왕에게 보고하고, 또 국왕은 그대에게 일일이 명령을 내리는 것인가. 이것이 과연 합당한 것인가. 이제 그대가 마음대로 지휘해도 되지 않겠는가.

김방경 아니, 그게 무슨 말씀입니까. 변방에 나가 있다면야 장수가 알아서 통제할 수 있겠지만, 국내에 있다면 마땅히 국왕의 통제를 받아야 하지요.

이러한 김방경의 꼿꼿한 태도는 몽골 장수들을 당황시키고 경계하게 만들기에 충분했다. 그는 삼별초 진압 과정에서도 무고한 백성을 닥치는 대로 죽이거나 포로로 잡아갔던 홍차구 등과는 달리 고려 백성의 피해를 최소화하기 위해 노력했다. 한마디로 김방경은 언제나 고려 국왕의 믿음과 총애를 받았지만, 동시에 몽골군 측의 경계 대상 1호였다. 바로 그러한 상황에서 김방경이 몽골에 반역을 꾸몄다는 고발장이 흔도에게 접수된 것이다.

흔도는 이를 고려 국정을 좌우지할 좋은 기회로 여기고 몽골군을 보내 개경 왕족들의 저택을 샅샅이 수색하고, 김방경을 궁궐로 불러들여 대신들 앞에서 심문하기도 했다. 그러나 정작 반역과 관련해서는 아무런 죄상을 밝혀낼 수 없었다. 오히려 고소장을 작성했다는 자들 가운데 한 명이 글을 읽지 못하는 문맹인 데다, 다른 고소인들 역시 위득유·노진 등의 회유에 억지로 고소장에 서명했다는 사실이 밝혀졌을 뿐이다.

특히 노진의는 진도의 삼별초 정벌에 참전했을 때 제멋대로 진도 백성들의 재물을 약탈했다. 이를 김방경이 적발하고 재물을 모두 압수해 국고로 귀속시킨 적이 있었다. 또 위득유는 일본 원정에서 같은 배에 탄 상관 김신(金侁)이 태풍으로 물에 빠져 죽었을 때 그를 적극적으로 구하려는 노력을 기울이지 않았다. 이 때문에 김방경이 국왕에게 보고하여 직무유기 혐의로 파직되었다.

결국 위득유와 노진의 모두 김방경에 대한 개인 원한으로 그를 무고했던 것에 불과했다. 이러한 정황을 눈치 챈 고려 대신이 김방경을 공개 심문하는 자리에서 오히려 고소인인 위득유와 노진의를 향해, "너희 둘은 개돼지만도 못한 놈들이다!" 하며 꾸짖었다. 상황이 이렇게 돌아가자 흔도 역시 더 이상 김방경을 추궁하지 못했고, 충렬왕과 고려 대신들은 서둘러 이 사건을 무고로 규정하여 종결짓고자 했다.

그러나 고려 조정의 바람과는 달리 김방경 고발 사건에 대한 소문이 몽골에 있던 홍차구의 귀에까지 들어갔다. 고려 장수가 충렬왕 내외와 몽골 관리를 죽이고 강화도에서 몽골에 저항하려 했다는 반역 모의 사건. 홍차구의 머릿속에 들어온 것은 바로 이 부분이었을 것이다. 그는 이 사건을 양국 관계의 우호적 흐름을 뒤집을 만한 결정적 계기로 만들 수 있다고 판단했다. 마치 과거 군사 정권의 위기마다 공안검사가 새로운 간첩 사건을 조작해낸 것과 같은 발상이었다.

홍차구 이 사건은 몽골에 대한 반역 음모와 관련이 있기 때문에 결코 가볍게 넘길 수 없는 일입니다. 저를 고려로 보내시면 김방경을 직접 심문하여 반역의 배후를 낱낱이 밝히겠습니다!

이 말을 들은 쿠빌라이는 일단 홍차구를 고려로 보내기로 결정했다. 다만 그의 지나친 의욕이 우려스러웠는지 김방경에 대한 심문은 허락하되 고려 국왕과 제국대장공주도 함께 참여할 것을 명했다. 이윽고 홍차구가 고려 조정에 당도하자, 충렬왕은 "이미 흔도와 함께 국문을 끝냈는데, 어찌하여 다시 국문을 하려 드는가"라며 따졌다. 그러나 홍차구가 그 말을 귀담아 들을 리 없었다. 그에게 김방경이 죄가 있는지 없는지 여부는 중요하지 않았다. 어떻게든 몽골에 대한 불온한 움직임이 있음을 밝혀서 아직까지 고려가 안정적인 복속국이 아님을 증명해야만 했다. 그는 황제의 명을 빙자해 직접 김방경에게 무지막지한 고문을 가했다.

> 홍차구는 김방경의 머리에 쇠사슬을 씌우고 못질을 할 듯이 하였으며, 또 곤장 때리는 자를 꾸짖어 그의 머리를 치게 하였다. 발가벗기고 종일 세워놓았는데 날씨가 매우 추워 피부가 얼어서 마치 먹물을 뿌린 듯하였다. -『고려사』

당시 김방경의 나이가 67세였다. 고문이 얼마나 혹심했는지, 옆에서 보다 못한 몽골 관리가 나서서 뜯어말릴 정도였다. 홍차구가 말을 듣지 않자 관리는 "나중에 황제께서 이 일에 대해 물으신다면, 마땅히 듣고 본 대로 대답할 것이다!"라고 소리치기도 했다. 그러나 홍차구는 꿈쩍도

하지 않았다. 그는 어떻게든 고려 내에 불온한 움직임이 있음을 드러냄으로써 충렬왕의 통치력에 타격을 주고, 자신이 고려 내정에 개입할 명분을 만들어야만 했다.

그러나 홍차구의 바람과는 달리 노장은 혹심한 고문을 당하면서도 입을 열지 않고 묵묵히 버텼다. 원하는 내용을 자복하지 않자 홍차구는 충렬왕에게 다가가 은밀하게, "김방경이 죄를 인정하면 법에 따라 유배형에 처할 것이요, 고려 국왕에게는 해가 가지 않게 하겠습니다"라고 회유하기도 했다. 이에 충렬왕도 고문을 차마 눈뜨고 볼 수 없었는지 김방경에게 자백을 권유하기도 했지만, 김방경은 끝끝내 굴복하지 않았다.

홍차구는 김방경이 입을 열지 않자, 그의 저택과 주변 인물, 심지어 부하들의 집에까지 사람을 보내 대대적으로 '압수수색'을 펼쳤다. 그러나 결국 찾아낸 것은 예전에 김방경 밑에 있던 군인들의 집에서 나온 갑옷 46벌뿐이었다. 이것들은 예전에 일본 원정 때 나눠준 것으로, 원칙대로라면 모두 반납해야 했다. 위법이었지만 김방경 무리가 강화도에 들어가서 몽골에 대대적으로 저항하려 했다는 물증이라고 보기는 힘들었다. 그럼에도 홍차구는 이 소소한 물증만을 바탕으로 실제 반역 음모가 있었던 것처럼 황제에게 보고했다.

> 죄인 김방경은 군량을 쌓아두고 선박을 건조했으며, 많은 병장기를 은닉하고 반란을 도모하였습니다. 청컨대 개경 이남의 요충지에 몽골군을 두어 수비하게 하고, 각 지방에 다루가치를 두게 하십시오. 그리고 김방경과 그 가족은 모두 몽골로 보내어 노예로 삼고, 그가 소유한 토지를 거두

어 군량에 충당케 하십시오.

그러나 애초에 무리한 기소였다. 쿠빌라이는 김방경의 부하들이 은닉한 갑옷이 불과 46벌밖에 되지 않음을 이미 보고받았다. 도저히 대대적인 반란을 꾀한 근거라고 보기 어려웠다. 게다가 김방경이 개경에 저택을 짓고 있었던 정황 등이 나오면서, '이것이 곧 강화도로 들어가 대대적으로 반란을 일으킬 수괴의 행동인가'라는 문제 제기를 하는 사람들도 생겨났다. 이에 쿠빌라이는 홍차구를 일단 몽골로 소환했고, 사건의 진상을 자세히 듣기 위해 충렬왕과 김방경 등 관계자들도 몽골로 오도록 명령했다. 그렇게 충렬왕이 황제 앞에 나아가 자기 목소리를 낼 기회가 찾아왔다.

국왕 노릇 못해 먹겠다

1278년 7월, 쿠빌라이는 충렬왕과 김방경, 몽골군 원수 흔도, 김방경 사건의 최초 고발자인 위득유와 노진의까지 해당 사건의 관련자들을 모두 몽골로 소환했다. 이윽고 몽골에 도착한 흔도가 고려에 주둔할 동안에 있었던 일들을 보고하기 위해 쿠빌라이를 찾았다. 그는 황제를 대면한 자리에서 이전처럼 고려 국정을 이모저모 비판한 뒤 자신이 내린 조치를 허락해줄 것을 요청했다.

흔도 폐하, 고려 재상들이 백성을 수탈하고 자기 수하에 은닉하는 바람에 국가에서 인부를 쓰거나 군인을 징발할 때 동원할 사람들이 없는 실정입니다. 폐하께서 이를 금지해주십시오. 또한 고려 군대 조직이 번잡하니, 이를 모두 폐지하여 별도로 편성해주시면 좋을 듯하옵니다. 또……

그런데 가만히 듣고 있던 쿠빌라이가 갑자기 정색을 하며 흔도의 말을 끊었다.

쿠빌라이칸 흔도, 네가 그것들을 고려 국왕과 함께 의논한 뒤에 아뢰는 것이냐?
흔도 아, 그것은 아닙니다.
쿠빌라이칸 네가 고려의 국정을 담당한 자가 아닐진대 왜 마음대로 나서는 것이냐!

흔도는 이전에 몽골에 올 때마다 황제에게 고려 국정을 보고하고 원하는 조처들을 제안하여 허락받았다. 그러나 이번에는 황제의 태도가 사뭇 달라져 있었다. 원칙적으로 황제에게 고려 통치를 정식으로 위임받은 것은 고려 국왕이었다. 바로 그 고려 국왕이 몽골에 함께 와 있지 않은가. 국정을 먼저 보고하고 관련 정책을 수락 받는 것은 마땅히 고려 국왕이이어야 했다. 흔도는 황제의 질책에 머리를 긁적거리며 충렬왕에게 본인의 안건에 대해 동의를 구하기 위해 말을 걸었다.

흔도 국왕께서는 제 의견을 어떻게 생각하시는지요. 당연히 이행해야 할 조치들 아닙니까?

충렬왕 …….

흔도 아니, 왜 아무런 대답을 안 하시는 겁니까!

흔도는 자신을 무시하는 처사라고 생각하여 몹시 분개했으나, 충렬왕은 끝내 묵묵부답이었다. 그는 자신이 대답할 의무가 없다는 것을 인지하고 있었다. 세자 시절부터 몽골에서 쭉 생활했고, 국왕으로 즉위하기 전에도 다섯 차례나 몽골로 가서 황제를 알현한 적이 있었던 충렬왕은 몽골 조정의 분위기와 황제의 의중을 제대로 파악하고 있었던 것이다. 그는 황제 쿠빌라이를 향해 활짝 웃어 보이며 조심스럽게 입을 열었다.

충렬왕 지난번에 황제께서 몸소 북방의 적들을 정벌하신다는 소식을 듣고 저 역시 힘을 다해 정벌을 돕겠다고 청하였는데, 폐하께서 길이 멀다며 허락하지 않으셨습니다. 신이 이제 몽골에 왔으니 직접 갑옷을 입고 출전하여 폐하의 은혜에 보답하고 싶습니다.

쿠빌라이칸 하하하, 그럴 필요 없다. 지난번에 북방 사람들이 공연히 변방을 소란하게 하였는데 지금은 이미 궤멸되었느니라.

충렬왕 폐하, 일본은 일개 섬 오랑캐일 뿐인데 바닷길이 험한 것을 믿고 감히 천자의 군대에 대항하고 있습니다. 원컨대 제가 배를 건조하고 군량을 비축한 다음, 일본 토벌에 나서서 반드시 성공시키겠습니다.

쿠빌라이칸 오오, 그런가. 조정의 대신들과 잘 의논하여 처리하도록 하라.

사실 원병을 파견하는 문제와 일본 원정의 준비는 고려에 몹시 부담스러운 사안들이었다. 그러나 북방의 전쟁은 이미 끝나서 원병을 보낼 필요가 없었고, 일본 원정은 쿠빌라이가 반드시 실행하겠다고 결심을 굳힌 상황이었기 때문에 충렬왕은 적극적으로 나설 것처럼 비유를 맞춰 자신의 충성심을 드러내는 수단으로 삼고자 했던 것 같다. 사위로부터 이러한 인사치레를 들은 쿠빌라이는 기분이 꽤나 좋아졌다. 충렬왕은 곧바로 그동안 품은 요구 사항을 하나씩 꺼내기 시작했다.

충렬왕   폐하, 공주를 저에게 시집보내시어 성은으로 돌보아주시니 뭐라 감사드려야 할지 모르겠습니다.

쿠빌라이칸   공주가 건강하게 잘 지낸다는 소식은 이미 들었다. 다 그대의 복이다.

충렬왕   폐하, 한 가지 긴히 드릴 말씀이 있습니다.

쿠빌라이칸   말해보라.

충렬왕   제가 폐하의 명을 받들어 고려의 정사를 담당하는데, 평소 나랏일을 훼방하는 자가 있어 국정을 운영하는 데 큰 어려움이 있습니다.

쿠빌라이칸   아니, 누가 감히 나랏일을 훼방 놓는다는 말인가!

충렬왕   바로 홍차구 때문에 나라 다스리기가 힘듭니다.

쿠빌라이칸   뭐, 홍차구가 국정을 방해했다고?

충렬왕   그렇습니다. 홍차구는 본래 폐하께 군사 직위만 받았으니 관련 직무만 담당하면 그만인데, 아예 나랏일 전반에 끼어들어서 제멋대로 좌지우지하려고 듭니다.

쿠빌라이칸   홍차구가 그런 짓을 했단 말인가?

충렬왕   그렇습니다. 만약 황제께서 고려에 몽골군을 주둔시키려고 하신다면 몽골 사람이든 한족 출신이든 다 보내셔도 좋습니다. 다만 홍차구와 그가 거느린 군대만큼은 꼭 소환해주시기 바랍니다.

충렬왕은 이처럼 홍차구를 콕 집어 그의 월권과 전횡을 고발했다. 원래 고려의 국정 전반을 통치하는 것은 자신인데, 원칙적으로 군사직만 수행해야 할 홍차구가 통치 전반에 간섭하고 국정을 마비시키고 있음을 고발한 것이다. 사위의 이 같은 불만 표출에 놀란 쿠빌라이는 일단 홍차구의 소환 문제에 대해서는 긍정적으로 답하면서도, 고려의 국정에 대한 일종의 우려를 전했다.

쿠빌라이칸   그래, 홍차구를 소환하는 거야 뭐가 어렵겠는가. 그런데 내가 듣기로 고려 국왕은 재상들의 꾀임에 자주 현혹된다는 얘기가 있다. 그래서야 어디 백성을 제대로 다스릴 수 있겠는가.

충렬왕   그건 홍차구가 지어 올린 거짓말입니다.

쿠빌라이칸   홍차구만 그런 얘기를 하는 것이 아니다. 그대는 재상들과 더불어 나라를 잘 보존할 수 있는 방도를 의논해서 행해야 할 것이다.

즉 쿠빌라이는 김방경 사건 등과 관련하여 충렬왕의 국정 운영에 대한 불신이 여전히 남아 있음을 드러낸 것이다. 통치에 문제가 있는 것처럼 알린 이는 분명 홍차구와 흔도였을 것이다. 충렬왕은 이러한 황제의 우려를 듣자마자 김방경의 무고를 들어 적극적으로 항변을 하고 나섰다.

충렬왕   폐하, 이번에 간사한 인간들이 김방경이 반역을 꾸민다고 밀고하여 몽골 장수 흔도가 개경에 들어와 그를 심문하였습니다. 심문해본 결과 다른 것은 전혀 나온 게 없고, 오직 일본 원정에 갔던 장병들 가운데 갑옷을 미처 관청에 반납하지 않은 자가 몇 명 있었을 뿐입니다. 이게 무슨 반역죄란 말입니까. 이건 모두 김방경을 참소하려는 자들이 꾸민 일입니다. 만약 앞으로 이와 같은 문제가 발생하면 국왕인 제가 직접 죄를 물을 수 있게 해주십시오.

쿠빌라이칸   그건 고려 왕이 알아서 하면 될 것이다. 그대가 요청한 대로 홍차구는 곧 몽골로 소환할 것이다.

충렬왕이 김방경의 무고 사건을 적극 항변하고 나서자, 무리한 기소였음을 인지한 쿠빌라이도 홍차구의 과도한 월권행위를 인정하고 몽골로 소환할 것을 결정했다.

그런데 충렬왕의 항의는 여기서 그치지 않았다. 그는 며칠 뒤에 쿠빌라이에게 글을 올려 고려가 몽골에 반역을 모의한다는 식의 무고를 일삼은 자들과 그를 배후에서 조종한 홍차구·흔도 등 몽골 관리들의 행태에 대해 엄중 항의했다.

충렬왕   고려의 간사한 자들이 평소 품었던 불만을 풀어보고자 거짓으로 누군가를 고발하거나 익명으로 투서하는 일이 있었는데, 여기에 몽골 군대와 관리가 고문을 자행하는 등 온 나라가 소란스러웠습니다. 또한 걸핏하면 우리 고려가 몽골을 배반하고 다시 강화도로 들어가서 저항할 궁리를 하고 있다고 무고를 하는 사람들도 있습니다. 제가 고려 왕으로서 이를 더 이상 두고 볼 수 없습니다. 황제 폐하께 바라오니 차라리 강화도에 몽골군을 주둔시켜주십시오. 그들이 계속 그곳에서 농사짓고 머문다면, 더 이상 고려 백성이 강화도로 도망가서 반역을 꾀할지 모른다고 걱정할 필요가 없지 않겠습니까. 그리고 이제부터는 고소장을 내는 자가 있다면, 고려 조정에서 사건의 전말을 조사한 다음에 몽골에 알리겠으니 (사건 조사를 명목으로) 몽골군을 풀어놓아서 우리 백성을 놀라게 하는 일이 없게 해주십시오.

고려에는 홍차구 등과 더불어 고려 조정을 모해해 몽골로부터 충성심을 인정받으려는 기회주의자들이 적지 않았다. 이들은 번번이 고려가 강화도로 다시 들어가 몽골에 저항하려 한다는 음모론을 제기했고, 홍차구와 흔도도 이러한 무고 사건에 대한 조사를 명목으로 몽골군을 보내 민심을 동요시키기 일쑤였다. 고려 조정은 그동안 이러한 자들의 책동을 일일이 제어하기 어려웠다.

충렬왕은 여기에 대해서, '그렇게 의심스러우면 차라리 강화도에 몽골군을 상주시키라'고 당당하게 요구하는 것이다. 사실 충렬왕도 수도 개경에 가까운 강화도에 몽골군이 주둔하는 것을 원치 않았다. 그러나 매번 고려 조정을 의심하는 몽골을 향해 '내가 이렇게까지 말해야 믿겠는가!' 하는 강력한 항의 표시를 한 셈이었다. 이러한 강경 발언은 몽골 황제의 부마로서 충렬왕이 갖는 당당한 정치적 위상을 보여준다.

또한 충렬왕이 비판한 내용 가운데는 '몽골 군대와 관리 때문에 온 나라가 소란스러워졌다'라거나 '몽골군을 풀어놓아서 우리 백성들을 놀라게 하는 일'에 대한 언급이 있다. 이런 충렬왕의 공격은 홍차구뿐만 아니라 몽골 장수 흔도를 함께 겨냥한 것이었다. 특히 흔도는 김방경 무고 사건을 수사하는 과정에서 고려 대신들을 비롯해 왕족들의 저택까지 함부로 침입하여 무리하게 수색함으로써 충렬왕의 심기를 크게 건드린 터였다. 충렬왕은 그의 만행을 그냥 넘길 생각이 없었다.

몽골에서는 전통적으로 정치적인 분쟁이 있을 때 대칸의 앞에서 직접 대질을 하여 잘잘못을 가리는 방식을 선호하는 경향이 있었다. 충렬왕의 발언을 전해 들은 쿠빌라이는 흔도를 불러냈다. 흔도가 고려에서 몽골군을 함부로 움직여서 고려 백성들을 동요시켰는지 여부를 확인하기 위해서였다. 그렇게 쿠빌라이 앞에 충렬왕과 흔도가 서게 됐다. 이때 두 사람의 대화를 주재하는 사회자로 몽골 관리 패라가 나섰다.

패라 자, 흔도 장군에게 먼저 묻겠습니다. 지난번에 몽골 군대가 고려에서 소요를 일으켰다고 들었는데, 이게 사실입니까?

흔도 (충렬왕을 바라보며) 우리 군사가 고려에서 소요를 일으켰다고 하는데, 고려 국왕께서 아는 것이 있으면 지금 말씀해보시죠.

일단 사실 확인을 위한 자리였기 때문에 흔도는 충렬왕이 고소한 내용을 자세히 듣고 반박하려고 생각했을 것이다. 그런데 이때 답변에 나선 충렬왕이 자리에서 벌떡 일어서더니 매우 격정적으로 흔도를 다그치기 시작했다.

충렬왕 흔도, 너의 부하들이 김방경의 모반을 꼬투리 삼아서 내 아들 집까지 멋대로 침범하지 않았는가. 내가 그놈들을 붙잡아서 너에게 맡겼더니 네가 (죄를 인정하여) 곧바로 그놈들에게 곤장을 쳤던 일을 기억할 것이다. 왕족인 내 아들의 집도 몽골군의 침범을 면치 못하였는데 하물며 백성들이야 오죽했겠느냐. 너희들은 내가 고려 백성들을 안정시키지 못한다고 매번 참소하였는데 너희들이 제멋대로 피운 소란이 이와 같으니 내가 어떻게 나라를 안정시킬 수 있었겠는가!

이러한 충렬왕의 갑작스러운 공격에 말문이 막힌 흔도는 그만 입을 다물고 말았다. 흔도가 아무 답변을 못 하자 충렬왕은 더욱 기세를 올려 강경 발언을 이어갔다.

충렬왕 저는 도저히 흔도 같은 자들과 함께 고려에 있을 수 없습니다. 차라리 황제께서 몽골제국의 한 귀퉁이 땅이라도 떼어 주시면 제가 백성들을 거느리고 가서 살겠습니다. 그곳에 살면서 온 힘을 다해 황제 폐하를 섬기고 싶습니다.

패라 아니, 황제께서는 단지 몽골 군대가 고려에서 소란을 일으켰다기에 정말 그러한지 여부만을 물으셨는데, 고려 왕께서는 무슨 그런 심한 말씀을 하십니까?

쿠빌라이는 흔도의 전횡이 실제로 있었는지 여부에 대해 확인차 대질을 한 것이었다. 그런데 충렬왕이 예상과 달리 꽤 강경하게 흔도의 잘못을 따질 뿐만 아니라, 그로 인해 통치가 매우 힘들다고 고발까지 한 셈이 되었다. 아마도 충렬왕의 발언은 황제 앞에서 흔도의 기를 꺾고, 더 나아가 몽골군을 완전히 소환해달라는 요청을 하기 위함이었을 것이다.

이처럼 장인 앞에서 '이대로는 못해 먹겠다'라고 난리를 친 사위에게 쿠빌라이가 뭐라고 응답했는지는 기록이 분명하지 않다. 다만 충렬왕의 발언 이후 쿠빌라이는 충렬왕과 공주, 고려 관리들에게 의복을 하사했다고 한다. 갑작스럽게 충렬왕의 흥분한 모습을 본 황제는 그동안 딸과 사위가 고려에서 겪었을 고초를 위로하고 싶었던 것 같다.

과거에 몽골 조정은 흔도와 홍차구의 '안방'이었으며, 오직 그들의 보고만이 황제의 귀에 들어갔다. 그러나 이제 상황이 바뀌었다. 황제가 가장 아끼는 사람은 눈앞에 있는 사위인 충렬왕이지, 흔도나 홍차구 따위가 아니었다. 충렬왕은 이러한 상황 변화를 냉철하게 파악하고 있었다. 설사 충렬왕의 발언에 일부 과장이 있었다고 한들 그의 감정적 호소는 '한 가족'인 황제의 마음을 움직이기에 충분했다.

한편 김방경을 고소한 위득유와 노진의는 몽골로 이동하던 길에 시름시름 앓다가 모두 사망하고 말았다. 아마도 무고로 드러나면 큰 처벌을 받을까 봐 무척 두려웠을 것이다. 고발 당사자가 죽었으니 대질 조사는 불가능하게 되었다. 충렬왕의 토로를 근거로 앞뒤 정황을 파악한 쿠빌라이는 최종적으로 애지중지하는 사위를 귀국시키면서 큰 선물을 안겼다.

쿠빌라이칸   처음에 김방경을 고소했던 두 사람이 모두 죽었으니 대질조사는 할 수 없다. 짐은 이미 김방경의 억울함을 알고 석방했으며, 흔도와 홍차구를 비롯해 고려에 주둔한 몽골군에게 모두 돌아오라고 명하였다.

충렬왕   신이 일찍이 홍차구의 군대를 소환해달라고 청한 것도 황공한 일인데, 지금 군대를 모두 소환하시니 저로서는 폐하의 만수무강을 빌 따름입니다. 그리고 폐하, 한 가지 청이 더 있습니다.

쿠빌라이칸   말해보라.

충렬왕   홍차구와 흔도의 군대가 귀환할 때 고려 백성을 잡아갈까 걱정입니다. 청컨대 이를 금지하여주십시오.

쿠빌라이칸   내가 이미 일러두었는데, 누가 감히 그대의 백성을 한 사람이라도 잡아가겠는가.

충렬왕은 홍차구와 흔도를 비롯해 고려에 주둔해 있던 몽골군의 전면 철수라는 엄청난 외교적 성과를 얻어냈다. 이와 관련해 충렬왕은 쿠빌라이에게 한 가지 부탁을 추가로 했다. 몽골군은 삼별초 정벌 때 사로잡은 많은 고려인을 아직 포로로 데리고 있었다. 또한 고려 여성과 혼인해 자식을 둔 몽골군도 있었는데, 정식 결혼을 하지 않은 경우에도 '가족'이라는 명목으로 여성과 아이들을 마구잡이로 끌고 갈 수 있었다.

충렬왕은 이러한 상황까지 미리 예상하고, 홍차구와 흔도가 귀환할 때 무고한 백성을 함부로 데려가지 못하게 해달라고 요청한 것이다. 쿠빌라이는 충렬왕의 두 번째 요구 역시 흔쾌히 들어주었다. 황제에게 확답을 받은 충렬왕의 입가에 회심의 미소가 번졌다. 드디어 유리한 고지를 차지한 충렬왕이 흔도와 홍차구의 목줄을 쥐고 흔들 기회가 찾아온 것이다.

충렬왕은 고려로 귀국하자마자 각 지역으로 관리를 보내 몽골 군인과 고려 여인 간 정식 혼인 여부를 면밀히 조사했다. 몽골군이 고려의 무고한 백성을 '포로' 혹은 '가족'이라는 명목으로 끌고 가기 전에 미리 법적으로 입증되지 않은 관계는 모조리 부정할 심산이었다. 그리고 흔도와 홍차구에게 협조한 고려인 관리와 대신들을 숙청하기 시작했다. 이 과정에서 홍차구와 친분이 있었던 이분희(李汾禧)·이습(李槢) 형제가 처형당했고, 그 외에도 16명의 관인들이 각종 명목으로 처형되거나 귀양길에 올랐다. 그야말로 속전속결의 조치였다.

몽골에 머물던 홍차구는 자신의 군대에 있는 고려인 포로들을 풀어준다는 소식을 듣게 되었다. 게다가 자신의 오른팔·왼팔이나 다름없었던 이분희·이습 등을 가차 없이 처형했다는 소식을 전해 듣고는 심각한 위기감을 느꼈다. 이를 가만히 두고 보고만 있을 그가 아니었다. 홍차구는 일단 충렬왕이 이분희 등을 처형한 일을 쿠빌라이에게 고발하고 나섰다.

홍차구   폐하, 고려 국왕이 관리를 시켜 고려에 주둔한 몽골군의 처와 자식들을 몽골로 오지 못하게 불잡아뒀다고 합니다. 게다가 고려 장군 김방경은 평소에 높은 지위와 막강한 권력을 이용해 불법적인 일을 많이 저질렀는데, 그때마다 이를 막아왔던 것이 바로 이분희·이습 형제였습니다. 아무리 고려 국왕이라 할지라도 이분희처럼 몽골에 큰 공이 있고 아무런 죄도 없는 고위 관리를 마음대로 죽일 수는 없는 노릇이옵니다.

고려 국왕이 몽골의 황제에게 허락을 구하지 않고 고위급 대신을 마음대로 처형할 수 있는지 여부에 대해서는 논란이 있을 수 있었다. 다만 홍차구는 여기에 더하여 충렬왕이 김방경과 더불어 불법적인 무언가를 자행하기 위해 충신들을 죽인 것처럼 고발한 것이다. 귀가 얇은 쿠빌라이는 홍차구의 말을 듣고 충렬왕의 행동에 막연한 의구심이 들었다. 그래서 또다시 평소 선호하는 방식대로 충렬왕과 홍차구를 대질하기로 했다. 충렬왕이 몽골에 다녀온 지 거의 두 달 만이었다. 충렬왕은 쿠빌라이 앞에서 단단히 벼르던 홍차구와 직접 대면한 가운데 한판 기싸움을 벌이게 되었다.

4장

고려 왕실의 대반격

쿠빌라이 앞에서 벌어진 불꽃 튀는 논쟁

1279년 1월, 홍차구와 충렬왕은 드디어 쿠빌라이 앞에 섰다. 황제는 지난번처럼 패라에게 대질심문을 주재하게 했다. 고발당한 사람은 충렬왕이었기 때문에 패라는 먼저 충렬왕에게 홍차구의 고발 내용이 사실인지 여부를 추궁했다.

패라 홍차구 말에 따르면 김방경이 불법적인 일을 저지를 때마다 이분희가 이를 막자, 김방경이 국왕에게 무고하여 이분희 형제를 죽게 만들었다고 들었습니다. 이게 사실입니까?

패라가 묻자 충렬왕이 비교적 차분하게 이분희를 처형하게 된 배경을 설명했다.

충렬왕 아직 수도가 강화도에 있을 적에 무인 집정자였던 임연이 감히 국왕인 원종을 마음대로 폐위시키고, 대신 안경공 왕창이라는 자를 새로운 국왕으로 세운 적이 있었습니다. 그때 임연을 도와서 폐위를 주도했던 자가 바로 이분희입니다. 훗날 제가 왕위를 이어받은 후에도 이분희·이습 형제가 매번 저의 명령을 어겼기 때문에 제가 부득이 그들을 처벌할 수밖에 없었던 것입니다.

충렬왕의 발언이 끝나자 홍차구가 다소 격하게 반발하고 나섰다. 결코 그 자리에서 물러서지 않기 위해 단단히 마음을 먹었던 것 같다.

홍차구 아니, 이분희 형제는 몽골 조정에 두 가지 큰 공을 세웠는데, 어떻게 고려 국왕이 함부로 죽일 수 있단 말입니까. 만약 제가 거짓말을 하고 있다면 저를 죽여도 좋습니다!
패라 이분희의 두 가지 공이 무엇인가?
홍차구 예전에 황제께서 원종에게 강화도에서 개경으로 천도하라고 명하셨는데, 그때 임연의 아들 임유무가 그 명령을 거역한 적이 있습니다. 이때 이분희가 강화도로 들어가 임유무를 제거한 다음에 왕비와 백성들을 데리고 개경으로 돌아왔으니, 이것이 첫 번째 공입니다. 또한 그 이듬해에 세가 몽골군을 거느리고 개경 남쪽에 주둔했을 적에 고려에서 반역을 모의한 자들이 있었는데, 이분희가 그 일당 한 놈을 붙잡아 고려 국왕에게 아뢰고, 다루가치와 함께 체포하여 처형함으로써 백성들을 편안하게 만들었으니, 이것이 두 번째 공입니다.

홍차구 역시 답변을 착실히 준비한 것 같다. 그의 논리는 결국 재상이었던 이분희가 몽골제국에 공로가 많은 신하였기 때문에 충렬왕이 마음대로 처형한 것은 큰 잘못이라는 것이다. 그러자 그 말을 가만히 듣고 있던 충렬왕이 벌컥 화를 내며 홍차구에게 쏘아붙였다.

충렬왕 폐하, 홍차구 저자가 만약 거짓말을 하면 그 죄가 죽어 마땅하다고 했는데, 지금 말한 내용이 모두 거짓이니 저놈을 어찌하면 좋습니까. 예전에 임유무가 강화도에서 개경으로의 환도를 거부했을 때, 당시 원종께서 이분희를 시켜 강화도로 가서 그들을 설득하도록 한 것은 맞습니다. 그러나 실제로 임유무를 죽인 것은 다른 사람이었고, 거사 당시 이분희는 숨어 있다가 임유무가 죽고 난 뒤에야 기어 나왔습니다. 그때 제가 직접 원에 들어가 황제께 아뢰자, 황제께서 임유무를 죽인 송송례(宋松禮)에게 안장 딸린 말을 하사하시면서 그 공로를 포상하신 적이 있습니다. 이분희가 정말 임유무를 처단한 공이 있었다면 당연히 그때 포상을 받았어야 하지 않겠습니까. 또한 이분희가 반란을 일으킨 자를 고발했다고 하는 것도 정작 고발한 사람은 따로 있습니다. 이분희가 마침 조정에 있었기 때문에 찾아온 고발인을 다루가치에게 데리고 가서 얘기를 시켰던 것뿐인데, 그게 무슨 공적이란 말입니까.

홍차구   아니, 그러면 아무런 공적도 없는 이분희가 어떻게 고려에서 재상의 자리에까지 올랐다는 겁니까?

충렬왕   선왕께서 항상 나에게 말씀하시기를, '이분희 형제는 아첨을 잘하고 교활하며 임기응변을 잘하니, 만약 그 벼슬을 빼앗으면 그 즉시 변란을 일으킬 것이다. 적당히 관직을 주고 그 동태를 살펴보다 죄악이 커지면 황제의 명령을 받아 처단'하라고 말씀하셨다. 다시 말해 그들을 회유하고 처벌할 기회를 노리고 있었던 것뿐이다. 그나저나 홍차구 너는 도대체 무슨 권한으로 우리나라 일에 일일이 간섭을 하는 것이냐!

사실 양측의 주장 가운데 어느 쪽이 더 진실에 부합하는지 여부는 분명히 판단하기 어렵다. 그것은 아마도 고려 내부의 실정을 자세히 알지 못했던 쿠빌라이의 입장에서도 마찬가지였을 것이다. 그러나 충렬왕의 진술은 상당히 구체적인 정황과 여러 관련자들을 제시하고 있었기 때문에 홍차구가 일일이 반박하기도 쉽지 않았을 것이다. 게다가 원칙적으로 쿠빌라이로부터 고려의 국정 전권을 부여받은 것은 충렬왕이었다. 충렬왕이 "홍차구 네가 도대체 무슨 권한으로 우리나라 일에 간섭을 하느냐!"라며 호통을 친 것은 홍차구가 군인으로서 군사적 정무 이외에 국정에도 과도하게 참견하여 이것저것 보고하고 있음을 황제에게 다시금 상기시키려는 의도였다.

충렬왕이 이렇게 꾸짖자 홍차구는 기가 죽었는지 더 이상 고려의 국정 문제에 대해서는 말을 꺼내지 못했다. 그리고 갑자기 화제를 돌려 몽골군의 처자식 억류 문제를 언급하기 시작했다.

홍차구   고려 국왕은 몽골로 귀환하려는 군인들의 처와 자식들을 불법적으로 못 가게 막고 있습니다. 이 가운데 법적으로 가족이 분명한 128명은 몽골로 데려오게 해야 할 것입니다.

사실 홍차구와 혼도의 몽골군은 고려에서 오랫동안 주둔하며 생긴 고려인 처자식들뿐만 아니라 처가 식구들도 마구잡이로 데려가려고 했다. 고려 입장에서 이는 결국 자국 인구를 빼앗기게 되는 문제였기 때문에 충렬왕이 철저한 조사를 지시한 바 있었다. 즉 몽골 군인들과 정식 혼인 상태인지 여부를 조사하여 법적으로 등록된 부부가 아닌 경우에는 절대 몽골로 데려갈 수 없도록 조처한 것이다.

그런데 홍차구는 충렬왕이 군인들의 합법적인 처와 자식들까지 돌려보내지 않으려 한다고 비판하면서 128명의 주민을 데려가는 것을 보장하라고 요구하고 있다. 그런데 여기에 대해서도 충렬왕은 강하게 응수하고 나섰다.

충렬왕   지금 나더러 불법을 자행한다고 하였는가. 만약 몽골 군인들의 정식 처자인지 여부를 판별하는 내 행위가 불법이라고 한다면, 홍차구 네가 군인들을 마음대로 풀어 양민의 딸들을 협박하여 강제로 아내로 취하게 한 것은 합법이라고 할 수 있는가!

충렬왕이 과거 홍차구 휘하의 군인들이 강제로 양민의 딸들을 취해 아내로 삼았던 행위를 새롭게 문제 삼고 나선 것이다. 홍차구는 괜히 몽골 군대의 처자식 문제를 언급했다가 도리어 자신이 고려 백성들에게 피해를 준 사실이 드러날 위기에 처했다. 양측에서 날선 공방이 오가자, 급기야 쿠빌라이가 나서서 이들의 다툼을 중단시켰다.

쿠빌라이칸   이제 그만들 하라! 고려에 있는 몽골 군인의 처로서 자식이 있는 자는 그 남편에게 돌려보내도록 하라. 그리고 고려 국왕은 고위 관리가 죄가 있으면 나에게 먼저 보고한 연후에 처벌하라. 고려 왕은 그만 귀국하라.

어찌 보면 두 사람이 목숨을 걸고 격하게 싸운 데 비해서 쿠빌라이의 판결은 다소 맥이 빠지는 감도 있다. 다만 쿠빌라이는 충렬왕에게 이분희를 처형한 문제에 대해 더 이상 책임을 묻지 않았다. 또한 몽골군이 고려인 처자를 데려오는 문제에 대해서도 정식 부부인 경우에만 데려올 수 있도록 명령함으로써 충렬왕 측의 손을 들어주었다. 결과적으로 홍차구가 충렬왕을 꼼짝없이 옭아매기 위해 만든 자리에서, 충렬왕은 하고 싶은 말을 다 내뱉고도 큰 타격을 입지 않은 채 귀국하게 되었다.

이처럼 충렬왕은 부마로서의 지위를 이용해 몽골 황제와 맞대면하는 기회를 적극적으로 이용했다. 바로 이것이 선왕이었던 원종이 노린 바가 아니었을까. 즉 고려 왕실이 몽골 황실의 부마가 되는 것을 감수하는 대신, 몽골제국 내에서의 정치적 지위를 상승시킴으로써 고려의 통치권을 위협하는 몽골 장수 혼도와 홍차구 등의 방해꾼들을 확실히 몰아내게 된 것이다. 이러한 부마 충렬왕의 활약으로 고려 국왕의 권력이 안정되고, 조정에서도 더 이상 몽골 관리에게 기대어 국왕의 권한을 위협하려는 움직임이 사라졌다.

홍차구, 역전을 꾀하다

하지만 홍차구에게는 남은 카드가 하나 더 있었다. 바로 쿠빌라이가 추진했던 2차 일본 원정이었다. 1280년, 홍차구는 쿠빌라이에게 일본 원정을 요청했다. 점차 자신의 손에서 멀어지는 고려를 대신해 또 다른 동방 지역에서 주가를 올릴 수 있는 기회라고 보았던 것이다. 이에 쿠빌라이는 홍차구와 흔도를 또다시 고려로 보내서 일본 원정 준비를 관장하게 했다.

이때 고려는 병선 900척과 사공 1만 5000명, 11만 석에 이르는 군량미를 조달하라는 명을 받았다. 그러나 이번에는 충렬왕도 홍차구에게 마냥 끌려다니지 않았다. 충렬왕은 부마이자 일본 원정을 위해 설치한 정동행성(征東行省)의 승상으로서 원정을 총괄하는 책임자였다. 피할 수 없다면 아예 주도적으로 원정 준비를 하고, 전쟁의 승리에 따른 공도 차지하는 게 나았다. 이에 충렬왕은 원정군이 출항하는 합포(지금의 마산)로 내려가서 싸움터로 나가기 직전인 군대를 직접 사열하기까지 했다.

드디어 1281년, 몽골군 도원수 흔도와 우부원수 홍차구가 이끄는 2만 5000명의 몽골군, 그리고 1만의 고려군과 사공 1만 7000명이 전함 900여 척에 나눠 타고 합포항에서 출발했다. 이때 고려군을 지휘한 사령관

〈몽고습래회사蒙古襲來繪詞〉에 그려진 여몽 연합군의 모습. 군사들이 배 위에서 활을 쏘며 싸우고 있다.

은 김방경이었다. 그를 고문했던 홍차구와 또다시 대면하여 작전을 논의하게 됐으니 참으로 얄궂은 운명이었다고 하겠다.

  2차 원정이 1차 때와 달랐던 것은 중국 강남 지역에서 출정하는 부대가 무려 10만 명에 이르렀다는 점이다. 이것은 홍차구에게 일본 원정의 성공에 대한 기대치를 잔뜩 부풀리게 했을 것이다. 합포에서 출발한 여·몽 연합군은 1차 때와 같이 쓰시마섬과 이키섬을 비롯해 큐슈 연안의 여러 섬을 공략한 뒤 강력한 일본의 저항을 뚫고 하카타만을 향해 진격했다. 그리고 뒤늦게 출발한 10만의 강남군과 합류하는 데 성공했다. 그러나 거기까지였다.

쿠빌라이의 원대한 꿈을 막아선 것은 또다시 천재(天災)였다. 여몽 연합군이 밤에 배에 머물러 있는 동안 큰 폭풍우가 몰아쳤다. 전함들이 파도에 떠밀려 바위와 벼랑에 부딪쳐 부서지고 장병들이 대거 익사했다. 인명과 함선에 막대한 손실을 입은 원정군은 결국 본국으로 배를 돌릴 수밖에 없었다. 동방 지역에서의 원정에 온 힘을 기울여 자신의 주가를 높이고 싶었던 홍차구였지만, 하늘은 그의 손을 들어주지 않았다.

홍차구와 고려와의 인연은 사실상 그것이 마지막이었다. 오랜 원정 등으로 무리한 몸에 병마가 덮친 것일까, 아니면 홍차구 때문에 고통 받으며 죽은 원혼들이 달려든 것일까. 홍차구는 48세에 병으로 쓰러져 질긴 생을 마감하고 말았다. 재밌게도 홍차구가 과거에 잔혹하게 고문한 상장군 김방경은 그가 죽은 13년 뒤에 89세의 나이로 눈을 감았다.

점점 강해지는 고려 왕실의 권세, 기울어지는 승부

홍차구의 죽음 이후 아들 홍중희(洪重喜)는 아비의 반(反)고려 정책을 이어받아 추진했지만, 그 권세가 예전 같지 못했다. 반면 몽골 조정에서 고려 왕실의 지위는 날로 높아져 갔다. 충렬왕과 제국대장공주의 사이에서 태어난 세자 왕장(王璋)은 고려 국왕의 아들이자 쿠빌라이 황제의 외손자였다. 즉 당당히 몽골 황제의 핏줄을 이어받은 제국의 손꼽히는 권력자로 성장한 것이다. 왕장은 어릴 때부터 몽골에 머물면서 황실의 친위대격인 '케식'에서 훗날 황제가 되는 무종(武宗)·인종(仁宗) 등과 함께

숙식하며 성장했다. 그리고 무종과 인종이 황제로 등극하는 과정에도 크게 기여하면서 칸의 최측근이자 공신의 지위까지 얻는다.

그렇게 14세기에 들어서면서 몽골과 고려의 관계는 이전과는 비교할 수 없을 정도로 탄탄하게 맺어졌다. 새로 즉위한 무종 황제는 자신의 즉위 과정에서 공을 세운 왕장에게 심양 지역의 책임자인 심양왕(瀋陽王)의 작위를 내렸고, 이후 충렬왕이 퇴위하자 왕장을 고려 왕으로 책봉했다. 그가 바로 충선왕(忠宣王)이다. 이렇게 고려의 국왕이 심양 통치 직위까지 동시에 거머쥔 것이다.

문제는 심양 지역이 원래 홍차구 집안이 관리하던 지역이라는 것이었다. 홍복원과 홍차구 때에 꼼짝없이 당했던 고려 왕실이 이제 홍씨 일가의 기반까지 차지했으니 홍씨 일가는 다급해졌다. 홍중희는 무종을 찾아가서 이렇게 건의했다.

> **홍중희** 아무리 조정의 큰 공신이라 할지라도 한 사람이 두 개의 왕위를 모두 갖는 것은 바람직하지 않습니다. 둘 중 하나는 내놓는 것이 상례입니다.

홍중희는 충선왕이 고려 왕의 지위를 포기할 수는 없을 것이므로, 마땅히 심양왕의 지위를 내려놓길 바랐던 것이다. 무종 역시 충선왕에게 전례 없이 너무 많은 작위를 주었다고 판단했는지, 두 왕위 중에 하나만 선택하도록 권했다. 그런데 이 과정에서 충선왕은 아주 뜻밖의 결정을 내렸다. 바로 고려 국왕의 지위를 내려놓고 심양왕의 지위를 유지하기로 한 것이다. 그렇다면 공석이 된 고려 국왕의 지위는 누구에게 돌아갔을까. 충선왕은 무종에게 건의해 자신의 아들 충숙왕(忠肅王)에게 고려 왕의 지위를 물려주게 했다. 즉 고려 왕실이 심양왕과 고려 왕의 지위를 모두 독차지한 것이다.

충선왕은 선대에 왕실을 위협하는 강력한 적이었던 홍씨 일가의 '안방'인 심양 지역에 또아리를 틀고 앉아서 그들의 목줄을 움켜쥐게 되었다. 홍중희는 이대로 가만히 앉아서 당할 수는 없었다.

그는 충선왕이 몽골의 국법을 따르지 않으면서 방자하고 포악하게 행동한다고 고발하고는 이를 밝히기 위해 충선왕을 몽골 조정에 소환할 것을 요청했다. 아비였던 홍차구처럼 황제 앞에서 대질을 시도한 것이다. 그러나 이는 홍중희의 큰 착각이었다. 이제 홍씨 일가와 고려 국왕의 지위는 비교가 되지 않았다. 홍중희가 꾸미는 일에 대해 전해 들은 충선왕은 한발 앞서 환관을 시켜 황태후에게 이렇게 아뢰게 했다.

> 홍중히는 옛날에 고려 땅에서 도망쳐 온 백성에 불과합니다. 감히 제멋대로 무고를 하여 본국인 고려를 전복시킨다고 하니, 그 죄로도 이미 죽어 마땅한데, 어떻게 지존인 국왕과 대질까지 시킬 수 있단 말입니까.

몽골 조정에서는 곧바로 이러한 간언을 받아들였다. 무종은 두 사람을 대질시키지 말 것을 중서성에 명령했다. 이미 몽골 조정과 충선왕의 친밀도는 예전보다 훨씬 강해져 있었던 것이다. 하지만 이후에도 홍중희가 갖은 수작을 다 부리며 고려 국왕의 권한에 대해 끈질기게 문제를 제

원 무종

기하자, 결국 무종이 폭발하고 말았다. 쿠빌라이의 외손자이자 황제의 즉위에도 혁혁한 공로를 세웠던 공신인 충선왕을 그런 식으로 깎아내리는 자를 그냥 내버려둘 수는 없었다. 무종은 홍중희에게 곤장형을 내린 뒤 멀리 유배를 보냈다. 이후 홍중희에 대한 기록은 사료에 거의 보이지 않는다. 수대에 걸쳐 이어진 고려 왕실과 홍씨 일가의 대결은 이것으로 막을 내리게 되었다.

한때 인주의 토착 세력에 불과했던 홍씨 일가는 몽골로 들어가 요양·심양 지역을 성공리에 개발하고, 고려와 일본 원정에 참여한 공로로 엄청난 출세를 거듭했다. 게다가 몽골 조정과 자신의 이익을 위해 고려에 많은 해악을 끼치기도 했다. 그들은 태생적으로 미천했지만 몽골 조정의 권세를 빌려서 감히 고려 국왕의 권한을 넘보기까지 했다.

하지만 고려 왕실 또한 필사적이었다. 급기야 그들 스스로 몽골 황실의 품에 안겨버린 순간, 고려 왕실은 더 이상 홍씨 일가가 결코 넘볼 수 없는 존재가 되었다. 고려 왕실은 자신들을 견제했던 몽골 황제의 가족이 되는 길을 택함으로써 고려의 정국을 안정시키는 데 성공했다. 특히 몽골 황실의 일원이 된 이후, 그들과 밀접한 관계를 지속하면서 황제의 계승 문제에까지 직접 개입할 정도로 지위가 급상승했다. 그렇게 고려 왕실은 홍씨 일가의 집요한 도전을 뿌리치면서 사실상 양자 간 라이벌 구도가 막을 내리게 되었다.

결론적으로 고려 왕실과 홍씨 일가와의 전쟁에서 승부의 추를 결정적으로 기울게 한 최고의 수훈은 바로 자신의 아들인 충렬왕과 몽골 공주를 혼인시켰던 원종이 아닐까. 우리는 흔히 고려가 몽골에 항복하고, 국왕이 대대로 몽골 황실의 사위가 된 일에 대해 국가의 자주성이 침해받고 독립적인 지위를 상실한 치욕적인 역사로 치부하기도 한다. 그리고 원 간섭기를 외면하는 대신, 이후 공민왕대의 반원(反元) 개혁과 더불어 몽골에 적대적인 정책으로 돌아서는 시기만을 긍정적으로 바라보려는 시각도 있다.

그러나 13세기 이래 동아시아의 거대한 지각변동은 고려의 의지와는 무관하게 진행되었다. 세계 제국 몽골이 등장하고 그 치하에서 고려의 국가적 존립을 위협하는 여러 세력들이 나타났을 때, 고려 왕실은 여기에 어떻게 대응했는가. 단순히 과거의 영화(榮華)만을 기억한 가운데 일국의 국왕이라는 허울에 매달려 무기력하게 쓰러졌는가, 아니면 그동안 지켜온 원래의 자리 대신 거대 제국과의 결탁을 통해 또 다른 지위를 얻어냄으로써 난국을 정면으로 돌파하려고 했는가. 당시 고려 왕실이 택했던 극적인 선택은 강대국들 사이에서 종종 힘든 선택을 강요받거나, 아슬아슬한 줄타기를 해야만 하는 우리의 현 상황에도 시사하는 바가 적지 않다. 지금 우리가 원 간섭기에 대한 선입견을 걷어내고 이 시기를 다시금 조명해야 하는 이유가 바로 여기에 있다.

참고 문헌

사료

『구당서(舊唐書)』, 『발해고(渤海考)』, 『삼국지(三國志)』, 『삼국사기(三國史記)』, 『신당서(新唐書)』, 『진서(晉書)』, 『자치통감(資治通鑑)』

논문 및 단행본

1부 오나라 손권과 고구려의 비극적 로맨스
    權五重, 2007, 「遼東 公孫氏政權의 興亡과 '夷人' 問題」, 『동북아역사논총』 15, 동북아역사재단.
    권오중, 2012, 『요동왕국과 동아시아』, 영남대학교 출판부.
    김효진, 2015, 「高句麗 東川王代 對중국 외교의 변천과 목적」, 『고구려발해연구』 52.
    박대재, 2010, 「고구려와 孫吳의 해상 교섭-曹魏의 고구려 침공 원인과 관련하여」, 『동아시아 국제관계사』, 아연출판부.

2부 백제 사신의 뻔뻔한 거짓말
    金鍾完, 2001, 「梁職貢圖의 성립 배경」, 『魏晋隋唐史研究』 8.
    권덕영, 2004, 「조우관을 쓴 사절 그림 이야기」, 『고대로부터의 통신』, 푸른역사.
    이용현, 2007, 「제11장 梁職貢圖·百濟國使條의 '旁小國'」, 『가야제국과 동아시아』, 통천문화사.
    李道學, 2008, 「梁職貢圖의 百濟 使臣圖와 題記」, 『百濟文化海外調査報告書』 VI, 국립공주박물관.
    尹龍九, 2012, 「《梁職貢圖》의 流傳과 摹本」, 『木簡과 文字』 9.
    정은주, 2015, 「중국 역대 職貢圖의 韓人圖像과 그 인식」, 『漢文學論集』 42.

3부 한반도에 있는 중국인 무덤의 비밀
    孔錫龜, 1998, 「高句麗 領域擴張史 研究」, 書景文化社.
    임기환, 2004, 『고구려 정치사 연구』, 한나래.
    余昊奎, 2009, 「4세기 高句麗의 樂浪·帶方 경영과 中國系 亡命人의 정체성 인식」, 『韓國古代史研究』 53.
    안정준, 2013, 「高句麗의 樂浪·帶方 故地 영역화 과정과 지배방식」, 『韓國古代史研究』 69.

_____, 2017, 「4~5세기 樂浪·帶方郡 故地의 中國地名 官號 출현 배경」, 『韓國古代史研究』 86.

4부 고구려 장수왕, 북연 왕 풍홍을 살해하다

池培善, 1998, 『中國 中世史 研究』, 연세대 출판부.
노태돈, 1999, 『고구려사 연구』, 사계절.
공석구, 2003, 「高句麗에 流入된 中國系人物의 動向」, 『韓國古代史研究』 32.
이성제, 2005, 『高句麗의 西方政策 研究』, 국학자료원.

5부 영원한 이방인, 고선지의 두 얼굴

지배선, 2003, 『(유럽문명의 아버지)고선지 평전』, 청아.
_____, 2011, 『고구려 유민 고선지와 토번·서역사』, 혜안.

6부 발해 왕실의 형제 싸움, 동아시아 대전으로 번지다

김종복, 2009, 『발해정치외교사』, 일지사.
권은주, 2013, 「발해의 등주 공격을 통해 본 국제동맹과 외교」, 『역사와 세계』 44.
임상선, 2020, 「732년 발해와 당의 전쟁 과정 재검토」, 『동국사학』 69.

7부 고려의 진짜 주인은 누구인가

李益柱, 1996, 「高麗·元關係의 構造에 대한 研究: 소위 '世祖舊制'의 분석을 중심으로」, 『韓國史論』 36.
이정신, 2008, 「원 간섭기 원종·충렬왕의 정치적 행적: 김방경의 삼별초 정벌 일본원정을 중심으로」, 『한국인물사연구』 10.
_____, 2001, 「永寧公 왕준 연구: 몽고침략기 왕족의 모습」, 『民族文化研究』 35.
이개석, 2007, 「大蒙古國-高麗 關係 연구의 재검토」, 『史學研究』 88.
이익주, 2007, 「元의 '부마국'으로서의 고려국가의 성격」, 『韓國史市民講座』 40.
윤은숙, 2010, 「쿠빌라이와 고려」, 『역사비평』 90.
정동훈, 2017, 「고려 元宗·忠烈王대의 親朝外交」, 『韓國史研究』 177.
고명수, 2018, 「1278년 쿠빌라이·충렬왕 만남의 의미」, 『歷史學報』 237.
정동훈, 2020, 「동방왕가의 사업에서 쿠빌라이의 사업으로: 쿠빌라이의 즉위와 고려-몽골 관계의 큰 전환」, 『한국사연구』 191.

도판 출처

16쪽 (가운데) 유호준/위키피디아/크리에이티브 커먼즈
24쪽 한성백제박물관 제공
38쪽 단국대학교 전상우 제공
54쪽 한성백제박물관 제공
55쪽 한성백제박물관 제공
56쪽 한성백제박물관 제공
57쪽 한성백제박물관 제공
60쪽 문화재청/공공누리 1유형
76쪽 동북아역사재단 제공
78쪽 (위, 아래) 동북아역사재단 제공
97쪽 동북아역사재단 제공
99, 129쪽 朝鮮畵報出版部編,『高句麗古墳壁畵』, 朝鮮畵報社, 1985, 202쪽.
147쪽 연합뉴스/헬로포토
158쪽 koldo hormaza/위키피디아/크리에이티브 커먼즈
179쪽 ⓒ李镜东/《申报周刊》第1卷第14期
191쪽 연합뉴스/헬로포토

※ 퍼블릭 도메인은 출처 표기를 생략했습니다.
※ 이 책에 사용된 사진은 정해진 절차에 따라 저작권자의 허락을 받아 사용했습니다. 사진을 제공해주신 분들께 감사드립니다.
※ 저작권자를 찾지 못해 게재 허락을 받지 못한 사진에 대해서는 저작권자가 확인되는 대로 게재 허락을 받고 통상의 기준에 따라 사용료를 지불하겠습니다.

반전의 한국사

초판 1쇄 발행 2022년 2월 24일
초판 3쇄 발행 2022년 10월 31일

지은이 안정준

발행인 이재진 **단행본사업본부장** 신동해
편집장 김경림 **책임편집** 이민경 **교정교열** 이미숙
표지디자인 김덕오 **본문디자인** 최수정
마케팅 최혜진 이인국 **홍보** 최새롬
제작 정석훈

브랜드 웅진지식하우스
주소 경기도 파주시 회동길 20
문의전화 031-956-7350(편집) 031-956-7089(마케팅)
홈페이지 www.wjbooks.co.kr
페이스북 www.facebook.com/wjbook
포스트 post.naver.com/wj_booking

발행처 ㈜웅진씽크빅
출판신고 1980년 3월 29일 제406-2007-000046호

ⓒ 안정준, 2022
ISBN 978-89-01-25819-5 03910

웅진지식하우스는 ㈜웅진씽크빅 단행본사업본부의 브랜드입니다.
저작권법에 의해 한국 내에서 보호를 받는 저작물이므로 무단 전재와 무단 복제를 금합니다.
이 책 내용의 전부 또는 일부를 이용하려면 반드시 저작권자와 ㈜웅진씽크빅의 서면 동의를 받아야 합니다.

※ 책값은 뒤표지에 있습니다.
※ 잘못된 책은 구입하신 곳에서 바꾸어드립니다.